G316xian Liangdang zhi Huixian Gaosu Gonglu
Pinzhi Gongcheng Shifan Chuangjian
Chengguo Huibian

G316线两当至徽县高速公路
品质工程示范创建
成果汇编

《G316线两当至徽县高速公路品质工程示范创建成果汇编》编委会 编

内 容 提 要

本书总结了甘肃G316线两当至徽县高速公路施工过程中在建设模式、设计理念、管理举措、技术提升、质量控制、安全保障、环境保护、团队建设等方面取得的突出成果。

本书可供高速公路建设项目公司、驻地监理办、中心试验室、施工单位参考使用。

图书在版编目(CIP)数据

G316线两当至徽县高速公路品质工程示范创建成果汇编/《G316线两当至徽县高速公路品质工程示范创建成果汇编》编委会编. — 北京：人民交通出版社股份有限公司, 2019.7

ISBN 978-7-114-15605-2

Ⅰ.①G… Ⅱ.①G… Ⅲ.①高速公路—道路建设—甘肃 Ⅳ.①U412.36

中国版本图书馆CIP数据核字(2019)第122963号

书　　名	G316线两当至徽县高速公路品质工程示范创建成果汇编
著 作 者	《G316线两当至徽县高速公路品质工程示范创建成果汇编》编委会
责任编辑	刘　博
责任校对	尹　静
责任印制	张　凯
出版发行	人民交通出版社股份有限公司
地　　址	(100011)北京市朝阳区安定门外外馆斜街3号
网　　址	http://www.ccpress.com.cn
销售电话	(010)59757973
总 经 销	人民交通出版社股份有限公司发行部
经　　销	各地新华书店
印　　刷	北京虎彩文化传播有限公司
开　　本	880×1230　1/16
印　　张	15
字　　数	402千
版　　次	2019年7月　第1版
印　　次	2020年4月　第2次印刷
书　　号	ISBN 978-7-114-15605-2
定　　价	168.00元

(有印刷、装订质量问题的图书由本公司负责调换)

《G316 线两当至徽县高速公路品质工程示范创建成果汇编》

编写委员会

主　　任：李　睿

副 主 任：赵彦龙　盖宇仙　刘建勋　杨惠林　牛思胜

主　　编：赵河清

副 主 编：赵发章　王兆瑞　董立文　付俊峰　宋建军

编　　委：杜　源　韩明祥　宋卫斌　邓彦荣　赵大同　王雄魁
　　　　　　李　军　刘　夔　辛纯涛　王晓瑛　詹建国　刘　涛
　　　　　　崔建文　高新民　雒建奎　王生楠　李延盛　杨映军
　　　　　　连德攀　罗宏涛　胡金鑫　王效义　赵继军　马晓锋
　　　　　　田　晖　张海红　丁维建　王德禹　李建兴　吴文斌
　　　　　　朱文平　高小炬　张　岩　赵文成　王建民　贾小团
　　　　　　李文洲　后乐田　杨树鹏　张　镔　黄　力　于艳美
　　　　　　张亮亮　张　佳　刘晓龙　杨文强　李成敢　张学涛
　　　　　　李冠军　邵翾鹄　张建斌　冲贵彦　王海龙　薛文年
　　　　　　周琪玲　王瑞锋　范善智　苗向辉　刘　玺　段东海
　　　　　　刘兰军　上官燕洪　于　瑶　杨小霞

统　　稿：王兆瑞　杜　源　赵大同

前言

习近平总书记在党的十九大报告中提出建设交通强国的战略部署，是深化交通运输基础设施供给侧结构性改革的重要举措，是今后一个时期推动公路水运工程质量和安全水平全面提升的有效途径，是推进实施高质量现代工程管理和技术创新升级的不竭动力，对进一步推动我国交通运输基础设施建设向强国迈进具有重要意义。交通运输部印发了《关于打造公路水运品质工程的指导意见》（交安监发〔2016〕216号）和《品质工程攻关行动试点方案（2018—2020年）》（交办安监〔2018〕18号），甘肃省交通运输厅印发了《甘肃省公路水运"品质工程"示范创建实施方案》（甘交公路〔2017〕119号）。两当至徽县高速公路（以下简称两徽高速）被定为部级品质工程示范创建项目和攻关活动微创新试点项目，甘肃路桥建设集团有限公司为微创新试点企业。

两徽高速于2016年全线开工建设，在建设过程中始终坚持贯彻"优质耐久、安全舒适、经济环保、社会认可"的品质工程理念，不断探索学习，以厂站建设和标准化施工为基础，通过采用"四新"技术和开展微创新攻关活动解决质量通病，提升精细化施工水平；以严格落实"首件工程制"和强化试验检测为抓手，全过程控制工程质量；以风险分级管控和隐患排查治理为重点，确保项目建设始终处于安全平稳状态；以"绿水青山就是金山银山"的理念和"最小程度的破坏最大力度的恢复"的行动，实现公路建设与自然环境和谐统一。

两徽高速在项目建设过程中不断总结、提炼，形成了一系列可供参考、复制的经验做法，并于2017年9月成功举办了甘肃省品质工程示范创建现场推进会和全省质监人员观摩交流会。2018年7月，两徽高速安全管理经验在交通运输部组织的全国"平安交通"安全创新案例征集评选活动中被评选为"重点推荐"案例。

为了能够将两徽高速先进的管理经验和施工技术系统、全面地进行推广，组织人员从工程设计、项目管理、施工工艺、科技创新、质量安全、环水保管控及团队建设方面进行了总结，形成了两徽高速品质工程示范创新成果汇编。

由于两徽高速还在建设过程中，尤其是交安、机电工程处在施工初级阶段，致使成果汇编中缺少部分工艺。加之编写人员水平有限，书中难免有所纰漏，敬请读者批评指正。

本书编委会
2019年5月5日

目录

第一章　建设采用新模式 ……………………………………………………………… 001
　第一节　项目建设模式 ………………………………………………………………… 001
　第二节　推进项目筹建工作 …………………………………………………………… 001
　第三节　依法依规对项目实施管理 …………………………………………………… 002
第二章　设计践行新理念 ……………………………………………………………… 003
　第一节　加强系统设计 ………………………………………………………………… 003
　第二节　注重统筹设计 ………………………………………………………………… 009
　第三节　加强设计创作 ………………………………………………………………… 013
第三章　管理采取新举措 ……………………………………………………………… 018
　第一节　推进建设管理专业化 ………………………………………………………… 018
　第二节　厂站建设标准化 ……………………………………………………………… 018
　第三节　施工工艺标准化 ……………………………………………………………… 023
　第四节　推进工程管理信息化 ………………………………………………………… 107
　第五节　推进班组管理规范化 ………………………………………………………… 115
第四章　技术得到新提升 ……………………………………………………………… 120
　第一节　设备微改造 …………………………………………………………………… 120
　第二节　工艺微改进 …………………………………………………………………… 132
　第三节　工法微改良 …………………………………………………………………… 143
　第四节　广泛采用四新技术 …………………………………………………………… 147
　第五节　积极开展科研项目 …………………………………………………………… 161
第五章　质量达到新高度 ……………………………………………………………… 164
　第一节　落实工程质量责任 …………………………………………………………… 164
　第二节　建立岗位责任质量登记卡，推行质量责任终身制 ………………………… 166
　第三节　质量风险预防管理 …………………………………………………………… 166
　第四节　加强过程质量控制 …………………………………………………………… 168
第六章　安全实现新保障 ……………………………………………………………… 192
　第一节　安全管理难点与管理思路 …………………………………………………… 192
　第二节　安全管理体系建设 …………………………………………………………… 193
　第三节　双重预防机制建设 …………………………………………………………… 194
　第四节　安全教育培训、交底与安全文化建设 ……………………………………… 198
　第五节　深化平安工地建设 …………………………………………………………… 203
　第六节　职业健康管理 ………………………………………………………………… 206

  第七节 安全生产工作的成果 ··· 207
第七章 环保取得新成效 ··· 209
  第一节 注重生态环保 ··· 209
  第二节 注重资源节约 ··· 214
  第三节 注重节能减排 ··· 215
第八章 团队练就新素养 ··· 219
  第一节 围绕项目抓党建 抓好党建促项目 ··· 219
  第二节 加强管理人员素质建设 ·· 224
  第三节 强化农民工工资管理 确保农民工合法权益 ··· 225
参考文献 ··· 230

第一章
建设采用新模式

两徽高速公路是西北地区唯一入选2015年国家财政部PPP(政府和社会资本合作)示范项目的高速公路,也是甘肃省经省政府批准采用PPP模式建设的首条高速公路,是连接两当县红色教育示范基地的快速通道。该项目的建设对有效改善甘肃陇南地区的交通和经济发展环境具有重要作用,起点位于两当县杨店镇,与规划的太白—凤县—两当高速公路相接;终点位于徽县李家河,与十天高速公路相接,主线全长53.25km,批复预算74.33亿元,项目地理位置如图1-1所示。该项目采用EPC(设计施工总承包)+BOT(建设+运营+移交)+可行性缺口补助模式建设。试验段于2015年6月29日开工建设,全线于2016年6月29日开工建设,建设工期36个月。主线设置桥梁12562m共31座,隧道19455m共9座,桥隧比达71.55%。

图1-1 项目地理位置

第一节 项目建设模式

按照国务院"稳增长、促改革、调结构、惠民生"和甘肃省委、省政府加大固定资产投资的要求,落实全省"1236"脱贫攻坚计划,实施交通建设精准扶贫,确定两徽高速公路采用PPP模式建设。

第二节 推进项目筹建工作

甘肃省交通建设集团有限公司(以下简称交建集团)作为两徽PPP项目政府出资方和原实施机构(现实施机构为甘肃省交通运输厅投融资管理办公室),负责项目的准备、采购、监管、移交等工作,积极运作,与采用单一来源采购方式选定的社会投资人——甘肃路桥第三公路工程有限责任公司、甘肃五环公路工程有限公司、中交路桥建设有限公司签订投资协议,快速完成项目的11项全部前置性手续以及工可报告和初步设计的批复。

第三节　依法依规对项目实施管理

两徽高速公路采用 PPP 合作模式符合我国现行法律法规及政策规定,解决了地方政府缺乏当期资金的问题,使两徽高速公路项目立即得到实施、公众尽早享受到社会效益,获得社会效益的时间价值。PPP 项目的交易结构如图 1-2 所示,合同关系如图 1-3 所示。同时,能够在机制设计上保证两徽高速公路项目全寿命周期成本的降低,鼓励创新并提高服务水平,实现物有所值。

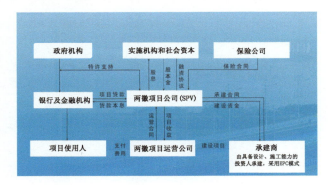

图 1-2　PPP 项目—交易结构

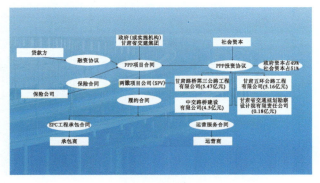

图 1-3　合同关系

政府出资方甘肃省交通建设集团有限公司和社会资本出资人共同出资成立两徽项目管理有限公司。在 2016 年 11 月 19 日甘肃省政府举办的 2016 年政府和社会资本合作(PPP)项目推介会暨签约仪式上,甘肃省交建集团和两徽项目公司依法签订特许经营协议(PPP 合同),两徽项目公司依据特许经营协议对项目的筹划、资金筹措、建设实施、运营管理、债务偿还和资产管理等全过程负责,自主经营,自负盈亏,并在 PPP 项目合同规定的项目合作期限期满后,按照 PPP 项目合同的约定将公路(含土地使用权)、公路附属设施及相关资料无偿移交给政府或其指定的机构。

第二章
设计践行新理念

第一节 加强系统设计

两徽高速公路在设计阶段以工程质量安全耐久为核心,强化工程全寿命周期设计,坚持需求和目标引导设计,系统考虑工程建设施工和运营维护,加强可施工性、可维护性、可扩展性、环境保护、灾害防御、经济性等系统设计,实现工程建设可持续发展。加强设计效果跟踪评估,及时调整优化设计,提高设计服务水平。

一、铸造品质、理念先行

根据两徽高速公路的功能和沿线社会环境、地形、地质等条件,按照安全、实用、经济及兼顾景观的原则,着重考虑路线与地形、地貌的协调,与工程建设的社会、人文环境的统一,坚持"人性化设计""地质选线""环保优先""景观协调""可持续发展"的指导思想,始终把工程品质放在第一位。以设计为先导,把两徽高速公路建设成为一条交通安全性、行车舒适性、景观协调性、生态适宜性、经济适用性皆备并能可持续发展的山区公路。

(1)在"六个坚持、六个树立"设计理念的基础上,强调坚持"以人为本,安全至上"的原则,将设计安全和人性化设计思路贯穿于施工安全和交付后的营运安全过程中;强调贯彻"生态环保、资源节约"理念,促进公路交通可持续发展;强调贯彻"全寿命周期成本"理念,合理控制公路建设成本。

(2)路线走向符合总体路网要求,确保主骨架公路的功能,力求"迅捷、安全、经济、舒适",以充分发挥经济主动脉的集散功能。

(3)注意与区域发展环境、布局和趋势相结合,使其能在较长时间内满足社会经济发展的需要并与区域道路系统的合理衔接。

(4)路线布设、出口设置与沿线村镇规划相结合,合理布设出入口,做到"离而不远,近而不进",既便利交通,又确保快速通行,同时带动地方经济发展。

(5)选择服从路线走向的合理桥位、隧道进出口,使线形顺应地形,方便施工,减少工程量;在确保线形标准适宜、走向合理的情况下,尽量避免大填大挖对自然环境的破坏。

(6)避开不良地质,少占良田,减少拆迁,尽量避免分隔村镇,减少对已有电力、电信、水利等工程的拆迁改移和影响使用。

(7)重视环境保护,尽可能减少破坏自然植被。避开文物古迹、文教卫生、水源地及国家重点工程设施。在考虑工程造价、社会效益的同时,应重视生态保护,坚持"环境优先""少伤多保"的原则,使工程建设与自然环境和谐统一,将两徽高速公路建成一条"民生路、景观路、生态路和环保路"。

(8)对交通安全、管理、服务、监控、收费、通信等设施系统的布局、规模和实施方案进行充分论证,并与当地的政策、管理模式相统一。

(9)充分考虑高速公路的运营安全性,严格执行《工程建设标准强制性条文》,相关技术标准、规范与规程。

(10)设计标准化原则。桥梁上下部结构、路基路面、隧道、交通工程设施等严格按照标准通用图进行设计,尽量采用标准化构件,促进设计、施工标准化,以提高设计施工质量和效率。

（11）动态优化设计原则。加强建设过程中设计与施工的密切配合衔接。路基边坡开挖后，根据现场实际地质情况，优化边坡坡率、边坡防护、绿化与排水方案；隧道进洞后，根据围岩实际等级，优化衬砌方案等，认真做好后续服务和动态设计。

二、路线设计注重项目区建设条件

在路线设计中贯彻平、纵、横相结合，对路基坚持逐断面设计的理念，设计工作进一步细化。结合两徽高速公路处于甘肃省陇南地区，山高林密沟道狭窄、耕地面积少、地质灾害多、可供农户住宅用地少等特点，在充分贯彻地质选线原则的基础上，尽量少拆迁住宅，在存在地质不稳定地区尽量以桥或填方形式通过，针对当地居民出行困难的问题，在挖方平台、填方坡脚位置开辟农道，施工阶段用作便道，做到永临结合，方便施工和当地居民出行。

三、立交、服务区合建设计

杨店互通式立交与服务区合建工程设计如图 2-1 所示，采用立交与服务区合建的设计方案，较好地解决了因地形限制不具备分别设置交叉构造物的问题，满足了高速公路服务需求，节约工程造价。

图 2-1　杨店立交与服务区合建设计

四、保障原有道路服务水平

1. 充分利用现有便道，减少环境破坏

两徽高速公路沿线路网比较完善，设计中充分利用现有路网布设施工便道，地方道路如图 2-2 所示，减小了因大规模修建施工便道对生态环境产生的破坏。总结以往项目在建设完成后对施工过程中损坏的地方原有道路不予修复，影响当地居民出行和经济发展的经验教训，两徽项目在设计中注重对地方道路的维修改造和恢复工作，更好地提高原有道路的服务水平。

2. 保障沿线村民通行便捷

两徽高速公路沿线村镇分布密集，该项目建设不可避免地会损坏村道或压占地方道路，为了保证工程建设不影响当地居民的生活，进一步改善居民的生活质量，促进地方经济发展，创造和谐的生活环境，设计对在高速公路占地界外有影响的地方道路进行了改移。根据道路实际情况，与路线交叉处设置了通道桥或通道涵，满足居民出行和耕种需要。

图 2-2　地方道路

五、加强设后服务，及时调整优化设计

1. 加强设后服务机制

为有效保证两徽高速公路的顺利实施，甘肃省交通规划勘察设计院专门成立了项目设后服务组，选派业务能力强、技术过硬的专业技术人员承担该项目设计后续服务。严格执行技术交底，并按要求委派设计代表驻现场服务。

在设计后续服务期间，设后服务组严格遵守《公路工程设计变更管理办法》和《甘肃省公路工程设计变更管理办法》及《设后服务管理办法》的有关要求，根据项目进展情况及时进驻施工现场，积极配合建设、施工、监理单位处理与设计有关的现场服务、设计回访和设计变更等各项技术问题。

2. 及时调整优化设计

为保证设计后续服务的质量及效率，对以下几方面还提出了重点要求。

（1）合理优化边坡坡率，保护地方经济作物。

K5+120.45～K5+196.46 段深挖路堑原地表种植有大面积的白皮松，具有极高的经济价值，设计中根据现场实际情况，结合砂砾岩边坡的稳定性分析，在保证安全的前提下对边坡坡率进行了优化，减少了边坡开挖和植被破坏，保护了白皮松等经济作物。

（2）隧道支护参数动态设计。

隧道动态设计流程如图 2-3 所示。

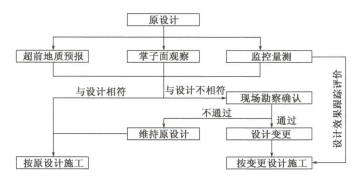

图 2-3　隧道动态设计流程

两徽高速公路长大隧道多，地质条件复杂，隧道围岩种类多、离散性大，并且存在岩溶洞穴，隧道施工存在诸多不确定性因素，为将两徽高速公路打造成品质工程，保证隧道施工和运营安全、经济性以及全寿命周期的使用功能，对这种"先天不足"需要进行"后天弥补"，必须遵循隧道动态设计理念，支护类型应随时根据超前地质预报、监控量测以及掌子面揭露围岩实际情况进行动态调整。为此，设计单位专门选派经验丰富、技术过硬的隧道技术人员常驻现场，承担两徽高速公路隧道工程设计后续服务工作，

并配合相关单位建立迅捷高效的隧道动态设计机制,为保障隧道施工安全、降低工程造价、提升两徽高速公路工程品质打下了坚实基础。

(3)绿化设计紧跟现场实际。

①路基两侧绿化。及时跟进现场施工进度,保证绿化设计与主体道路工程防护设计相匹配。路基两侧绿化效果如图 2-4 所示。

图 2-4　路基两侧绿化效果图

②隧道洞门、三角带绿化。结合主体施工后隧道洞门、三角带施工现状、实际地形,及时优化景观绿化设计内容,调整苗木搭配方式。

③立交区绿化。立交区绿化效果如图 2-5 所示。结合立交区施工现状,对有条件的匝道围合区可适当做微地形处理,以增加景观效果。

图 2-5　立交区绿化效果图

(4)防滑铺装和振动标线的优化设计。

①在 $R\leqslant 80\mathrm{m}$ 的互通式立交、服务区及停车区设置黄色防滑标线;斑马线渠化端点黄色防滑铺装(图 2-6)与车行道横向减速振动标线穿插设置(图 2-7)。

图 2-6　黄色防滑铺装

图 2-7　车行道横向减速振动标线

②对于 $R \leqslant 700m$ 的弯道路段设置车行道纵向减速标线(图2-8)。
③隧道进出口处设置红色防滑铺装(图2-9)。

图2-8　车行纵向减速减速标线

图2-9　隧道进出口红色防滑铺装

(5)隧道涂装的优化设计。

隧道洞身(进出口6.0m长度范围外)范围内,检修通道以上3.0m范围内采用浅黄绿色涂料进行涂装;在检修道以上3.0～3.4m处采用防火涂料做40cm宽橙色腰带;拱顶采用浅蓝色防火涂料进行涂装。

六、运营、管理与服务水平

两徽高速公路在设计阶段充分考虑高速公路的运营安全性,严格执行《工程建设标准强制性条文》、技术标准、规范与规程,采取积极措施,为后期项目安全运营消除隐患。

1. 隧道群、棚洞设计

柳林1号隧道与柳林2号隧道右线洞口间隔40m,左线洞口间隔75m。根据《公路隧道设计细则》(JTG/T D70—2010)的相关规定,将两隧道按隧道群进行设计,进行统一考虑。

(1)柳林1号隧道进口距柳林2号隧道出口约1.57km,横洞设计时按一座长隧道进行整体考虑,设置车行横洞1处,人行横洞4处。

(2)隧道群相临洞口间距小,洞内外光线差别大,光线亮度交替变化冲击人眼,易引起交通安全事故。因此,在柳林1号隧道与柳林2号隧道左右线洞口间设置遮光棚(柳林棚洞),以提高行车安全性和舒适性。

(3)棚洞建筑限界、路面宽度同正常隧道标准断面一致。行车驶入和驶出柳林棚洞,除光线变化稍微明显外,其他观感与在柳林1号隧道、柳林2号隧道内行驶差别甚小。最为重要的是可以有效避免路面宽度变化产生的"撞墙"事故,保证了行车安全性和舒适性,从设计层面提升了工程安全保障水平。

(4)棚洞侧墙为钢筋混凝土结构,拱部搭工字钢作为骨架,上铺遮光板。棚洞9m一段设沉降缝,每段侧墙设三处开窗,以减小风机总需求功率,节能减排。棚洞内排水、通风、照明、机电与两侧隧道统一考虑设置,棚洞外排水与路基排水系统衔接。柳林棚洞设计如图2-10所示。

2. 标志标线配合指示信息

结合两徽高速公路的交通特点,以及在甘肃和国家高速公路网所处位置,为道路使用者提供明确、准确、及时和足够的信息,并满足夜间行车的视觉效果。标志与标线配合如图2-11所示。

3. 视线诱导设施

不同路段依附不同的道路设施设置相应的视线诱导设施。全线连续设置附着式轮廓标(图2-12),采用高于规范要求的设置间距适当加密,增加了视线诱导的连续性;弯道路段外侧设置了视线诱导标

(图2-13),较好地提示引导行车;桥梁路段混凝土护栏顶部设置反光立柱(图2-14),提示行驶路段为桥梁路段,须谨慎驾驶;中分带防眩板上部均设置了高度统一的反光膜(图2-15),更好地引导夜间行车视线;在隧道路段以及立交区间等特殊路段设置突起路标,更好地引导、警示行车至特殊路段。

4.路侧保护

路侧危险路段(如急弯外侧、高填方、临河临水、长大下坡、桥隧相连路段等)均设置了较高防护等级的护栏(图2-16),同时采用了一些新材料新工艺,在一定程度上加强了行车安全。反光突起路标如图2-17所示。

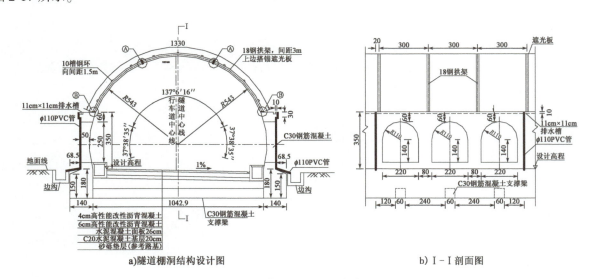

a)隧道棚洞结构设计图   b)Ⅰ-Ⅰ剖面图

图2-10 柳林棚洞设计图(尺寸单位:cm)

图2-11 标志与标线配合

图2-12 护栏附着式轮廓标

图2-13 弯道视线诱导标

图 2-14　桥梁反光立柱

图 2-15　防眩板反光贴膜

图 2-16　旋转式防撞护栏

图 2-17　反光突起路标

第二节　注重统筹设计

两徽高速公路深入推广标准化、精细化设计，注重工程薄弱环节的协调统一，统筹考虑施工的可操作性和维护的便捷性，充分考虑工程施工状态的不利情形，对可能的风险做好防范设计，加强生态选线选址，推行生态环保设计和生态防护技术。

一、利用欠稳定斜坡滑塌体土方填筑路基

路基填筑在项目初期完成，使其能够在路面铺筑前完成沉降稳定，但是隧道施工弃渣无法满足路基大方量填筑。经现场踏勘发现一个取土场为欠稳定斜坡，且下游为柳林村。为消除施工和运营期间路基和柳林村的安全隐患，减小欠稳定斜坡处治的工程成本，同时提高该项目工程经济性，设计中采用清除滑塌体处治欠稳定斜坡的方案，利用清除土方就近填筑路基。

二、针对项目区气候合理设计路床

该项目区降雨量大，地下水位高，为防止地表水下渗，影响路基稳定，阻止毛细水上升影响路面结构层的使用性能，设计中路床下部30cm采用5%灰土填筑，路床上部50cm采用天然砂砾填筑，减小路面底基层与路床的模量比，避免因模量比差别大而产生过大的拉应力，造成路面结构层的损坏。

三、隧道洞口设计

该项目所在区域是由北暖温带向亚热带过渡区，气候湿润，雨量充沛，山体植被茂密，自然生态环境较好。隧道洞口设计贯彻"早进洞、晚出洞、零开挖"原则，尽可能降低洞口边、仰坡的开挖高度，维护洞口原有地貌，以保证山体的稳定，同时减小对洞口自然生态环境的破坏。

传统的隧道洞口设计往往将两洞间的土埂挖除,以迎合施工对于临建场地的需求以及所谓的"洞门整齐划一"。带来的问题是破坏洞口山体稳定性、洞口圬工及开挖量较大、原地貌破坏。传统工法对洞口山体影响较大,边仰坡面拉应力范围广、位移大,应力集中处剪切破坏不可避免,山体失稳风险高。传统工法的位移如图2-18所示。

在进行洞门位置和形式的选择上充分考虑隧道洞口的地形、工程地质、水文地质、自然环境、施工场地等因素,合理确定隧道洞门位置及结构形式。除个别特殊情况外,两徽高速公路隧道绝大多数选用削竹式洞门,隧道洞口设计坚持保留两洞间土埂,对于减少洞口开挖、保障山体稳定、洞口绿化、兼顾周边自然景观都具有较大的实际意义。在土埂的支撑作用下,边仰坡开挖后土体受力变形得到缓解,山体受扰动的范围大大缩小。相比传统工法,保留两洞间土埂可使洞口段衬砌所需要的支护参数显著降低,施工安全风险降低、减少绿化防护工程,各方面均符合品质工程的理念。保留洞间土埂做法的位移如图2-19所示。

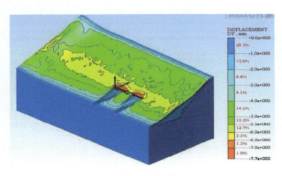
图2-18 传统工法的位移

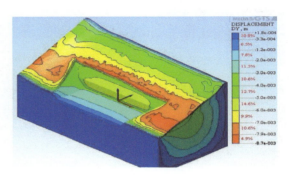
图2-19 保留洞间土埂做法的位移

四、隧道防排水设计

根据调查资料表明:运营隧道中,渗漏水已成为隧道的主要病害之一,用于处治渗漏水病害的费用也相当庞大。根据《公路隧道设计规范》(JTG D70—2004)的规定:隧道防排水应保证隧道结构和营运设备的正常使用和行车安全,减少渗漏水病害对隧道工程的影响。

为保证两徽高速公路隧道全寿命周期的使用功能以及结构的耐久性,必须保证防排水系统能够持久、畅通地运行。隧道防排水系统要结合工程特点、地形条件、工程地质、水文地质情况及勘测资料进行设计,另外还需考虑施工工艺及技术水平、材料来源以及工程费用等因素。目标是对地表和地下水进行全方位的妥善处理,使洞内外形成一个完整、通畅、便于维修的防排水系统。

两徽高速公路隧道防排水系统的设计除符合强制性技术标准和设计规范外,在确保工程质量和技术标准不降低的前提下,对个别方面进行了特殊设计或提出了特殊的要求,以提升设计水平,为打造品质工程奠定基础。

1. 中心水沟分段设计

两徽项目隧道中心水沟管径分400mm、500mm、600mm三种,考虑隧道长度、地下涌水量等因素,除特长隧道外其余隧道均采用内径为400mm的预制钢筋混凝土管。特长隧道采用分段设计,以果老隧道为例,根据地下涌水量预测及隧道纵坡,将隧道分为三段。隧道中心水沟分段设计是新时期国家大力推行品质工程、号召节能减排的形势下积极创新的产物,对于长大隧道尤其适用。隧道中心水沟分段设计的优点明显:①能够保证排水沟上下游各个区段的泄水能力满足涌水量的要求;②有效节约资源,降低工程造价。

2. 混凝土抗渗设计

二次衬砌作为运营隧道的"最后一道防线",是保证隧道全寿命周期使用功能的关键。根据以往项目经验,二次衬砌混凝土劣化与渗漏水是"相辅相成、相互促进、恶性循环"的关系。为保证两徽高速公路隧道全寿命周期的使用功能以及结构的耐久性,按照品质工程设计理念,要求隧道明洞及洞身段二次衬砌混凝土抗渗等级不得低于 P8。

五、溶洞动态处理设计

峡口隧道位于陇南市徽县柳林镇,贯穿磨沟与峡口左侧山体,杨店端进口布设在磨沟左岸山梁,徽县端出口位于峡口村永宁河左岸山体。右线里程桩号为 YK24+083～YK26+235,长 2152m;左线里程桩号为 ZK24+082～ZK26+239,长 2157m,隧道最大埋深约 350m。

隧址区侏罗系砾岩内发育岩溶,上部第四系地层覆盖,厚度一般超过 30m,地表无岩溶景观,地表水与地下水连通不密切,溶蚀凹槽及溶洞内多填充第四系沉积物,属近代深覆盖型岩溶。据钻孔 SZK-SD-14 揭露,岩溶溶洞最大直径 9m,设计高程以下也存在岩溶洞穴。隧道开挖中发生拱顶坍塌、底板塌陷、溶洞大量积水及局部突泥石灾害的可能性很大。

溶洞的洞穴大小及其与隧道不同部位的关系千变万化,同时各溶洞的岩溶水和充填物发育情况也各有不同。为保证隧道施工安全及结构全寿命周期的使用功能,风险防范设计是两徽高速公路打造品质工程的重要保障。

针对隧址区岩溶及岩溶洞穴的地质勘查成果,设计准备了动态处理方案。具体措施有:对于洞穴空间较小、水流量小,不需要采取专门的泄水措施的情况,主要采用回填封闭的处理措施;对于空间较小、形态复杂的溶洞,由于不便用块、碎石回填封闭,一般先尽量回填,再采用素混凝土隔墙嵌补封闭,预留注浆孔口采用注浆的方法填塞空隙;当溶洞内无填充物且拱腰以上隧道开挖面外溶洞发育深度大于 2.0m 时,施作约 1.2m×1.2m 间距的锚杆,锚杆深入围岩不小于 1.5m,待钢拱架、钢筋网、喷射混凝土施作完成后,回填袋装轻质材料;溶洞在边墙处发育时,采用 C20 混凝土回填边墙基础,边墙外侧采用 M7.5 号浆砌片石回填,厚度不小于 1.5m,每隔 2m 设置一处 HDPE100 透水管与中心水沟相连。

六、服务区有组织排水系统设计

场地雨水采用有组织排水系统,在综合楼、停车场场地,按水流方向有利于截水的位置及转弯处、最低点、易造成积水处设置雨水口,经雨水口箅子收集后排至场区周边边沟后汇入主线边沟内,形成顺畅、完善的排水体系,有效避免了场地大面积积水等不良情况。

七、按照绿色公路标准建设设计

(1)建筑单体严格控制体型系数、窗墙面积比和围护结构的传热系数。

(2)采用浅色为主的建筑外立面材质,减少夏季控温产生的能耗;采用大面积可开启建筑外窗,提高自然采光通风。

(3)全线推广采用太阳能热水器。

(4)选用绿色环保、优质可靠的管材、水泵等高效率环保型产品。

(5)建筑室内外照明,收费大棚、广场照明采用节能型 LED 光源。

(6)选用绿色、环保的电器产品;选用高性能低能耗节能变压器,选用高品质电缆、电线降低自身损耗,合理选用设备的容载比。沿线管养服务效果如图 2-20 所示。

八、发展环保交通,为节能减排创造条件

2016 年 4 月,甘肃省人民政府办公厅发布[2016]50 号文件《甘肃省人民政府办公厅关于加快电动汽车充电基础设施建设的实施意见》,文件要求推动城际高速公路服务区配建充电设施试点工作。优先依托连霍、京藏、青兰、福银等高速公路甘肃段沿线服务区开展快速充电站建设试点,加强兰州、白银、定西、天水、酒泉、嘉峪关等省内重点城市间充电基础设施规划衔接,逐步推进国、省道沿线城际快充网

络建设,力争2020年初步形成连接主要城市的城际快充网络,满足电动汽车城际出行需要。

按照智慧交通发展行动计划,杨店服务区设计中在南北两区均对加气站和新能源汽车充电站场地进行预留,为节能减排创造条件。

a) b)

图2-20 沿线管养服务效果图

九、交通驿站特色设施设计

根据甘肃省人民政府办公厅文件甘政办发[2016]87号文件《甘肃省人民政府办公厅关于印发丝绸之路甘肃省交通房车露营地发展规划的通知》,两徽高速公路杨店服务区为二星级交通驿站,设计中在服务区内对交通驿站进行了优化设计,设置水电桩位置,接入水电。

十、交通无障碍设计

在沿线各站点综合楼进行了无障碍坡道、宿舍等人性化设计,并在服务区场地设计中做了无障碍停车位,保证满足所有出行人员的需求。

十一、交安设施的系统化考虑与创新设计

(1)结合了两徽高速公路交通特点及在甘肃和国家高速公路网所处位置,将所需信息划分为A层、B层、C层三层信息,同时更加注意了服务区、停车区以(图2-21)及隧道内标志的设置(图2-22)。

图2-21 服务区、停车区预告标志图　　　　　图2-22 隧道内出口预告标志图

(2)路面标线线形流畅、规则(图2-23),符合车辆行驶轨迹的要求,路段和出入口标线及平交路口标线衔接科学、合理,充分发挥引导交通流的功能。

(3)不同形式的路基护栏之间或路基护栏与桥梁护栏之间应进行过渡处理:针对路基路段路侧以外填方高度以及地形特点等条件设置不同防护等级的护栏,合理平稳过渡,路基护栏与桥梁护栏过渡采用12m三波波形梁护栏搭接过渡。

(4)在两徽高速公路的主线及立交、服务区、停车区等进出匝道或连接通道,连续设置视线诱导设施。

(5)路基左右幅间距小于9m的路段设置防眩设施。设计中间带宽度小于9m的路段均连续设置1m间距防眩设施,较好避免了夜间行车对向车道车灯产生的眩光,加强夜间行车安全;同时优化了主线

防眩基础结构,一方面避免了因对护栏的撞击产生的大面积损毁,另一方面保证主线防眩设施纵向高度及线形统一、美观。

a)

b)

图2-23　流畅、规则的地面标线

(6)全线设置隔离栅。全线立交、服务区、停车区等场站设置边框焊接网隔离栅围封(图2-24),其余路段采用刺钢丝隔离栅围封(图2-25),保证人、畜等与高速公路隔离,加强行车安全。

图2-24　边框焊接网隔离栅

图2-25　刺钢丝隔离栅

(7)隧道洞身装饰设计:洞口采用银灰色铝塑板装饰(图2-26);隧道路缘两侧检修道立面喷(刷)黑黄相间反光漆;隧道洞身采用防火涂料进行涂装(图2-27)。

图2-26　隧道洞口银灰色铝塑板装饰

图2-27　隧道洞身防火涂装

第三节　加强设计创作

在设计过程中,强化工程及配套服务设施的人性化设计,体现地域和人文特点及传统特色文化,追求自然朴实,融入工程美学和景观设计,体现工程与自然人文的和谐、融合与共享,坚持因地制宜,突出实效功能。

一、预应力混凝土管桩处理深层软弱土

预应力管桩复合地基对软土、黏性土、粉土、砂土及全风化岩体等地层条件均具有广泛的实用性、施工速度快、质量可控、对环境影响小、沉降小等特点,将其作为厚层软弱地基处治方案,在甘肃省公路建设中尚属首次。该项目施工过程中,结合施工进一步深入研究机理,加大对预应力混凝土管桩技术的思考和探讨,为预应力混凝土管桩复合地基的推广应用提供技术支持。

1. 地质概述

两徽高速公路 K39+900~K45+950 路线布设于沟道之中,属填方路基,填方高度 1.5~6.0m。路基范围内出露的地层主要为第四系全新统坡洪积(Q_4^{dl},Q_4^{dl+pl})粉质黏土,第四系全新统冲洪积(Q_4^{al+pl})粉质黏土、淤泥质土、圆砾、砂土,全新统冲洪积地层厚度 6~15.7m,下伏新近系(N2)泥质砂岩、砂砾岩。冲积软土层地基承载力较低,压缩性较大,无法满足路基对承载力和稳定性的要求。为有效提高地基承载力,减少路基沉降,根据两徽高速公路软土地基特性,结合国内软基处理研究成果,两徽高速公路采用预应力管桩对 K39+900~K40+800 段深厚软弱土地基进行处理。

2. 预应力混凝土管桩作用机理分析

预应力混凝土管桩复合地基通过置换作用处理软基,预应力混凝土管桩将承受的荷载向较深的土层传递并相应减少了桩间土承担的荷载,使复合地基的承载力提高、变形减小;在群桩复合地基中,通过桩对土的约束作用阻止土体的侧向变形,从而减少了垂直变形,使复合地基抵抗垂直变形的能力加强;通过挤土作用使桩间土孔隙比减少,密实度增加,从而提高桩间土的强度,挤土作用是复合地基承载力提高的一个组成部分;在预应力混凝土管桩与路堤之间设置垫层,将荷载应力进行扩散;调整桩、土垂直荷载和水平荷载的分担,使荷载通过垫层传到桩和桩间土上,保证了桩和桩间土共同作用、共同受力、协调变形,桩和桩间土共同承担荷载从而形成复合地基。

3. 高强度预应力混凝土管桩设计

(1)桩体与桩帽设计。

高强度预应力管桩采用 C80 混凝土预制,桩型为 AB 型。预应力钢筋根数不少于 7 的 φ10.7 钢筋(钢筋直径为公称直径),预应力筋采用预应力混凝土用钢棒,其质量符合国家标准《预应力混凝土用钢棒》(GB/T 5223.3)中螺旋槽钢棒(代号 HG)的规定。管桩预应力筋沿其分布圆周均匀配置。管桩用螺旋钢筋采用低碳钢热轧圆盘条或混凝土制品用低碳冷拔钢丝,其质量符合《低碳钢热轧圆盘条》(GB/T 701)或《混凝土制品用冷拔低碳钢丝》(JC/T 540)的有关规定。管桩端板性能符合行业标准《先张法预应力混凝土用端板》(TC/T 947)的规定,材质采用 Q235B,其厚度不低于 20mm。端板坡口尺寸为 4.5mm×10mm,桩套箍板厚不小于 1.4mm,高度不小于 110mm,搭接长度 5~7mm,桩套箍材质的性能符合国家标准《碳素结构钢》(GB/T 700)中 Q235 的规定,套箍与端板的连接采用焊接法。当采用焊接法连接时,焊接应连续施焊,不得采用点焊,焊渣应全部清除。管桩预应力钢筋保护层厚度不小于 40mm,桩体现场施工如图 2-28 所示。

桩帽承台为 120cm×120cm,厚度 35cm,采用 C30 混凝土现浇,承台内设置两层钢筋网,上层钢筋网距离上表面不大于 10cm,保护层厚度不小于 5cm,下层钢筋网应与桩填芯混凝土钢筋进行连接,保护层厚度不小于 5cm。桩帽现场施工如图 2-29 所示。

(2)垫层设计。

管桩承台顶部铺设 50cm 厚天然砂砾,砂砾层分层填筑,并采用静压压路机进行压实,压实度不小于 93%,砂砾层中部铺设一层双向土工格栅,砂砾垫层顶部铺设一层复合土工膜(两布一膜)。

图 2-28　桩体现场施工　　　　　　　　　图 2-29　桩帽现场施工

(3)桩尖设计。

每根桩均设置桩尖,桩尖采用锥形桩尖,并用钢板制作,钢板的材质符合国家《优质碳素结构钢技术条件》(GB/T 699)机械性能不得低于 Q235B 的要求。

(4)托板设计。

托板采用厚度为 3mm 的 Q235A 圆薄钢板,钢筋与圆薄钢板的连接方式为焊接,焊接方式为 T 形焊,焊脚尺寸为 5mm。

(5)桩间排水板设计。

由于地基土层具有保水性特点,为有效降低桩挤密土层后形成的超孔隙水压力,防止基桩上浮,在每 3 根桩形成的三角片区中间设置塑料排水带,塑料排水带设置于粉质黏土层或淤泥质土层内,最大设置深度为 12m,粉质黏土层或淤泥质土层厚度小于 12m 时,排水带底部距离下部岩土交界面的距离不大于 1m,排水带顶部伸入砂砾垫层中的长度不小于 50cm,将桩帽顶部砂砾垫层作为排水层,确保沿排水板排出的地下水顺利排走。

(6)预应力混凝土管桩的优点。

①单桩承载力高。预应力混凝土管桩桩身混凝土强度高,尤其是高强预应力混凝土管桩,桩身混凝土强度可高达 80MPa,并可打入密实的沙层及强风化岩层,由于挤压作用,管桩承载力要比同样直径的沉管灌注桩或钻孔灌注桩高。

②抗弯抗裂性好。采用高强度钢棒和预应力工艺,与普通混凝土预制桩相比具有较强的抗裂性和较强的抗弯性刚度,在运输吊装过程中及施打过程中均能保持桩身完好。

③符合环保要求。运输吊装方便,接桩快捷,施工现场整洁文明。

④成桩质量可靠,施工速度快,工效高,工期短。缩短工期是预应混凝土管桩的最大优势,预应力混凝土管桩不需要等待 28d 龄期,成桩后即可进行桩基检测。

⑤适应性广。可用于工业与民用建筑工程基础,大型设备基础,桥梁和码头的基础及挡土墙等,尤其是其桩身混凝土强度高,对各种地质地层有较强的穿透能力。

⑥单位承载力造价较低,经济效益好。衡量桩基的经济效益,以每米造价或以单方混凝土造价对比往往是不科学的。相比其他桩基类地基加固方法,预应力混凝土管桩虽然每米造价或单方混凝土造价较高,但其单桩承载力也高,即单位长度(方量)的承载力高,实现同样的加固效果,工程数量较小,加固总费用低,经济效益好。此外,预应力混凝土管桩还具有施工方便、工艺成熟、可拼接、受外部因素干扰小以及对各种地质条件的适应性强等优点,综合效益较高。

二、灵官峡桥梁跨越国道 G316 特色设计

两徽高速公路主线 K2+900～K7+400 沿灵官峡自东向西布设,灵官峡沟道狭窄,地势险峻,沟道最窄处仅 30m,平均宽度 50m,主线在此段落与 G316 线 7 处交叉,如采用常规桥梁结构形式,G316 需大

量改移,且路线指标也将会大大降低,山体开挖工程量也较大,生态环境破坏严重。经仔细研究后,设计采用非标准跨径+门架式桥墩的解决方案(图2-30),即根据路线与G316的交叉间距,推算两处交叉间桥梁跨径,如灵官峡1号桥采用了(43×30+8×29+9×30)m的组合,灵官峡3号桥采用了(29+30+30+29)m和(7×30+4×28+7×30)m的跨径组合,29m或28m的箱梁仍采用30m跨径的标准梁高,通过重新计算后对箱梁预应力钢束进行调整,以达到受力合理。另在桥梁跨越G316处,设置门架式大跨径盖梁,跨径15m或19m。

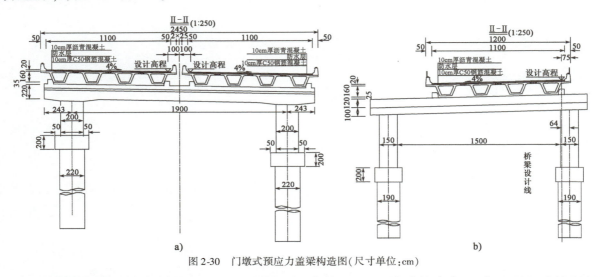

图2-30　门墩式预应力盖梁构造图(尺寸单位:cm)

该方案较完美地实现了桥梁对G316的跨越,既节约了G316改移的成本,又保证了旧路的通行能力,避免了开挖山体的生态破坏,达到了精细化设计与创新性设计的要求。

三、隧道三角带景观设计

在隧道三角带、洞顶回填面混合栽植观花乔灌木,营造"山花烂漫"的植物景观效果,如图2-31所示。

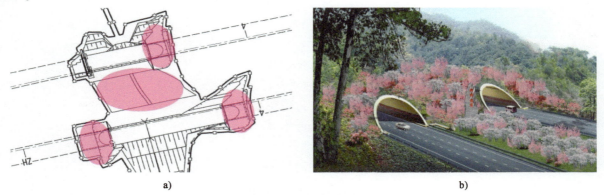

图2-31　隧道三角带景观提升效果图

四、因地制宜,体现地方特色

1. 景观、绿化凸显当地特色

服务场站内以两当县、徽县市政绿化基调树种为主要造景植物来营造景观、绿化美化。

2. 特殊设计互通立交区景观

立交绿化设计与附近的环境、植被相协调,考虑立交区绿化的"瞬间视觉"效果,在减速车道、加速车道等处进行指示诱导栽植。采用本土特色树种,强调目标栽植。在绿化配置时,用片植的形式,形成较大的色块和线条,达到良好的视觉效果。设计中以植被恢复、美化为依托,树立大环境、大生态绿化的思想,充分掌握经济、实用、美观的原则,巧妙利用地形,因地制宜进行绿化,充分展现地方特色和风貌。

  在两当立交绿化设计中选用观叶、观花灌木密植形成大型模纹图案,图案以卷曲的枝叶和花瓣为主要内容,在绿岛中央设置大型主题雕塑,雕塑由旗帜、人物和一门火炮组成。雕塑主体象征一面迎风飘扬的革命旗帜,同时也象征一条高高飘扬的绸带,火炮是革命斗争的有力武器,革命战士手举旗帜和武器。三组内容构成一个整体,主体雕塑寓意两当峥嵘的历史岁月、欣欣向荣的当代和美好的未来。围绕雕塑区域点植迎春、玉兰、樱花等观花植物。

第三章
管理采取新举措

两徽高速公路以精益建造为管理的核心,选择专业化管理队伍,突出责任落实和诚信塑造,在总结以往建设管理经验的基础上,着力推进施工厂站建设规范化,施工工艺标准化,结合该项目特点有针对性地制订各专业工程施工标准化实施细则,建立"实施有标准、操作有程序、过程有控制、结果有考核"的标准化管理体系。推广先进的信息化技术,重视班组建设,实现项目管理水平的整体提升。

第一节 推进建设管理专业化

两徽高速公路采用PPP模式建设,通过公开招标选择甘肃路桥建设集团有限公司、甘肃路桥第三公路工程有限责任公司、甘肃五环公路工程有限公司、中交路桥建设有限公司、甘肃省交通规划勘察设计院股份有限公司等信用良好、专业化程度高的单位作为设计施工总承包单位,大力推进两徽高速公路专业化施工和设计;通过公开招投标方式择优选定甘肃省交通工程建设监理公司、甘肃新科建工监理咨询有限公司作为两徽高速公路的监理单位,选定甘肃省交通科学研究院有限公司、甘肃智通科技工程检测咨询有限公司作为两徽高速公路试验检测机构,提升两徽高速公路建设项目标准化、专业化管理水平。对于交安、绿化、房建、机电等专业工程,在签订设计施工总承包合同时,对施工单位的资质、负责人的证件作了明确要求,着力提高专业化施工能力。

第二节 厂站建设标准化

两徽高速公路在施工过程中,严格执行混凝土集中拌和、钢筋集中加工、构件集中预制。

一、项目驻地建设标准化

项目部建设遵循"因地制宜,节约土地,保护环境,安全可靠,规范有序,功能完备,布局合理,方便生活,满足生产"的原则,项目部驻地标准化建设如图3-1所示。

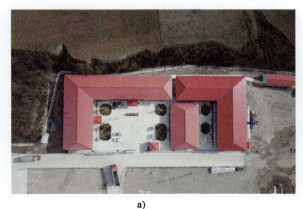
a)

b)

图3-1 项目部驻地标准化建设

（1）项目驻地若采用阻燃棉板活动板房，布局合理，生活区、办公区按照要求分开设置，场容整洁。
（2）驻地选址应避开洪水、泥石流、塌方、落石、滑坡、危岩等自然灾害高发区。

二、混凝土拌和站建设标准化

（1）拌和站采用封闭式管理；场地使用强度等级为 C20 及以上的混凝土全部硬化，厚度不小于 20cm；进、出拌和站便道采用 20cm 厚 C25 混凝土硬化。

（2）场地硬化按照四周低、中心高的原则进行，地面排水坡度不小于 1.5%，做到雨天场地不积水，场地四周应设置砖砌排水沟。

（3）拌和站与办公区及生活区或周围其他建筑物的距离不小于单个水泥罐的高度且不小于 20m。拌和站建设综合考虑施工生产情况，合理划分拌和作业区、材料计量区、材料库、运输车辆停放区、试验区、集料堆放区及生活区，内设洗车池（洗车台）、污水沉淀池和排水系统。混凝土拌和站标准化建设如图 3-2 所示。

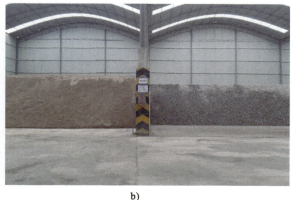

a) b)

图 3-2 混凝土拌和站标准化建设

三、沥青拌和站标准化建设

沥青拌和站建设包括沥青拌和站、水泥稳定碎石搅拌站、原材料储料仓，沥青拌和站标准化建设如图 3-3 所示。

a) b)

图 3-3 沥青拌和站标准化建设

（1）在输送带及冷料仓上方加设防雨棚（图 3-4），保证材料的含水率稳定。
（2）在场内入口处设置洗车区（图 3-5），对运输车辆轮胎进行清洗；并定期对场内道路进行清扫，防止材料二次污染。

a)

b)

图 3-4　冷料仓及输送带加设防雨棚

图 3-5　自动洗车台

四、箱梁预制厂标准化建设

（1）预制厂所有场地进行混凝土硬化处理，场地硬化按照四周低、中心高的原则进行，排水坡度不小于1.5%，场地四周设置排水沟。

（2）办公区、生产区、生活区等，做到区域功能分明，办公、生活区建设可参考项目部办公生活区建设。箱梁预制厂标准化建设如图3-6所示。

a)

b)

图 3-6　箱梁预制厂标准化建设

五、钢筋加工厂标准化建设

(1)钢筋加工厂合理选择设置地点,采用集中加工配送方式,减少二次搬运量,做到加工与施工互不干扰。

(2)厂内按照其使用功能分为原材料堆放区、钢筋下料区、加工制作区、半成品堆放区。钢筋加工厂标准化建设如图3-7所示。

a)　　　　　　　　　　　　　　　　　　b)

图3-7　钢筋加工厂标准化建设

(3)原材料堆放区:钢筋、钢绞线等按照不同规格型号垫高分类存放,并挂牌标识,原材料离地40cm,下部支垫保证钢筋不变形,保持干燥。

(4)成品、半成品采用钢筋货架超市形式存放(图3-8、图3-9):对于加工完成的半成品、成品钢筋,按其检验状态与结果、使用部位进行标识,统一上架,整齐摆放,采用二维码进行超市化管理。在原材、成品和半成品等各功能区之间留设2m宽的人行通道。

图3-8　钢筋分区存放　　　　　　　　图3-9　钢筋货架存放

六、中心试验室标准化建设

中心试验室建设坚持分区设置、布局合理、互不干扰原则,将工作区和生活区分开设置,工作区按功能室、办公室和资料室独立设置,并根据不同的试验检测项目配置了满足要求的基础设施,中心试验室办公楼建设如图3-10所示。各功能室按照试验检测流程和工作相关性进行合理布局,以保证样品的流转顺畅、方便操作;对造成相互干扰和影响的工作区域进行了隔离设置,如养护室、天平室、土工室等进行了分区设置。中心试验室办公室如图3-11所示。

图 3-10　中心试验室办公楼　　　　　　　　图 3-11　中心试验室办公室

中心试验室设备整体摆放和谐美观,操作台选用了坚固、防滑、耐腐蚀材料,几何尺寸符合有关技术标准。各检测室和办公室设置了统一规格的门牌标识,对有环境和安全条件要求的区域设置警示和限入标识(图3-12),配备了冷暖空调。沥青混合料室、沥青室、土工室、外检室如图3-13~图3-16所示。

图 3-12　中心试验室警示标志　　　　　　　　图 3-13　沥青混合料室

图 3-14　沥青室　　　　　　　　　　　　　　图 3-15　土工室

七、工地试验室标准化建设

两徽高速公路路面工地试验室占地面积约为600m²,试验室走廊如图3-17所示。办公区设有主任办公室、办公室、资料档案室,试验区主要分为样品室、水泥室、集料室、混凝土室、养护室、力学室、化学室(图3-18)、沥青1室、沥青2室、沥青混合料室(图3-19)、土工室(图3-20)、留样室、现场检测室。

图 3-16　外检室

图 3-17　试验室走廊

图 3-18　化学室

图 3-19　沥青室

图 3-20　土工室

第三节　施工工艺标准化

一、路基施工标准化

1. 土方路堑开挖施工

（1）临时排水。

路堑开挖前，充分做好临时排水设施，以引排路堑上方的雨水，减少地表水对边坡坡面的冲刷；同时使临时排水设施与永久性排水设施相结合,流水不得排于农田、耕地,污染自然水源,也不得引起淤积和冲刷。施工场地内设置临时排水设施,在路堑的线路方向上保持一定的纵向坡度(单向或双向),保证作业区域内排水顺畅。

(2)土质路堑开挖。

路基挖方采用"横向分层、纵向分段,两端同步、阶梯掘进"的方式进行施工,土方以挖掘机开挖为主,分段进行,自上而下分层开挖,并随时做成一定坡势,以利排水。土石方开挖装运如图3-21所示。

边坡刷坡前,使用方木制作与挖方坡度相同的坡度尺。刷坡时,先开挖一条坡度长度符合要求的样槽,人工用坡度尺不断复核坡率,指挥挖机自上而下进行刷坡(图3-22),不断调整直至坡率符合要求。

图3-21 土石方开挖装运

图3-22 边坡刷坡

2. 石方路堑开挖施工

石方路堑施工采用多台阶、小孔距、浅孔松动控制爆破方案,其特点是"眼较浅、密打眼、少药量、强覆盖、间隔微差",在爆破中做到"松而不散、散而不滚、碎而不飞"。用不同方向上的抵抗线差别和起爆顺序控制爆破岩石移动方向,抑制爆破飞石、滚石,确保爆破质量和作业安全。

为了减弱爆破振动,减少爆破施工对村民生活造成影响,采用孔径为100mm潜孔钻机钻孔,根据露天中深孔微差控制爆破起爆顺序的要求和爆破区域距保护民房等设施距离的远近,采用"一孔一响"的逐孔爆破方法(图3-23),个别区域采用破碎锤作业(图3-24)。与排间起爆技术比较,逐孔起爆技术有以下优点:

(1)依靠高强度、高精度毫秒导爆管雷管,实现爆区内任何一个炮孔爆破时,在空间和时间上均按一定的起爆顺序单独起爆,从而达到减小爆破振动和降低破碎块度的目的。

图3-23 逐孔爆破钻孔作业

图3-24 破碎锤作业

(2)选择合理的空间和排间微差时间,可以充分利用岩石破碎后的抛散能量,增加相邻炮孔间岩石的空中碰撞次数,从而显著改善爆破块度。

(3)采用地表单管连接,并保证每一个先爆孔为后爆孔创造一个自由面,爆炸能量在炮孔间分布均匀、岩石破碎效果好。

(4)逐孔起爆减少了同时起爆药量,大大降低了爆破振动。

3. 土石方路堤填筑施工

路堤填筑按"三阶段、四区段、八流程"组织各项作业均衡进行,合理安排施工顺序、工序进度和关键工序的作业循环,做到挖、装、运、卸、压实等工序紧密衔接连续作业,避免施工干扰、交叉施工。在施工中始终坚持"三线四度",在中线、两侧边线上每隔20m设置标志桩,明确中线、边线的控制点。控制路基分层厚度以确保每层层底的压实度;控制压实度以确保路基的质量及竣工后沉降不超标,控制横坡以确保雨水及时排出;控制平整度以确保路基碾压均匀及表面不积水。

(1)填料选择及控制。

路基填筑时选用级配较好的砾类土、砂类土等粗粒土作为填料。填筑天然砂砾或砾石土的路基,每辆上料车辆加15cm宽"人"字形钢管筛,严格控制填料粒径。

(2)测量放样。

填筑路堤时每三层进行一次放样,路床施工时每一层进行一次放样;每级边坡进行平台边线放样,直线段每隔10m,曲线段每隔5m,并根据实际情况进行适当加密。

(3)基底处理。

路基范围内的树根全部挖出并将坑穴填平、夯实,清除的种植土应集中堆放。清表平整完成后,检测原地面高程,并做记录。路基基底在填筑前进行压实,确保压实度不小于90%。

(4)摊铺平整。

摊铺时,用装载机将填料摊铺展开,用平地机精平,将填料按要求层厚摊铺平整,松铺层厚根据试验段结果确定。摊铺时,每侧各放宽50cm,确保边部碾压密实,摊铺层厚通过撒布网格进行控制(图3-25),以便获得均匀的压实效果。同时按照设计要求设置路拱,以有利于路基表面排水。

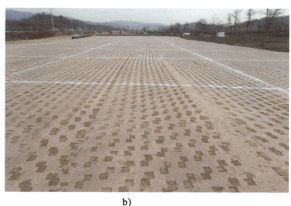

a)   b)

图3-25 撒布网格

每一填筑层压实后的宽度不得小于设计宽度;当原地面纵坡大于12%或横坡陡于1:5时,开挖坡度向内并大于4%、宽度大于2m的台阶(图3-26),确保相互交替搭接。

(5)碾压夯实。

土石方路基分层压实,每层的压实厚度、压实机械的功能及碾压遍数经过试验段确定,羊角碾碾压如图3-27所示。碾压前,先对填层的厚度、平整度及土的含水率进行检查,确认符合要求后再进行碾压;压实作业时确保无漏压、无死角、碾压均匀。

a)   b)

图 3-26 开挖台阶

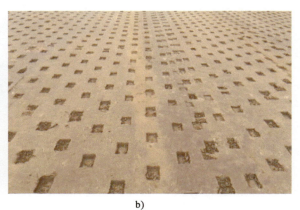

a)   b)

图 3-27 羊角碾碾压

（6）路基整修。

路基填筑到路床底时，进行路基整修。整修采用人工配合机械的方法进行（图 3-28）。整修路基表面，使其无坑槽、平整，并设置规定的路拱，每隔 50m 设置临时急流槽（图 3-29），并在路基边线处设置 20cm 高的挡水埝，使雨水集中从急流槽处排出到临时排水沟渠中，以防路基边坡冲刷。

图 3-28 边坡刷坡整修   图 3-29 边坡临时排水设施

4. 三背回填

（1）台背回填范围。

台背回填范围根据《公路路基施工技术规范》（JTG F10）和设计图纸要求确定，图纸无规定时按如下要求执行:明、暗构造物(圆管涵除外)台背填土顺路线方向长度,顶部为距翼墙尾端不小于台高2m;底部距基础内缘不小于2m;涵洞填土长度每侧不小于2倍的孔径长度。

(2)回填材料的选择。

结构物台背回填采用有级配的透水性材料分层填筑并夯压密实,所有材料进场前进行严格的检验,不合格的填料坚决不予使用。当涵洞台背施工空间狭小时,进行片石混凝土回填。

(3)分层摊铺、碾压。

使用油漆在结构物背面标示出压实后分层厚度控制线,每15cm一道,并在横线上标注出填筑层次,同时使用白灰划方格网的方法控制松铺厚度,有效地控制了填筑质量和压实效果。

压路机碾压时离结构物背墙距离不小于50cm,每次碾压错开1/3轮宽,尽量采用微振碾压、多遍静压至碾压密实。台背结构物50cm范围内使用小型夯实机具进行夯实(图3-30),夯实时确保夯实均匀、密实,避免出现死角,以确保其压实度符合设计及规范要求。

a)

b)

图3-30 小型机具补强三背边角部位

为减少填挖交界部沉降差,在纵向填挖交界区填方侧过渡区及横向填挖交界部填方侧,填土每填筑1m均采用高频液压夯进行补强夯实(图3-31)。

图3-31 液压夯补强路基

5.填挖交界路基处理

(1)台阶开挖。

在坡面上沿纵向开挖台阶,台阶的宽度根据地形情况挖成宽2m以上,高度为0.5~1.0m,并做成2%~4%的反向横坡。

(2)铺设土工格栅。

为保证半填半挖及填挖交界处路基的稳定性,减少不均匀沉降,对填挖交界路基进行双向土工格栅加固处理,并采用液压夯进行补强。

(3)土工格栅施工要点。

①土工格栅铺设时,将强度高的方向置于垂直于路堤轴线方向。

②土工格栅在受力方向连接处的强度不得低于材料设计抗拉强度,其搭接长度不得小于30cm。

③铺设土工格栅时不允许有褶皱,用钢筋弯成的U形锚钉固定于地面,U形锚钉的间距不大于1m,其长度大于25cm,以使铺好的格网平顺并与地面紧贴。

④铺设土工格栅前,先将场地平整好,严禁有碎块石等坚硬凸出物。

⑤铺设好的土工格栅两天内进行填土覆盖。铺设土工格栅如图3-32所示。

土工格网对填料提供了较大的侧向约束作用,格网侧壁对填料产生了向上的摩擦支承力,形成了一个具有较大弯拉刚度与抗剪强度的复合体。土工格网的加筋作用减小了土中的竖向力和剪力,增强了路基的稳定性,从而达到消除路基不均匀沉降的目的。

6.灰土路床处理

(1)含水率控制。

对摊铺后的土进行含水率检测,将含水率控制在最佳含水率±2%。

(2)撒布白灰。

将生石灰提前10~12d运到施工现场进行充分消解,消解后的石灰用1cm×1cm方格筛子过筛,剔除未消解的石灰块,根据白灰撒出的方格网及每格土方量,计算出每格石灰的摊铺量。石灰摊铺采用装载机倒运,使用前严格对装载机的铲斗体积进行测量和标定,按每方格用灰量逐个摊铺,用刮板将石灰摊铺均匀。根据石灰的含水率校核石灰用量是否合适,松铺厚度是否满足要求。

(3)灰土拌和。

采用路拌机进行拌和(图3-33),拌和时及时检查拌和深度及均匀性,确保拌和深度和均匀性满足要求;下一层灰土施工时,保证刀片深入第一层表面1cm,以确保灰土之间无夹层。

图3-32 铺设土工格栅

图3-33 灰土拌和

(4)平整碾压。

摊铺时"宁高勿低",在进行灰土整平时,派1~2名人工配合,对灰土表层镶嵌的土块或石块进行清除,避免平地机最后精平时出现沟槽坑洼等现象。碾压时采用22t振动压路机沿路基纵向进行碾压,速度为2~3km/h,采用先慢后快、先轻后重的原则进行碾压;碾压顺序是由中向外、由高向低、一进一退为碾压一遍,每边碾压轮迹搭接不少于1/4轮宽。

(5)保湿养生。

为了减轻或消除灰土表面开裂,石灰土在接近最佳含水率时成形,成形后及时采取有效措施保湿养生,养生期一般不少于7d,养生期封闭交通;同时压实后的灰土要做好排水措施,3d内不得受水浸泡,严禁重车通行。

7. 小型构件预制

为确保施工质量，所有小型预制构件全部在小型构件预制厂集中预制、集中养护、集中存放，再运输至施工现场。

小型构件预制厂标准化建设如图3-34所示。场地采用20cm厚的C20混凝土进行硬化，硬化时按照四周低、中心高的原则进行，表面排水坡度为1.5%，场内根据地形设置四周排水沟，排水坡度1.5%，排水沟设置为明沟，尺寸为30cm×30cm，沟底采用M7.5浆砌抹面。根据实际施工情况，预制场内设有生产区、养护区和成品堆放区。

①清洗模具（图3-35）。将模具放入稀盐酸溶液中浸泡至不再有气泡冒出为止，再放入清水池中使用软毛刷清理干净，倒置码放整齐晾干，以防止灰尘进入模板。

图3-34 小型构件预制厂

图3-35 模具清洗

②脱模剂喷涂（图3-36）。脱模剂采用清澈、流动性好的模板油，使用小型空压机带动喷嘴进行脱模剂喷涂。喷涂时，确保均匀无死角，喷涂好脱模剂的模具在生产区域码放整齐备用。

③混凝土入模及振捣。浇筑时模具放在传送机卸料口下方，开动平板振动器，边放料入模边振动，放入一半时暂时停放先振动至气泡完全排出后再放满进行振动至气泡完全排出，混凝土停止下沉，表面出现平坦、泛浆为止。

④运输及摆放。预制构件浇筑及振捣完成后用电动平板车运输至存放区摆放整齐。摆放好后使用橡胶锤敲打模具侧面使混凝土表面气泡排出干净。摆放好的预制构件首先进行初次收面，抹面时需先后使用木抹、铁抹收平，混凝土初凝时进行二次收面，混凝土表面要求平整，与模具边同平。

⑤混凝土构件脱模。混凝土强度达到50%以上即可进行脱模。为了便于脱模，在当日气温最高时脱模。拆模时用橡胶锤适量敲打，确保不出现啃边、掉角及磕碰现象。

⑥混凝土构件养生。预制构件混凝土浇筑收面后采取喷淋养护（图3-37）等保温保湿措施，提高混凝土整体性能，减少混凝土表面收缩裂纹。混凝土的洒水养护时间一般为7d，每天洒水次数以能保持混凝土表面处于湿润状态为宜。

图3-36 脱模剂喷涂

图3-37 自动喷淋养生

⑦预制构件打包码垛。预制件养生期满后,预制件按型号、种类分开码放。其中拱形骨架堆放不宜超过7层,排水沟构件不宜超过12层,电缆沟槽盖板不宜超过10层,构件打包如图3-38所示。为方便运输和防止在运输过程中的碰损,在最下层预制块下衬垫木托架。码放时轻拿轻放,以防磨损或碰损掉角。打包好码放成垛的预制构件使用叉车运输至成品存放区整齐存放(图3-39)。

图3-38 构件打包

图3-39 成品存放

8. 预制排水沟安装

(1)工艺流程。

测量放样→基坑开挖→基底调平→预制块安装→现浇混凝土压顶→养生。

(2)测量放样。

采用RTK(Real-time kinematic,实时动态)测量仪对排水沟进行测量放样,沿路线方向处每隔10m(曲线部分要适当加密到5m)进行标识桩放样,用白灰撒出排水沟纵向中心线,以便检查排水沟放样线形及几何尺寸。

(3)基坑开挖。

基坑采用挖掘机为主,人工辅助的开挖,先用挖掘机在灰线内进行粗挖,挖至离基底高程5~10cm范围时采用人工修整(图3-40)。当基坑开挖至设计高程,每隔5m使用定位胎架(图3-41)挂线再修整,精确控制排水沟线形。

图3-40 排水沟人工整修

图3-41 定型胎架放样

(4)基底调平。

基坑开挖后,采用人工修整基坑底进行精准调平,确保沟底平整,整体平顺,能够达到排水畅通不阻水的要求。平整度及线形满足要求后方可铺设复合土工膜。

(5)预制块安装。

预制块运输至现场,采用人工进行安装。砌筑前,每隔10m设置定位胎架,胎架之间底部和顶部分别拉线,用于控制坡比和平整度。预制块拼装接缝采用水泥砂浆黏合,确保沟体不漏水。对安装后侧墙外侧的空隙及时采用普通土进行回填人工夯实,以保证安装后预制块的稳定。预制块安装后必须纵坡顺直,曲线线形圆滑;沟壁平整、稳定;沟底平整,排水畅通,无冲刷和阻水现象;勾缝整齐牢固。混凝土表面平整,施工缝平顺、棱角线平整,外露面色泽一致。

(6)现浇混凝土压顶。

按照设计图纸安装沟顶压顶混凝土模板,模板采用14号槽钢,模板底部采用定长木条顶撑,横向采用钢管加卡扣固定。压顶混凝土每隔10m设置一道伸缩缝。模板检验合格后,及时浇筑C20混凝土。

(7)养生。

当混凝土强度大于2.5MPa时即可拆模,拆模后立即覆盖土工布洒水覆盖养生,养生时间为7d。排水沟施工后效果如图3-42所示。

图3-42 预制排水沟

9. 拱形骨架安装

(1)坡面修整。

按照边坡坡度,挂线清刷表面松散土层及浮土,填补坑凹并拍实使坡面平整,土基的压实度与同层路基土压实度相同,以免下沉而使砌体产生裂缝,影响整体稳定性。

(2)测量放线。

按设计图纸对拱形骨架轮廓进行放样,用钢尺对基槽开挖位置准确定位。对于弧形部分定出圆心位置后撒线画出弧线。

(3)基槽开挖。

拱形骨架的线形控制,按照设计采用钢筋制作骨架模型,基槽开挖时量出拱形骨架间距,再用此模型控制基槽开挖,以保证拱形骨架的线形一致。

(4)安装拱形骨架预制块。

拱形骨架拼接,每层拱圈高度根据边坡坡度调整,拱圈施工时,由下至上进行施工,防护路段剩余长度不足一个拱圈时,该部分边坡直接采用喷播植草防护。码放时表面平顺整齐,与边坡嵌接牢固密贴(图3-43)。

a)

b)

图3-43 预制块安装

(5)拱形骨架勾缝。

勾缝时,砂浆要嵌满压实,其面不超出预制块表面,以把安装缝抹平抹满为宜,勾缝要求牢固结实,宽窄均匀,深浅一致,周边清洁,形式美观。待勾缝砂浆达到20%强度时(即手指摁无明显印)进行修边,将预制块上多余砂浆刮掉,不得污染砌面。勾缝完成后,进行洒水养护,防止开裂空鼓。拱形骨架安装效果如图3-44所示。

 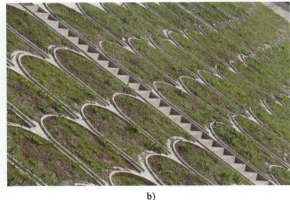

a)   b)

图3-44 拱形骨架安装效果

10. 锚杆框格梁施工

(1) 工艺流程。

测量放线→确定孔位→搭设操作平台→钻机就位→调整角度→钻孔→清孔→安装锚杆→注浆→制作框格梁。

(2) 孔位测量放线。

按设计图纸要求,在边坡按框格尺寸刷坡完成后,在锚杆施工范围内,第一排锚杆采用全站仪设置固定桩,中间根据锚杆横向和竖向间距布设,并保证在施工阶段不得损坏。其他孔位以固定桩为准用工程线、钢尺丈量,全段统一放样,孔位误差不得超过±50mm。测定的孔位点采用$\phi 8$钢筋打入埋设半永久性标志。边坡锚杆孔位设计间距尺寸:锚杆间距3.4m,成网格状布置。

(3) 锚孔测放。

边坡施工边挖边加固,即开挖一级,防护一级,不得一次开挖到底。根据施工图纸说明,按设计要求,将锚孔位置准确测放在坡面上,孔位误差不得超过±50mm。

(4) 搭设操作平台(图3-45)。

搭设脚手架操作平台,搭设前必须整平压实脚手架基础,使其密实平整。为保证脚手架在钻孔过程中的稳定性,脚手架两侧需设置斜向支撑,上中下共三道,斜向支撑延道路纵向间距5m,其中有一道为由底置顶通长斜撑。斜撑一端与地锚固定,另一端采用扣件与脚手架固定。三道斜撑在脚手架外采用1~2根立杆予以连接防止弯曲变形。同时每层工作平台后侧设置斜向支撑于下层钢管上,纵向间距2.5m。

图3-45 脚手架搭设

(5)钻机就位。

钻机用三脚支架提升到平台上。锚杆孔钻进施工,搭设满足承载能力和稳固条件的脚手架,根据坡面测放孔位,准确安装固定钻机,并严格认真进行机位调整,确认孔位所在框格底面位置是否准确,确保设计孔深足够。

(6)钻孔作业(图3-46)。

钻孔要求干钻,禁止采用水钻,以确保锚杆施工不至于恶化边坡岩体的工程地质条件和保证孔壁的黏结性能。钻孔速度根据使用钻机性能和锚固地层严格控制,防止钻孔扭曲和变径,造成下锚困难或其他意外事故。

a)

b)

图3-46 钻孔作业

(7)锚孔清理。

钻进达到设计深度后,不能立即停钻,要求稳钻1~2min,防止孔底尖灭、达不到设计孔径。钻孔孔壁不得有沉渣及水体黏滞,必须清理干净,在钻孔完成后,使用高压空气(风压0.2~0.4MPa)将孔内岩粉及水体全部清除出孔外,以免降低水泥砂浆与孔壁岩土体的黏结强度。

(8)锚杆制作及安装(图3-47)。

锚杆杆体采用HRB400ϕ32螺纹钢筋,沿锚杆轴线方向每隔1.5m设置一组钢筋定位器,以保证锚杆的保护层厚度。安装前,要确保每根钢筋顺直,无锈、无油污,安装锚杆体前再次认真核对锚孔编号,确认无误后再用高压风吹孔,人工缓慢将锚杆体放入孔内,用钢尺量测孔外露出的锚杆长度,计算孔内锚杆长度(误差控制在±50mm范围内),确保锚固长度。符合规定要求。

图3-47 锚杆安装

(9)锚固(图3-48)注浆。

注浆作业从孔底开始,注浆压力不低于0.4MPa,注浆量不得少于计算量,压力注浆时充盈系数为1.1~1.3。注浆材料按设计要求选用M30水泥砂浆。以孔口不再排气且孔口浆液溢出浓浆作为注浆结束的标准,如一次注不满或注浆后产生沉降,要补充注浆,直至注满为止。注浆结束后,将注浆管、注浆枪和注浆套管清洗干净。

图 3-48　封锚

（10）框格梁施工。

①锚杆施工完成后，根据先前锚杆定位，测放出框架纵梁、横梁位置及施工起始范围。

②钢筋安装。按设计图纸进行钢筋的加工及安装。钢筋安装及模板拼装，如图 3-49 所示。

a)

b)

图 3-49　钢筋安装及模板拼装

③模板拼装。内侧用对拉螺杆，外侧用方木支撑固定，在钢筋检验合格后，安装侧模，模板拼装要求稳固严密，不漏浆，以保证混凝土的施工质量；模板内侧涂刷脱模剂，严格按照设计图纸尺寸进行模板拼装。

④混凝土浇筑（图 3-50）。模板检验合格后进行混凝土浇筑。混凝土自下而上分层浇筑分层振捣，用插入式振捣器振捣，浇筑上层时插入下层 5~10cm，混凝土要求振捣充分，不漏振，以保证混凝土的密实度。混凝土浇筑到顶面，按要求修整抹平。

图 3-50　混凝土浇筑

⑤拆模及混凝土养生。混凝土达到强度的50%即可拆模板,模板拆除时按顺序拆卸,防止撬坏模板和碰坏结构,并注意对各边角的保护。混凝土浇筑后要及时覆盖养生,经常保持混凝土表面湿润,确保混凝土后期强度。锚杆框格梁工后效果如图3-51所示。

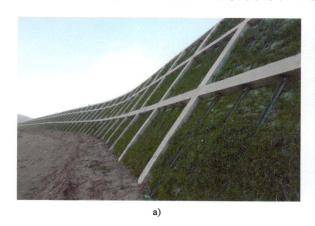
a)

b)

图3-51 锚杆框格梁

11. 钢筋混凝土盖板涵

(1)施工流程。
施工准备→基础开挖→基础施工→墙身施工→台帽施工→盖板现浇→八字墙现浇、铺砌→涵背回填。

(2)测量放线。
测量人员对涵洞进行定位放线。

(3)基础开挖。
基坑挖到接近设计高程时,停止机械开挖,改由人工清底、平整。当基底达到换填设计高程时及时报请测量监理工程师检查,同时进行基底承载力试验。

(4)基础施工。
基坑检查合格后,用全站仪放样出涵洞轴线,用墨线弹出立模边线和每个沉降缝位置。安装模板时按照图纸要求设置沉降缝,沉降缝贯穿整个断面,每4~6m设置一道(墙身沉降缝设置必须与基础沉降缝设置位置一致),缝宽2cm。基础混凝土按照沉降缝分段、分层浇筑,分层振捣,分层厚度为30cm左右。涵洞基础钢筋安装如图3-52所示。

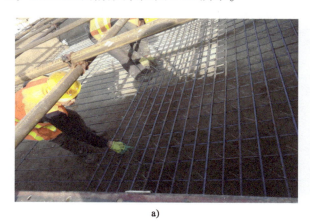
a)

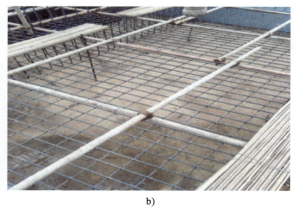
b)

图3-52 涵洞基础钢筋

(5)墙身施工。
基础施工完成后,达到一定强度后即可进行墙身立模(图3-53)。墙身模板采用普通组合钢模板,立模前对钢模进行除锈,用打磨机打磨,再在钢模上涂满脱模剂,使接头拼合平整严密,无漏浆缝隙,以保证拆模后墙身混凝土表面平整美观。模内干净无杂物,立模后必须对板缝、拉筋、支撑、保护层(图3-54)进行检查,确认模板安装准确牢固后方可进行下一工序的施工。混凝土的浇筑与基础相同。

图3-53 墙身模板安装　　　　　　　　　图3-54 保护层厚度复核

(6)台帽施工。

墙身施工完成后,即可进行台帽立模,台帽施工工序与墙身施工相同。

(7)盖板现浇。

台帽拆模后,搭设盖板支架,进行盖板施工。在涵洞内搭设满堂支架,沿涵洞轴线布置横向支架,纵向可根据涵洞沉降缝的长度调整间距。支架顶托上铺设方木,方木上摆放底模。模板加固后进行模板刷油处理,以保证脱模方便。模板经监理工程师检查合格后,进行盖板钢筋绑扎。混凝土浇筑方法与墙身浇筑相同,但注意盖板混凝土按设计要求进行分块。混凝土初凝后覆盖土工布洒水养生,保持新浇混凝土表面湿润,强度达到设计强度的75%后方可拆模。墙身及盖板全部施工完成后,在墙身外侧和盖板顶部涂刷两层沥青(图3-55),每层厚1.5mm,起防水作用。

a)　　　　　　　　　　　　　　　　　b)

图3-55 涂刷防水沥青

(8)八字墙施工与洞口铺砌。

八字墙采用C20素混凝土,浇筑方法同墙身,尺寸及位置按照设计要求执行,八字墙与台身必须分开,缝宽2cm,接缝采用沥青麻絮填塞。八字墙施工完成后即可进行洞口铺砌,洞口采用C20素混凝土铺砌,厚度及高程符合设计要求。

二、路面施工标准化

1. 水泥稳定碎石底基层、基层工艺

(1)准备下承层。

施工前,对已验收合格的下承层进行检查,清除下承层表面杂物(图3-56),防止松散颗粒对层间结合造成不良影响。并在下承层表面进行洒水湿润,确保摊铺后底部有足够的养生水分,满足质量及施工要求。

（2）侧模支护（图3-57）。

支护钢模可保证基层边部压实度,提高水稳层的整体强度和耐久性,增大水稳层抗疲劳破坏能力,钢模支护可节约资源,避免材料浪费。

图3-56　基层清扫

图3-57　钢模板支护

（3）拌和。

混合料采用一台WDB600型自动计量水稳振动拌和设备（图3-58）,施加强烈的振动作用使粉料处于不断的颤动、游离状态,使粉料在集料中分散速度加快,同时水分子也处于颤动状态,打散抱团的粉料颗粒,继而粉料与水充分结合形成胶结材料,更加均匀地包裹在集料表面,从而改善混合料的微观结构。

（4）运输。

装车（图3-59）时车辆应前后移动,分前、后、中6次装料（图3-60）,避免混合料装料离析。

图3-58　振动拌缸

图3-59　水稳碎石混合料装料

（5）摊铺（图3-61）。

施工安全员指挥运料车辆在作业面前指定位置掉头,慢速倒退至距摊铺机前30cm前停下,挂空挡,摊铺机缓缓启动,推着车辆匀速前进,在前进的过程中,将混合料缓缓卸入料斗,摊铺机行驶速度根据拌和机产量、运输车辆吨位、数量和运距确定,且摊铺速度宜控制在1.5~2m/min。

（6）碾压。

①碾压遵循由低到高、由边向中、由轻到重、低速碾压的原则,起步和制动应做到慢速起动,慢速制动,杜绝快速起动、紧急制动现象。

②碾压时的松铺厚度、平整度和含水率及碾压遍数应根据试验段确定的数据进行控制。碾压成形经压实度检测合格后方可进行下道工序的施工。

图 3-60 混合料装车顺序

图 3-61 基层摊铺

(7)注意事项。

①水稳层施工边部预留 20cm,由小型压路机进行压实(图 3-62),碾压 3~5 遍,直到不产生轮迹为止。

②碾压长度一般控制在 40~60m,碾压段落设置明显的分界标志,做到层次分明,并且在每段端头用白灰线标示(图 3-63)。

图 3-62 基层边部碾压　　　　　　　　　　图 3-63 划分段落碾压

(8)养生及交通管制。

①每一施工段压实度检测合格后立即养生(图 3-64)。养生期不少于 7d,且必须养生至上层结构层摊铺前 2d。养生采用透水土工布平铺覆盖于水稳层顶面及两侧,在养生期内始终保持水稳层表面处于湿润状态。

②在养生期内,采取硬隔离措施封闭交通,禁止车辆通行(图 3-65)。

图 3-64 水稳层养生

图 3-65 采取硬隔离封闭

2. 沥青混合料面层施工工艺

（1）洒布透层油（图 3-66）。

透层油洒布前，清扫路面，对沿线的人工构造物用塑料薄膜覆盖，以免受到污染。

透层油的洒布应采用洒布车一次均匀洒布，没有漏油及汪油现象。透层油用量应适量，一般在 1.0～1.2L/m²，具体用量可根据现场试验确定，洒布完成后应及时封闭交通。

（2）热熔改性沥青碎石封层（图 3-67）。

洒布改性沥青应保证均匀，用量为 1.6～2.0kg/m²（喷洒量按设计图纸执行）；撒布单一粒径 9.5～13.2mm 的碎石，用量为铺满一层量的 60%～80% 为宜，以压路机碾压时不粘轮为原则，保证撒布碎石不重叠、不松散、不成堆，其目的是保护改性沥青层薄膜不受运料车和摊铺机损坏。碎石间空隙大，在摊铺高温沥青混合料时，混合料能很好地压入碎石空隙中，形成良好的嵌挤效果；高温混合料使改性沥青层熔化，熔化的沥青向上裹覆碎石，使热熔改性沥青碎石封层与沥青混合料完全融为一体。

图 3-66　透层油洒布

图 3-67　热熔改性沥青碎石封层

（3）桥面精铣刨（图 3-68）。

采用铣刨机对水泥混凝土铺装层表面进行精铣刨拉毛处理，清除水泥混凝土表面浮浆软弱部位、油污及杂物，增加表面粗糙度和洁净程度。同时，可打开混凝土表面的毛细孔，使封闭剂或黏结剂较好地渗入混凝土，有利于提高沥青铺筑层与基面（水泥混凝土桥面板）之间的黏结能力和抗剪切能力。

a)

b)

图 3-68　精铣刨

（4）洒布粘层油（图 3-69）。

粘层油的洒布应用智能沥青洒布车一次均匀洒布，喷洒量控制在 0.3～0.6kg/m²，施工后形成均匀、饱和的油面。喷洒粘层油时，必须采取必要的防护措施，防止路缘石、桥涵构造台帽、防撞墙表面受到污染。

(5)沥青混合料拌制。

沥青混合料必须采用具有准确计量控制的间歇式沥青混合料拌和机拌制(图3-70),拌和机配有8个冷料仓和6个热料仓。通过选择拌和楼不同振动筛孔尺寸,使其与拌和的混合料类型相匹配,保证热料仓供料均匀,以不溢料、不等料为原则。

图3-69　洒布粘层油　　　　　　　　　　图3-70　沥青拌和楼

混合料拌和完成后要对混合料的工作性能进行检测,保证混合料均匀一致,所有矿料颗粒表面必须全部由沥青膜裹覆,不得出现花白、团块、粗细集料分离等现象。根据混合料的实际情况适当调整沥青混合料的拌和时间。

拌和机内必须配备相应的数据自动采集系统,同时应对采集数据的真实性进行复核,如质量、温度等采集设备,确保数据真实性。

每天上午、下午各取一组混合料试样做抽提筛分试验,检验油石比、矿料级配。材料规格、矿料级配发生较大变化时,重新进行混合料配合比设计。

(6)沥青混合料的运输。

料车装料前先检查料车是否干净,车周壁是否涂抹油水混合物,余液是否清除干净,车的保温效果等。

拌和楼放料时,汽车应前后移动,分6堆放料,以减少粗集料的分离现象。运输车辆从装入混合料起至开始摊铺为止,运料及等待(图3-71)时间不超过1.5h。

沥青混合料运至摊铺地点后凭运料单由现场质检人员验收,并检查混合料的拌和质量及温度,不符合温度要求或已经结成团块、遭雨淋湿的混合料不得铺筑在道路上。

(7)沥青混合料的摊铺(图3-72)。

①采用1台中大DT1900型抗离析沥青混凝土摊铺机全宽摊铺,铺筑前应检查下承层与桥头及构造物前后衔接是否顺畅,必要时采用拉线的方式提前使用混合料进行顺接。

图3-71　料车等待卸料　　　　　　　　　图3-72　沥青面层摊铺

②用移动式自动找平装置控制摊铺厚度，摊铺过程中随时检查摊铺层厚度、路拱、横坡等，达不到要求时，立即进行调整。

③摊铺机应匀速、缓慢、连续不间断地摊铺。摊铺机行走速度依据拌和能力，一般控制在 1.5～2.5m/min，最高不超过 3m/min。

(8) 沥青混合料的碾压（图 3-73）。

沥青混合料的碾压按"紧跟慢压、高频低幅、静振结合、揉压为主"的原则，做到高温碾压、及时碾压。压路机的碾压路线及方向不能突然改变，避免混合料推移。初压时驱动轮在前，静压匀速前进，后退时沿前进碾压时的轮迹行驶并振动碾压。

(9) 施工缝设置与处理。

①设置。当天施工结束时，在端头处设置施工缝。在已成形的沥青混合料端部，用 3m 直尺检查，将摊铺端部的直尺做悬臂状，在摊铺层与直尺脱离接触处定出接缝位置，用切割机切齐后铲除。切缝应沿着路面纵轴垂直方向平直地贯通整个铺层宽度，切深为铺层厚度。

②处理。再次施工前，在接缝位置（图 3-74）涂刷粘层沥青，采用摊铺机熨平板对已铺路面进行预热软化，以加强新旧混合料的黏结。碾压时用钢轮压路机从先铺路面上跨缝逐渐移向新铺路面进行横向碾压，然后斜向碾压，最后纵向碾压。

图 3-73　碾压

图 3-74　路面接缝

3. 沥青混合料面层施工质量通病防治措施

(1) 拉沟、麻面：主要是由沥青混合料黏度较高，熨平板温度低、混合料温度降低等原因造成。施工时必须提高熨平板预热温度，严格控制混合料温度。

(2) 压实度不足：主要是由碾压不及时，混合料温度下降造成。施工时必须严格按照路面试验段确定的碾压工艺进行。

(3) 平整度差：主要由于摊铺不连续、混合料温度不稳定等原因造成。施工时，必须保证有足够数量的运输车辆，使摊铺机保持匀速稳定摊铺，加强对沥青混合料各阶段要求温度的控制。

(4) 离析：在施工过程的各个环节的操作不当都会造成路面混合料的离析，因此施工过程中应注意每一个环节，采取相应控制措施降低离析发生的概率和程度。

①控制碎石加工生产线，保证生产线工艺的稳定性，使原材的级配控制在规范要求范围之内。

②在原材料堆放过程中，采用层铺堆料，降低单车运料级配波动对生产级配离析的影响程度。

③拌和站冷料仓的漏斗采用梯形口，降低冷料仓进料产生离析的可能性。

④保证拌和工艺的稳定性和可靠性，使沥青均匀裹覆集料，严格控制沥青、矿粉及各个热料仓的用量，减少拌和造成混合料离析的可能性。

⑤在车辆装载混合料时采用前、后、中的顺序进行操作，在卸料的过程中尽量一次卸料成功。

⑥采用良好性能的摊铺机，保证摊铺机螺旋工作状态良好，侧挡板与螺旋末端之间距离合理，熨平

板的拼接紧密顺直。在摊铺过程中采用均匀的摊铺速度,减少料斗的收斗次数。

⑦在碾压过程中,严格执行试验段的碾压工艺,保证各个位置得到大致相同的碾压功,保证压实的均匀性。

⑧热拌沥青混合料各层之间的施工应保持连续性,下层铺筑后立即准备铺筑上层。

4. 面层施工精细化管理新举措

(1)面层模板支护(图3-75)。

面层边部支护钢模板可保证边部压实度,提高面层的整体强度和耐久性,避免材料浪费。

(2)小压路机碾压基层边部(图3-76)。

基层碾压过程中用3t小型双钢轮压路机对边部碾压3~5遍,保证边部碾压密实。

图3-75 钢模板支护　　　　　　　　　　图3-76 基层边部碾压

(3)中央分隔带临时排水(图3-77)。

在底基层施工完成后用混凝土浇筑中央分隔带临时排水,及时排除路面积水,防止降雨对路基的侵蚀和损害。

a)　　　　　　　　　　　　　　　　b)

图3-77 中央分隔带临时排水

(4)基层阶梯形接头碾压(图3-78)。

由单钢轮从低侧划弧状碾压端头,消除压路机碾压时停机、换挡留下的梯形接头,保证压实后的平整度符合规范要求。

(5)桥面超精铣刨、空压机吹扫。

采用专用大型铣刨机,精铣刨的刀间距≤8mm,可以在桥隧混凝土表面上铣刨出一个具有细密纹理的粗糙表面(图3-79),从而增加路面的摩擦力,增强混凝土与沥青面层的黏结性,大幅提高桥隧路面的质量和使用寿命。因大型铣刨机自带找平仪,可以进一步提高桥隧水泥混凝土路面平整度,从而更好地保证沥青面层的平整度和厚度,解决长期以来桥隧沥青面层厚度不一与跳车的问题。铣刨完成后,采用 10m³ 空压机将水泥面板表面浮尘吹扫干净(图 3-80)。

图 3-78　阶梯形接头碾压

图 3-79　桥面精铣刨

(6)摊铺机熨平板前挡板下面安装胶皮挡板。

胶皮挡板(图 3-81)的安装,解决了混合料摊铺过程中竖向离析的问题,提高了基层施工质量。

图 3-80　空压机吹扫

图 3-81　胶皮挡板

(7)储料仓防雨设施(图 3-82)。

碎石、机制砂储存区增设彩钢大棚,防止雨水、粉尘等对原材料的污染。

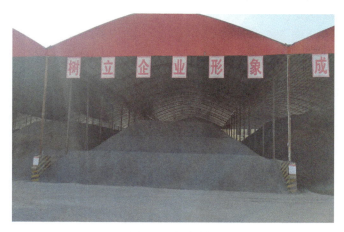

图 3-82　料仓大棚

(8)面层接缝碾压时对已铺面覆盖毡布。

接缝处理时,对已铺面覆盖毡布(图 3-83),一方面防止钢轮压路机碾压时对新铺路面的污染,另一方面防止已铺路面被破坏。

　　　　　　a)　　　　　　　　　　　　　　　　　　　b)

图 3-83　接缝处理及碾压

（9）螺旋布料器加大输料量（图3-84），达到螺旋埋深的2/3，减少摊铺机造成的横向离析。

（10）面层运输车车辆两侧及顶部覆盖保温棉布和毡布（图3-85），减少温度损失。

图 3-84　螺旋布料器加大输料　　　　　　　图 3-85　料车保温措施

三、桥梁施工标准化

1. 桩基施工

（1）冲击钻施工。

在桩基施工前采用全站仪对桩位进行准确放样，由桩位中心按"十"字形向外引四根护桩，以确保钻孔过程中桩位不受钻机振动而引起偏移。

①钻孔灌注桩钢护筒采用6mm厚钢板卷制。护筒安置时，其内径大于桩径至少20cm，护筒的埋置中心偏差小于5cm，竖直度倾斜率不能大于1%。

②钻孔灌注桩护筒的埋置深度根据现场具体情况来定。

③冲击钻开钻时先往孔内灌注泥浆，如果孔内有水，可以直接投入黏土，采用小冲程反复冲击造浆。开孔及整个钻进过程中，应始终保持孔内水位高出地下水位1.5~2.0m，并低于护筒顶面0.3m，出渣后应及时补浆。

（2）旋挖钻施工（图3-86）。

①技术特点。

旋挖钻成孔首先是通过底部带有活门的桶式钻头回转破碎岩土，并直接将其装入钻头内，然后再由钻机提升装置和伸缩式钻杆将钻头提出孔外卸土，这样循环往复，不断取土，直至钻至设计深度。这种施工工艺具有以下优点：

a. 效率高、方便灵活、成孔速度快、扩孔率小,正常情况下2~5h就可以成孔,钻孔效率是冲击钻钻孔的10倍以上。

b. 孔壁泥皮薄,有利于增加桩侧摩阻力,保证桩基设计承载力,孔底沉渣少,易于清孔。

c. 使用较少的泥浆就可满足钻孔护壁的需要,环境污染小,降低了施工成本。

a)

b)

图3-86 旋挖钻施工

②适用范围。

旋挖钻适用于填土层、黏土层及强度不高的风化岩层。成孔孔径一般在1~3m,最大成孔孔深可达100m。对于地质情况较好、不易坍孔的土层除了可以采用泥浆护壁湿钻外,还可以选择干钻以降低工程成本。

③操作要点。

a. 护筒的埋设采用旋挖钻机静压法来完成。首先正确就位钻机,使机体垂直度、钻杆垂直度和桩位钢筋条三线合一,然后在钻杆顶部带好筒式钻头,再用吊车吊起护筒并正确就位,用旋挖钻杆将其垂直压入土体中。护筒埋设后再将桩位中心通过4个控制护桩引回,使护筒中心与桩位中心重合,并在护筒上用红油漆标识护桩方向线位置。护筒的埋设深度在黏性土中不宜小于1m,在砂土中不宜小于1.5m。护筒应高出地面20~30cm,随即注入泥浆,并应保证孔内泥浆液面高于地下水位1m以上。

b. 旋挖钻进:当钻机就位准确,泥浆制备合格后即开始钻进,钻进时每回进尺控制在60cm左右,刚开始放慢旋挖速度,并注意放斗要稳,提斗要慢,特别是在孔口5~8m段旋挖过程中要注意通过控制盘来监控垂直度,如有偏差及时进行纠正,而且必须保证每挖一斗的同时及时向孔内注浆,使孔内水头保持一定高度,以增加压力,保证护壁的质量。

(3)钻孔灌注桩清孔技术。

①正循环清孔工艺(第一次清孔)。

正循环清孔工艺在现场设置泥浆池,待钻孔施工至设计高程后,立即进行第一次清孔,一般采用循环换浆法,反复用泥浆循环清孔,清孔过程中及时补充泥浆,并保持浆面稳定,孔中土颗粒、岩石屑及钻渣随浆液溢出孔外,以达到清孔的目的。清渣完成后,安装钢筋笼,在浇筑混凝土前进行第二次清孔。

②气举反循环清孔工艺(图3-87)(第二次清孔)。

a. 气举反循环原理。

气举反循环是通过空压机连接风管、导管内的小口径镀锌管等设备将高压气体送到灌注桩输送混凝土的导管内,高压气体在灌注导管中下部的出风口喷出后与泥浆混合,分散在导管内形成许多小气泡,这些小气泡受到孔底泥浆向上的浮力并带动泥浆向上运动,并且在上升过程中压力慢慢降低,体积渐渐增大。因此在出风口下方形成负压,并由该段下部的泥浆不断补充,孔底沉渣在泥浆运动的带动下进入导管,随泥浆排出孔外,在孔口根据流量大小及时补浆,形成一个连续稳定的运动过程达到清孔的目的。

图 3-87 气举反循环清孔

b. 气举反循环清孔工艺相对传统的正循环清孔工艺,其优点主要有以下几点。

Ⅰ. 清孔彻底。满足孔底沉淀厚度设计及规范的要求,更好地保证质量;

Ⅱ. 能迅速地完成清孔。与以往正循环清孔比较,反循环二次清孔 10min 左右就可以达到要求。

Ⅲ. 经济便捷。需用的机械设备少,材料用量少,制作简单,方便灵活;同时也加快了施工进度。

c. 气举反循环清孔注意事项如下:

出浆管及高压进气管的法兰盘连接紧密,确保不漏气;气举反循环过程中,保证有足够的优质泥浆补充到孔内,并且要在开启反循环前先送浆,时刻观察护筒内泥浆面的变化情况,防止泥浆补充不足、水头下降过大造成塌孔;为防止孔内沉淀物堵塞出浆管,在气举反循环清孔前,先把导管提离孔底一段距离,待反循环形成后,视出浆清孔逐步下沉;左、右移动导管及前后移动平台,使清孔彻底。

(4)桩基钢筋笼加工。

①采用滚焊机(图 3-88)。

钢筋笼加工采用滚焊机加工,自动化程度高,精度高、质量可控,有利于精准控制保护层;生产效率高,施工成本低。钢筋骨架每隔 2.0~4.0m 设置临时十字加劲撑,以防变形;加强箍筋设在主筋的内侧,螺旋箍筋设在主筋的外侧,并与主筋绑扎或点焊。每节骨架均有半成品标志牌,标明品名、钢筋产地、规格型号、检验状态、使用部位、报告编号。每吊放一节钢筋骨架拍照存档。

图 3-88 钢筋笼采用滚焊机加工

②钢筋笼存放与运输。

钢筋笼加工时,确保加强筋与主筋焊接位置垂直,避免钢筋笼在吊装及运输时发生变形。

a. 钢筋笼在现场存放时，下垫枕木或半圆形（半径应大于箍筋外径2cm）钢筋胎架（图3-89）。

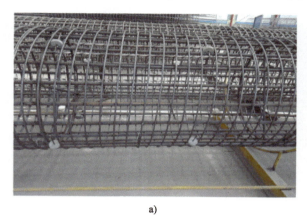 

a)　　　　　　　　　　　　　　　　　　b)

图3-89　钢筋笼存放

b. 钢筋笼加工完成后，厂内横向起吊转运时采用扁担梁，控制好钢筋笼中心位置、垂直度，减少变形（图3-90）。

c. 钢筋笼采用平板车运输（图3-91），并支垫方木，钢丝绳捆绑，防止钢筋笼在拉运过程发生变形。

图3-90　钢筋笼吊装　　　　　　　　　图3-91　钢筋笼运输

（5）桩基钢筋笼定位（图3-92）。

清孔验收合格后，利用吊车将钢筋笼吊入桩孔内，吊放钢筋笼时，下落速度要均匀，切勿撞击孔壁。钢筋笼入孔后，将护桩十字中心点与钢筋笼十字中心点重合进行对中，采用线锤确保钢筋笼竖直。同时在孔口地面上设置扩大受力面积的装置进行吊挂，准确定位钢筋笼高程，不能直接将钢筋笼支撑在孔底。

a)　　　　　　　　　　　　　　　　　　b)

图3-92　钢筋笼就位

(6)桩基混凝土灌注(图3-93)。

混凝土灌注前,运至灌注地点的混凝土先检查其均匀性、坍落度等指标。首批混凝土的数量必须满足导管首次埋置深度1.0m以上;首批混凝土入孔后宜连续灌注,不宜中断。灌注过程中,保持孔内水头的高度、控制导管的埋置深度,随时探测孔内混凝土面的高程,及时对导管埋深进行调整。灌注的桩顶高程比设计高程高出0.5~1.0m。

a)

b)

图3-93 桩基混凝土灌筑

(7)环切法破除桩头(详见第四章)。

(8)桩柱连接技术。

以往桩柱连接多采用焊接工艺,焊缝为竖焊,焊接难度较大,焊接质量较难控制,一直是桩柱连接的难题。两徽高速采用直螺纹套筒或冷挤压套管连接技术进行桩柱处钢筋连接,较好地解决了这一难题。

①直螺纹套筒技术。

直螺纹套筒技术是将钢筋连接端头采用专用滚轧设备通过滚丝轮直接将端头滚轧成直螺纹,并用相应的连接套筒将两根待接钢筋连接在一起。

a. 工艺流程。

钢筋原材料检验→钢筋下料→钢筋接头丝头加工→直螺纹丝扣质量检验→安装丝扣保护套→套筒连接→隐蔽验收→混凝土浇筑。

b. 操作要点。

钢筋下料采用无齿锯切断,不得用气焊切割,端头截面与钢筋轴线垂直,不得有马蹄形或翘曲。

加工钢筋螺纹的丝头、牙形、螺纹等必须与连接套的牙形、螺距一致,且经配套的量规检验合格。加工钢筋螺纹时,采用水溶性切削润滑液,不得使用机油做润滑液或不加润滑液套丝。逐个检查钢筋丝头的外观质量,发现出现不合格丝头时切除重新加工,并及时加以保护。钢筋一端根据不同规格戴上不同颜色的塑料保护帽(图3-94),并按规格分类堆放整齐待用。

连接钢筋时,钢筋螺纹的形式、螺距、螺纹外径与连接套匹配,并确保钢筋和连接套的丝扣干净、完好无损。安装时首先把连接套的一端安装在钢筋的端头上,用管钳扳手将其拧紧到位,将待接钢筋通过导向夹钳中孔对中,拧入接套内拧紧到位,完成连接(图3-95)。卸下工具随时检验,不合格的立即纠正,合格的在接套上涂上已检的符号。

c. 技术特点。

直螺纹套管技术强度高,质量稳定可靠;操作简单,施工速度快;适用于结构对延性及反复承压要求高的结构类型;不受钢筋的化学成分、人为因素、气候、电力等诸多因素的影响。

图 3-94 钢筋丝头保护

图 3-95 直螺纹套筒连接

②冷挤压套筒技术（图 3-96）。

钢筋套筒冷挤压连接将桩基钢筋与墩柱钢筋连接在一起，纯机械连接，大大提高了桩柱钢筋施工质量。

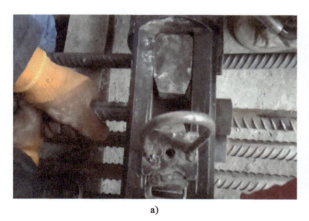
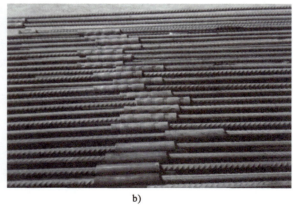

图 3-96 冷挤压套筒连接

冷挤压套筒基本原理是将两根待连接钢筋插入连接套筒内，通过压接机径向挤压套管，使套管产生塑性变形，从而使套管内壁嵌入钢筋横肋间的凹槽内，实现两根钢筋的对接。钢筋所承受的轴向力由钢筋横肋和套筒压痕处形成的剪力及套筒和钢筋接触面的摩擦力来传递，以保证钢筋的对接质量。

a. 施工工艺流程。

首先在插入套筒做好标记,以防钢筋插入套筒中过深或插不到位。根据标记将套筒安装在桩基笼钢筋端头,保证钢筋头伸入套筒,且相互错开的接头基本处于同一水平线上,同时在连接套筒上做好压接标记(6处),以保证压痕分布均匀一致;将墩柱钢筋笼钢筋底部端头插入对应预留钢筋接头已安装好的套筒内,校正套筒的位置,保证上下钢筋对接接头处于套筒中间;压接时在压接头处上方,挂好平衡器与压接机,接好进出油管,启动超高压泵站。

旋松通气孔盖先空转5min,调好压接所需的工作压力(压力为50MPa),然后将下压模卡板打开,取出下压模,把压接机机架的开口插入被挤压的变形钢筋的连接套中,插入下压模,锁死卡板,压接机在平衡器平衡力作用下,对准连接套筒所需压接的标记,操作泵站换向阀便可开始工作。当压力表指针调到定值(50MPa)不再上升时,压接完毕,换向阀换向至上压模回程,取出下压模,拉出压接机移到下根钢筋,继续压接施工。

b. 施工操作要点。

Ⅰ. 挤压方向:保证挤压钳轴线与钢筋轴线垂直,按照垂直于钢筋横肋方向进行挤压,以便接头获得最佳连接性能。

Ⅱ. 挤压顺序:挤压必须从钢套筒中部向两端依次挤压,以防止从套筒两边向中间挤压时套筒变形受限制而造成套筒开裂;挤压时在套筒中间严禁挤压,以防止挤压过程中钢筋接头位移致套筒内出现间隙,挤压时发生压空现象造成套筒断裂。

Ⅲ. 挤压力:以不同规格的套筒对应的挤压力参数作为初始挤压力进行试压,检查首道压痕处的套筒外径是否达到标准外径的0.8~0.85倍;若不满足必需调整挤压力大小使压痕处套筒变形满足要求。

2. 墩柱施工

(1)钢筋加工及安装。

墩柱钢筋笼加工统一采用滚焊机加工、二氧化碳保护焊焊接(图3-97)。二氧化碳气体保护焊操作简单,焊接成本低,生产效率高,焊缝抗裂性能高、平整美观,焊渣、有害气体排放少,节能环保。

a)   b)   c)

图3-97 二氧化碳保护焊

①墩柱主筋加工。

墩柱主筋连接采用直螺纹套筒或冷挤压套管连接技术,可保证柱笼主筋垂直度,有利于墩柱混凝土保护层控制。

②钢筋笼安装。

墩柱钢筋笼拉运到现场后,再次复测钢筋笼直径,检查钢筋笼在运输过程中有无变形情况,确保钢筋笼直径符合要求;在墩柱钢筋笼安装之前,放样桩顶中心点,校正墩柱钢筋笼,确保桩顶中心位置与墩柱中心线位置相重合。

(2)模板安装。

①模板要求。

墩柱模板采用厚度不小于5mm的钢板制作,且经过铣边处理;拼缝位置设置定位销,控制错台现象,螺栓安装牢固、严密,拼缝处粘贴双面胶条,防止漏浆。

②模板安装。

模板安装前采用高压水枪将基础顶面清洗干净,并再次测量放样,准确定位墩柱的中心点,通过中心定位尺确保墩柱中心和钢筋笼的中心重合,在墩柱钢筋笼设置圆形高强砂浆垫块,梅花形布置,每平方米不少于4个。局部采用小型垫块调整混凝土保护层厚度。

墩柱模板采用整体吊装(图3-98),吊装前先检查整体组拼的立柱模板拼缝、连接件及螺栓的数量和紧固程度;同时,采用铅丝对柱顶钢筋向内绑拢,使立柱模板顺利套入。

a)

b)

图3-98 墩柱模板整体吊装

模板安装完毕后,检查模板的垂直度,通过风绳来调整模板的垂直度(图3-99),固定模板。模板安装固定后应测量模板顶高程,根据设计高程计算出混凝土面距模板顶的高度。

a)

b)

图3-99 竖直度检测

③保护层控制措施。

墩柱钢筋保护层厚度对桥梁墩柱的受力性能、耐久性、耐火性及抗冻性均有重大影响,直接关系到桥梁的使用安全和寿命。如果钢筋保护层厚度过小,常易发生锈蚀现象,危及结构物使用寿命,过厚时又容易影响构件承载力。控制保护层主要采取以下措施:

a. 精准加工钢筋笼(图3-100)。

钢筋笼主筋通过人工穿过固定旋转盘相应孔中进行固定,把盘筋端头先焊接在一根主筋上,然后通过固定旋转盘及移动旋转盘转动把绕筋缠绕在主筋上,移动盘一边转一边后移,同时进行焊接。

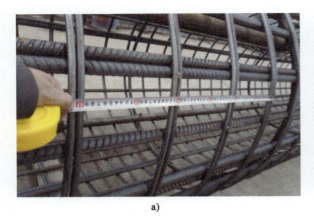

a)　　　　　　　　　　　　　　　　　　b)

图 3-100　精准加工墩柱钢筋笼

b. 合理布设保护层垫块。

在墩柱钢筋笼周围沿钢筋笼竖向方向对称布设圆形保护层垫块（图 3-101），防止安装模板时导致钢筋笼左右摇摆，圆形垫块更好地确保垫块在模板安装时不被破坏。

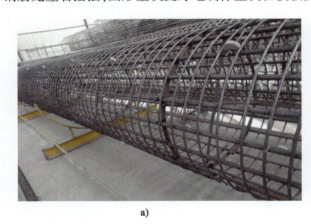
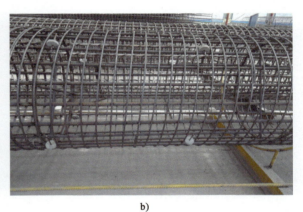

a)　　　　　　　　　　　　　　　　　　b)

图 3-101　钢筋笼保护层控制

c. 钢筋笼精准定位。

在安装模板时采用十字架定位（图 3-102），十字架配合线锤以确保模板顶面中心点与墩柱钢筋笼中心及桩基中心三点重合，精准控制钢筋笼的竖直度，有效地确保墩柱保护层厚度。

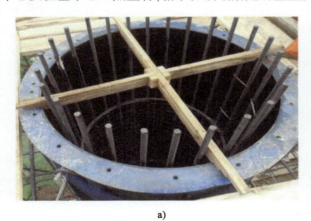

a)　　　　　　　　　　　　　　　　　　b)

图 3-102　十字架定位钢筋笼

（3）混凝土浇筑及养生。

①混凝土浇筑。

混凝土量相对较少的墩身采用吊车配合料斗的方式浇筑混凝土，对于混凝土量相对集中较大的墩身采用混凝土泵车（图3-103）进行混凝土入模。混凝土的自由倾落高度一般不宜超过2.0m，对超过2.0m的高度必须设置串筒，分层浇筑，每层的浇筑厚度不宜超过300mm；混凝土的坍落度可根据现场气温进行控制，一般情况下，混凝土的坍落度在入模后应保持50～70mm之间，泵送混凝土可保持在120～140mm之间。

 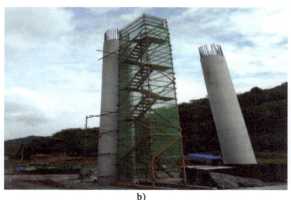

图3-103　墩柱混凝土浇筑

②混凝土养生。

墩柱混凝土灌注完成，模板拆除后采用蓄水能力强的养生布外加塑料棚膜包裹，墩台顶设置水箱滴灌方式养生（图3-104）。墩柱成品如图3-105所示。

图3-104　墩柱养生　　　　　　　　　　　图3-105　墩柱成品

3. 盖梁施工

（1）盖梁钢筋施工。

盖梁钢筋采用集中制作成型、整体吊装的方法。提前在钢筋加工厂严格按图纸及设计要求下料，并在台座上制作成型，主筋绑扎时采用定型台架控制。采用缠扣绑扎箍筋，箍筋与主筋、水平筋应垂直，接触应紧密，按骨架上的箍筋位置线，使钢筋骨架和箍筋精确定位，箍筋转角处与主筋的交点均绑扎，主筋与箍筋非转角部分的相交点可成梅花形交错绑扎（图3-106）。

安装时采用多点吊装方法，防止盖梁钢筋骨架在吊装时变形，骨架就位应准确，如有偏差应及时调整，盖梁钢筋检验如图3-107所示。

图3-106　盖梁钢筋绑扎

图3-107　盖梁钢筋检验

（2）模板安装。

①侧模整体吊装（图3-108），侧模接缝处、侧模与底模接缝处粘贴双面胶条，且采用对拉杆使模板就位。拉杆和模板内支撑设置在同一平面，通过内外支撑对模板进行调整、对中、加固，使其稳固。端头模板和侧面模板应牢固连接，并采取支撑，加固等措施，防止跑模、漏浆。

a)

b)

图3-108　盖梁模板安装

②对底模与立柱的贴合处，根据测量高程对墩顶进行凿毛处理。

（3）混凝土浇筑及养生。

①混凝土浇筑。

混凝土从中间分别向两端对称、分层、连续浇筑（图3-109）。

a)

b)

图3-109　混凝土浇筑

②模板拆除。

a. 混凝土强度应达到 2.5MPa 以上,并应能保证其表面及棱角不因拆除模板而受损。

b. 底模的拆除待混凝土抗压强度达到设计值的 80% 时,使梁体能够承担自身质量产生的内力后方可进行。

③养生。

侧模拆除前其顶面采用透水土工布覆盖养护,侧模拆除后,采用透水土工布包裹(图3-110),滴灌养护,保证混凝土表面始终处于湿润状态,养护时间应不少于7d。盖梁成品如图3-111所示。

图3-110 养生

图3-111 盖梁成品

4. 垫石施工及支座安装

(1)垫石施工。

①支座垫石施工之前,做好支座垫石位置处混凝土的凿毛工作。

②调节定型钢模四角顶面高程,严格控制支座垫石顶面高程,保证其在规范允许的误差范围之内。

③在施工过程中,严格控制支座垫石位置处预埋钢筋网片的数量与预埋质量。

④支座垫石在收浆抹面结束后宜采用潮湿土工布覆盖,滴灌养护时间应不少于7d。

(2)支座的精准安装。

①支座安装前,对支座垫石进行复测,放出支座纵横向十字中线,标出支座安放的准确位置。

②安装前检查支座的型号、规格及外观,滑动支座检查滑动面上的四氟滑板和不锈钢板是否有划痕、碰伤等;盆式橡胶支座检查橡胶块与盆底间有无压缩空气,若有,应排除空气,保持紧密。

③安装前,应将墩、台支座垫石顶面和梁底面清理干净,应尽可能地保证梁底与支座垫石顶平整(图3-112),使其与支座上、下面全部密合,支座中心应对准梁体设计位置,避免支座偏心、脱空,造成不均匀受力。

a)

b)

图3-112 支座安装

5. 梁板预制

(1) 箱梁钢结构台座(详见第四章)。

(2) 整体式液压模板。

箱梁外模采用液压模板(图3-113),内模(图3-114)采用抽拉式模板,便于拆装和移动。

图3-113　整体式液压模板

图3-114　内模拼装

在进行模板安装与拆除作业时,要注意各工序的精度要求,以保证模板整体的准确性。模板的安装顺序为:整修底模→安装钢筋骨架→安装侧模→安装内模→安装堵头模板。模板安装时面板应平整、光洁,使用前或每片梁拆模后应认真打磨模板(图3-115)并涂刷脱模剂(图3-116)。

图3-115　模板打磨

图3-116　刷脱模剂

箱梁端模板与侧模间填塞泡沫胶(图3-117),防止浇筑过程中漏浆。侧模支撑必须牢固,侧模之间用φ20拉杆螺栓紧固,间距1.5m,上下对称。同时为防止内模上浮,在梁板顶部设置横向压杠(图3-118),间距3m。

图3-117　堵头板止浆措施

图3-118　安装压杠

(3) 钢筋作业。

①钢筋加工。

钢筋采用数控弯曲中心加工,该设备具有操作简单、维护方便、经济实用的特点,特别适用于钢筋集中加工厂等钢筋批量加工的场合使用。

所有钢筋半成品加工都必须在钢筋厂内生产线上进行,完成调直、截断、弯制成标准半成品后,运至钢筋绑扎焊接区成型骨架,利用龙门式起重机将梁底板及腹板钢筋依次整体吊放至制梁台座上。钢筋半成品超市如图 3-119 所示。

a)

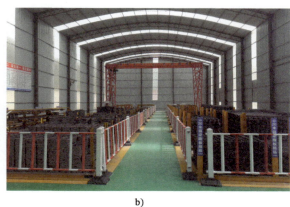
b)

图 3-119　钢筋半成品超市

②钢筋绑扎。

a. 腹板钢筋:为解决腹板钢筋绑扎误差大,施工速度慢,钢筋合格率低的通病,两徽项目腹板钢筋安装前就已在专用胎架(图 3-120)上绑扎成型,胎架上准确标记出构造钢筋位置,以有效确保钢筋安装位置的准确。首先,将腹板外侧纵向水平筋安放在水平筋定位销上、腹板箍筋钢筋按不同类别分别摆放在腹板钢筋定位槽,将外侧纵向水平筋与箍筋绑扎连接,再将腹板内侧水平筋和外侧水平筋对应,安放在水平定位销上,与箍筋绑扎连接。

a)

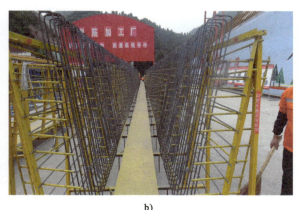
b)

图 3-120　腹板钢筋定位胎架

b. 底板钢筋:将底板箍筋摆放在下框限位槽处,与腹板箍筋绑扎连接后,穿放底板纵向筋。在底板纵向筋前进的一端安装长 30cm 尖头导向管,便于穿越箍筋,位置与底板钢筋定位槽对应,和箍筋绑扎连接后,安装、绑扎底板纵向水平筋。

c. 顶板钢筋:为解决顶板钢筋间距误差大,翼缘板钢筋线性不顺,钢筋绑扎合格率低的通病,在原有的钢筋定位胎架基础上,在胎架一侧设置型钢挡板,对翼缘板钢筋左右方向进行定位,确保翼缘板钢筋左右方向顺直,在齿板上设置角钢,确保翼缘板钢筋上下位置。同时在定位台架(图3-121)上标明钢筋绑扎间距以控制绑扎精度,钢筋间距误差控制在±4mm,钢筋合格率达100%。

d. 桥面剪力筋:采用滑动小推车(图3-122)施工,在小推车上固定剪力筋位置,施工时根据翼板钢筋间距电焊剪力筋,纵向间距控制误差与翼缘板钢筋间距一致控制在±4mm,横向间距误差可基本清除,工前合格率可达100%。

图3-121 顶板钢筋定位胎架　　　　　　　　图3-122 剪力筋定位小车

e. 锚具加强钢筋:根据定型胎架端头标示,安装、绑扎锚后加强钢筋,并对钢筋进行检验(图3-123)。

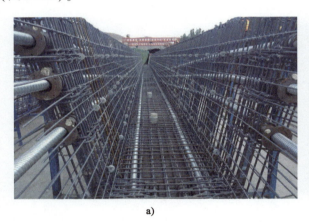 

a)　　　　　　　　　　　　　　　　　　b)

图3-123 钢筋检验

(4)安装预应力管道定位筋与波纹管。

根据设计图纸中提供的波纹管定位坐标,将定位筋固定在钢筋骨架定型胎架上,并按规定位置点焊在钢筋骨架的非受力钢筋上,波纹管定位筋应用$\phi 8$钢筋焊接成"井"字形定位架,这样能够保证预应力管道的纵、横向坐标都满足设计要求。孔道定位误差一般小于8mm,施工按直线段每100cm设置一道,曲线段每50cm设置一道,以避免在浇筑混凝土时管道移位。

采用该施工方法,能够有效确保波纹管定位精确,消除波纹管定位误差,安装合格率达100%。

①安装时,波纹方向与穿束方向一致,穿入前首先检查定位钢筋网片的坐标是否合格,合格后方可穿入波纹管,穿入时旋转推进不得直接推进,以防在波纹管安装时被划破。

②波纹管接长采用大一号的波纹管套接,套接长度为外径的5~7倍,约30cm长。接长处用胶带缠平,连接前将接头处的皱皮压平、压顺,波纹管若有破口,用胶带将破口处封闭。

③波纹管伸入锚垫板内长度约8cm左右,以保证钢绞线在锚垫板孔道内自由散开,以防钢绞线在端部产生交叉现象,波纹管与锚垫板连接处也应用胶带缠牢,在波纹管附近焊接钢筋时,对波纹管加以

防护,在混凝土振捣时严禁振捣棒与波纹管接触,以免孔壁受伤,造成漏浆。

(5)保护层垫块安装。

①垫块呈梅花形布置,不能横贯混凝土保护层的全部截面设置,垫块卡槽必须与钢筋绑扎紧固。布设的数量应不少于6个/m²,重要部位适当加密。

②梁板端头变截面处垫块纵向间距不大于40cm,等宽截面纵向间距不大于50cm。

③在截面转折、边口、开槽洞口边缘部位均要设置垫块。

(6)钢筋骨架安装。

钢筋绑扎成型之后,采用钢筋吊架通过龙门式起重机将底、腹板钢筋及顶板钢筋分两次整体吊装(图3-124)至预制台座,继续绑扎剩余底板、腹板与顶板之间的连接钢筋。钢筋吊架是由钢管组成的一个桁架结构,三角撑形式的布置利于钢筋吊架的整体受力及力的传递。

a)　　　　　　　　　　　　　　　　　b)

图3-124　钢筋整体吊装

钢筋骨架整体吊装前必须检查每个小吊点处钢丝绳、绳夹的情况,通过调整花篮螺丝的丝扣长度保证每个钢丝绳的松紧程度基本一致。检查主吊点焊缝及销轴的情况,观察主吊点钢丝绳是否有磨损,及时更换,确保安全。

(7)防撞护栏预埋钢筋整体加工、分段预埋。

防撞护栏底座钢筋采用整段加工工艺,在梁板预制时进行分节段预埋(图3-125),避免后期大面积焊接,有效地确保了曲线段防撞墙线形精准控制,确保钢筋安装质量。

a)　　　　　　　　　　　　　　　　　b)

图3-125　防撞护栏底座钢筋整体加工、分阶段预埋

(8)混凝土浇筑及养生。

①混凝土浇筑。

浇筑前,对所有的人员进行详细的技术交底,并对模板和钢筋的稳固性以及混凝土拌和、运输、浇筑

系统所需的机具设备是否完好进行一次全面检查,符合要求后方可开始施工。

混凝土的浇筑(图3-126)采用水平分层、斜向分段连续浇筑法,每段长度不超过4.5m。浇筑顺序按底板—腹板—顶板水平分层浇筑,浇筑方式是从梁的一端循序进展至另一端,混凝土采用分层下料振捣,每层的厚度不应超过30cm。底板混凝土振捣使用振捣棒在地板上顺板跨方向顺拖,下倒角混凝土浇筑振捣密实后再浇筑其上腹板。在顶板混凝土初凝前对顶板进行横桥向拉毛,以保证桥面和顶板能紧密地结合为一个整体。

梁体混凝土的振捣,以插入式振捣器为主,附着式振动器为辅。在波纹管和钢筋密集部位严禁用插入式振捣器,以防引起预留孔偏位或波纹管破裂漏浆造成管道阻塞。振捣时要注意振捣均匀,防止过振及漏振,每次振捣时间以混凝土不再下沉,无气泡上升,表面出现薄层水泥浆并有均匀的外观为止。混凝土浇筑至梁面并振捣密实后注意及时整平收浆,终凝前将梁顶面拉毛,以利桥面铺装层与梁体结合。

②混凝土养生。

为确保梁板养护效果,设计制作保湿保温养护棚,夏天气温高时采用雾化器配喷淋养生,冬天采用蒸汽养生,在保湿保温棚内设置电子湿度、温度计,可通过感应计实现自动养护。同时,采用该恒温恒湿棚养护梁板,能够对梁板进行全方位无死角的养护,有效保证梁板前期强度,避免在拆模(图3-127)时产生缺角掉边的现象,提高混凝土强度及外观质量。

图3-126 箱梁浇筑

图3-127 箱梁拆模

a.喷淋养生。

在夏天箱梁养生时采用喷淋养生系统(图3-128)对箱梁进行养生,喷淋养生车采用槽钢及喷头加工制作,喷淋养生系统主水管采用A32mm PPR管,喷头采用不锈钢雾化喷头。根据雾化喷头的工作性能确定其安装高度间距,确保喷淋养生系统喷洒的雾状水流能全面覆盖箱梁表面。

a)

b)

图3-128 喷淋养生

b. 蒸汽养生。

预制箱梁气温低于10℃时采用蒸汽养护(图3-129)。养生棚采用遮光板加工制作,蒸汽采用生物质燃料蒸汽养生机发出,蒸汽主管从锅炉传至养护室,主蒸汽管上设置着压力调节阀、节流阀、调节蒸汽流量的电动操作机械调节器,并装备截止阀作为总的开关阀,混凝土的蒸汽养护可分静停、升温、恒温、降温4个阶段。蒸汽养护期间采用电子温度仪、湿度仪时刻观测,并做好记录。

a)

b)

图3-129　蒸汽养生

③预应力管道采用橡胶塞封堵。

箱梁预应力管道在养生期间采用橡胶塞封闭(图3-130),以避免杂物进入预应力管道从而影响张拉压浆质量;外漏钢筋端头采用橡胶套紧套(图3-131),防止碰撞施工人员。

图3-130　橡胶塞封堵预应力管道

图3-131　橡胶套紧套外露钢筋

(9)智能张拉。

①预应力的下料、绑扎。

钢绞线按设计要求下料,采用砂轮锯切割,在切口处两端20mm范围内用细铁丝绑扎牢固,以防止头部松散,禁止用电、气焊切割,以防热损伤。

②穿束。

当梁体混凝土强度达到设计强度的100%,且混凝土龄期不少于7d时,可以进行穿束张拉。穿束前应用压力水冲洗孔道内杂物,观测孔道有无串孔现象,再吹干孔道内水分。预应力束的搬运时要确保无损坏、无污物、无锈蚀。采用钢绞线梳编穿束技术(图3-132),施工时必须对预应力钢束进行编号,确保准确入孔。预应力梁钢绞线穿束采用整体束编穿束法,严禁单根穿束。

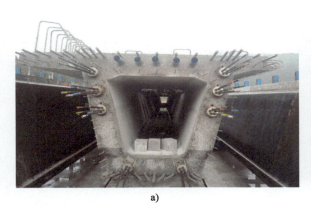

图 3-132　钢绞线编束

③张拉。

采用前卡千斤顶张拉钢绞线,将工具锚和工具夹片合二为一,工具锚前置,传统穿心式千斤顶需预留 65cm 的工作长度,而前卡式千斤顶只需 30cm 的工作长度,大大节约了钢绞线。

千斤顶两端同时供油,使钢丝束略为拉紧即停,同时调整锚圈及千斤顶位置,使锚具、千斤顶、孔道三者的轴线互相吻合,并注意使每根钢丝受力均匀,观察夹片有无松弛,如有,应利用相应的工具进行调整。

预应力张拉采用两段对称智能张拉工艺(图 3-133),自动控制张拉进程,记录张拉数据。预应力张拉的操作采取以下的张拉程序:0→初应力 10% kPa→20% kPa→100% kPa(持荷 5min)→锚固,不考虑超张拉。张拉初应力按张拉控制应力的 10% 控制。钢绞线的实际伸长量与计算伸长量相比,其误差应控制在规范允许的范围内。

图 3-133　智能张拉系统的应用

④锚固。

张拉完成后,用砂轮切割机切除锚具外多余的钢绞线。

(10)孔道压浆。

压浆采用大循环智能压浆施工工艺,张拉完毕后,在 24h 内压浆,以免预应力筋锈蚀松弛。压浆前,对管道进行清洁处理。先用空压机试通预应力管道,然后用清水(中性洗涤剂)冲洗管道至另一端出水洁净,再用空压机将管道内积水吹干。

采用优质专用压浆料,避免单纯使用水泥和外加剂混合,保证浆体质量。孔道压浆应按自下而上的顺序进行,以保证压浆密实。在压浆过程中密切注意智能压浆设备工作情况,注意安全,如有异常情况立即单击"暂停压浆",按下智能压浆台车"急停"按钮,停止压浆,排除异常情况后,方可继续压浆。

(11)梁端封锚(图3-134)。

完成张拉压浆后,将梁端水泥浆冲洗干净,清除垫板、锚具及梁端面混凝土的污垢,并将端面凿毛。按照设计要求绑扎端部钢筋网,固定封端模板,校核梁体全长,然后浇筑混凝土。

a)

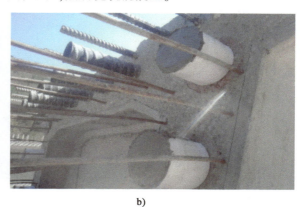
b)

图3-134　梁端封锚

(12)凿毛。

在箱梁压浆完成后将箱梁端头中横梁连接处及湿接缝连接处采用凿毛机进行凿毛(图3-135),便于中横梁、湿接缝更好地连接,确保桥面系的施工质量。

a)

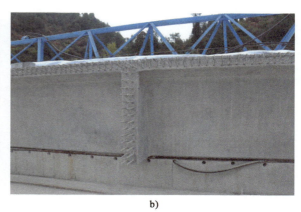
b)

图3-135　梁端凿毛

(13)交通产品的存放。

箱梁使用的交通产品采用"超市化"统一存放(图3-136),统一管理,实行双锁台账化管理,并及时填写出入库记录。箱梁成品如图3-137所示。

a)

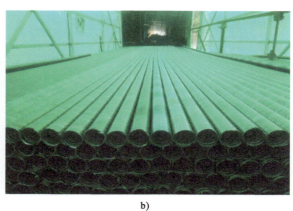
b)

图3-136　交通库房管理规范化

 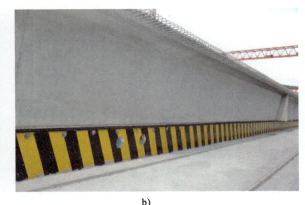

a)　　　　　　　　　　　　　　　　　b)

图 3-137　箱梁成品

6. 箱梁安装

箱梁架设采用架桥机安装架设。在吊装边梁需特别注意以下几点：

(1) 采用合理方法避免边梁因偏重引起的歪斜。

(2) 整机横移前已架设的中梁翼缘板必须用木撑支撑可靠，前、后支架横移轨道端头铺满枕木垫实并比中部略高(2cm 以内)。

(3) 边梁就位后立即用斜撑支好，与次边梁焊接，采取横向保险措施。

(4) 两片相邻的梁体就位，必须尽快将相邻的两片预制梁连接，在整机吊梁横移之前，必须使全部受载梁体能够稳固连接。特别是在运梁轨道下面的梁体，必须保证 2/3 以上的横隔板预留钢筋焊牢。

箱梁运输如图 3-138 所示。

图 3-138　箱梁运输

7. 桥面系施工

(1) 中(端)横梁、湿接缝施工。

①待梁板就位后，中横梁、湿接缝、横隔板等及时浇筑。

②湿接缝的环形钢筋焊接部位设置在顶面。

③湿接缝底模的设置应考虑拆除方便，模板底部采用调节螺杆或吊模等支撑方式，湿接缝两侧封堵采用定型钢模，精准控制现浇张拉区与非张拉区。

④浇筑端(中)横梁、湿接缝混凝土时，严格按设计要求的浇筑顺序进行，保证后浇混凝土与既有混凝土顺接，不能出现错台等不平整现象，待浇筑完成有一定强度后在顶面进行拉毛处理。

⑤严格控制端(中)横梁、湿接缝浇筑温度,浇筑完成及时洒水养生。

(2)负弯矩预应力施工与体系转换。

①负弯矩预应力施工前应做好孔道封口保护。

②在梁端连续段混凝土强度达到设计要求后,穿束进行负弯矩预应力施工,穿束前对预留孔道用通孔器进行检查。

③张拉负弯矩钢束时严禁随意切断张拉槽口处的纵横向钢筋。

④预应力筋的张拉顺序符合设计要求。

⑤锚具和垫板接触的混凝土残渣等清除干净,方可浇筑封锚混凝土。

⑥按设计规定的顺序拆除临时支座,完成体系转换。

⑦严格控制负弯矩预留孔道位置,防止因位置控制不准,改变受力状态致使梁体报废。

8. 桥面铺装施工

(1)施工工艺流程。

凿除浮渣、清洗梁板顶面→精确放样→绑扎钢筋→安装模板→浇筑混凝土→刷毛→养生。

(2)主要施工方法和施工要点。

①凿除浮渣、清洗桥面。

图 3-139　清除浮渣

桥面铺装混凝土施工前,对梁板顶面进行全面测量,以确保铺装层混凝土的设计厚度,凿除浮渣、浮浆,清除泥土、石粉等杂物,并用高压风机(图3-139)或高压水枪清洗干净,并对钢筋进行调直处理。

②钢筋绑扎。

箱梁顶面清洗干净后按设计图纸要求确定钢筋轮廓,弹出墨线,将钢筋加工厂加工好的钢筋运至现场,按照所弹网线分布桥面铺装层钢筋,然后进行绑扎(图3-140)、焊接,确保钢筋的纵横间距正确无误。

在绑扎钢筋网时为确保钢筋保护层厚度,将钢筋网片与桥面剪力筋采用22号铅丝绑扎在一起,并铺设保护层垫块,精确控制桥面钢筋保护层厚度(图3-141),避免桥面铺装后期因保护层厚度而产生裂纹。

图 3-140　钢筋绑扎

图 3-141　钢筋保护层控制

③浇筑混凝土。

桥面铺装采用四机联动工艺。

(3)桥梁施工高程精准控制。

桥梁高程的控制贯穿于桥梁施工的整个阶段,因此桥面铺装顶面高程的精准控制须在施工的每个

工序中体现,具体有以下关键措施:

施工前对所使用的高程控制点与附近的高程点进行联测,以保证确保测量基点的准确性。

①桩基施工中高程的控制。

桩头破除时及时采用水准仪测量破除位置,严格控制破除长度。

②墩柱高程的精准控制。

a. 墩柱钢筋笼在加工时严格控制其长度,在钢筋笼安装前测量桩顶高程,计算墩柱钢筋笼安装高度。

b. 在混凝土浇筑前计算墩柱顶面高程,确保混凝土浇筑时顶面高程的控制。

③盖梁及垫石高程的精准控制。

a. 在盖梁施工平台及底模安装时采用全站仪测量布点,水准尺配合,精准控制盖梁底模的高程及水平度。

b. 盖梁混凝土浇筑前在侧模四周弹出盖梁顶面控制线,以便精准控制盖梁顶面高程。

④梁板吊装高程的精准控制。

梁板安装是桥梁整体高程及线形控制的关键,在梁板吊装过程中必须及时调整临时支座,精准控制架设的三维位置,避免对永久支座造成倾斜、破坏,采用全站仪控制其平面位置,水准仪控制高程。

⑤桥面铺装顶面高程的控制。

在桥面铺装高程带混凝土浇筑前,根据中线控制点准确放出桥面铺装混凝土和钢筋的平面位置,弹出墨线,按照每2m一点的标准准确测量铺装混凝土的顶面高程位置,并采用钢筋焊接高程控制架;在铺装混凝土浇筑时须及时清理高程带,确保能精准控制桥面铺装的顶面高程。

9. 防撞护栏施工

(1)测量放样。

放样时对于直线段,每10m测1个护栏内边缘点,曲线段每2m设置一个护栏内边缘点,并根据放样点弹出护栏内边线,立模时根据该线进行微调,保证护栏线形顺畅。

(2)钢筋制作与安装。

钢筋在加工厂加工成半成品,由运输车运送到施工段落现场绑扎及焊接。

为确保防撞墙钢筋精准定位,两徽高速公路在防撞墙钢筋绑扎施工前设计加工制作定位卡具(图3-142),在施工时将提前加工的定位架置于桥面,精准控制水平筋及竖直筋的位置。

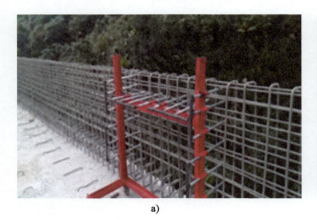
a)

b)

图3-142　防撞墙钢筋定位机具

(3)模板加工及安装。

①模板采用整体式钢模,具有足够的强度和刚度。单片模板长度为1.5m,便于安装与拆除且能保证纵向线形平顺。端头模板采用定型钢模。

②护栏模板之间的接缝采用双面胶粘贴于模板接缝处,模板与桥面之间的接缝采用橡胶条等材料进行填缝。

③按照设计位置设置断缝。断缝采用易于拆除的夹板断开,该夹板采用两块8mm厚的钢板制作,在安装前打磨模板(图3-143),并涂抹脱模剂,以便于施工完毕拆卸。模板安装后如图3-144所示。

图3-143 模板打磨

图3-144 模板安装

④施工缝应妥善处理,为防止混凝土干缩和主梁挠度变化而造成护栏开裂,浇筑护栏时,顺桥向每隔5m设置一道变形缝,并在墩顶处设置2cm伸缩缝,伸缩缝内填沥青木板作为隔断。

⑤防撞墙模板台车(详见第四章)。

(4)混凝土施工。

①护栏混凝土的现场坍落度控制在120~140mm,砂率宜不大于36%,采用溜槽或吊斗,以减少混凝土表面气泡。

②同一跨内的单侧护栏一次性浇筑,混凝土浇筑时采用斜向分三层浇筑的方法,第一层控制在250mm左右,第二层浇筑到离护栏顶350mm左右,然后浇筑到护栏顶。

③对护栏曲面部位的混凝土,勤布料,多振捣,一次性布料不宜过多,以利于气泡逸出,减少混凝土表面气泡,保证表面密实。

④浇筑至顶面时,派专人按控制高程准确抹平,并做二次压平收光处理,保证护栏成形后,顶面光洁,线形顺畅。

⑤模板拆除的同时,立即进行假缝的切割,在跨径长度内按护栏模板长度的整数倍(约5m)切缝,缝深10mm,缝宽5mm。

(5)养护。

防撞墙养生采用干净的无纺土工布覆盖,用防撞墙养生台车养生(图3-145),养护时间应不少于7d。防撞墙成品后效果如图3-146所示。

a)

b)

图3-145 防撞墙喷淋养生

a)　　　　　　　　　　　　　　　　　　　b)

图 3-146　防撞墙成品

四、隧道施工标准化

1. 洞口工程

结合隧道洞口地形、地貌、工程地质及水文地质条件,积极推广"零开挖"进洞理念,遵循"早进洞、晚出洞"的原则,适当延长明洞,尽量避免对山体的大挖大刷,洞口与明洞工程采用明挖法施工,及时进行边仰坡及成洞面喷锚防护施工,并加强对山坡稳定情况的监测,确保洞顶截水沟防水顺畅,维护洞门原有的生态地貌,洞门力求与自然环境、人文景观相协调。两当隧道洞口施工效果如图 3-147 所示。

图 3-147　两当隧道洞口

（1）洞口开挖及喷锚防护。

施工准备工作完成后,按设计要求对边仰坡进行放样,准确定位截、排水沟及边仰坡开挖线。洞口开挖前先结合实际地形和设计要求施工边仰坡截水沟,完善洞口排水系统,防止雨水冲刷破坏边坡。然后进行洞口土石方开挖,使用挖掘机配合人工方式自上而下分层开挖,逐层挂网喷锚。

（2）管棚施工。

①套拱施工（图 3-148）。

施作套拱前使用全站仪准确定位套拱位置及钢拱架位置,同时确定孔口导向管角度。采用 C30 混凝土套拱作为长管棚导向墙。导向管根据现场实际调整管长抵至岩面,孔口管通过固定钢筋与工字钢焊接,浇筑混凝土前,导向管两端用软质材料填塞,防止混凝土进入。处理套拱基础,然后立模灌注套拱混凝土。完成后断面喷射混凝土,与边仰坡防护形成整体作为注浆时的止浆墙。

②钻孔施工。

选择意大利卡萨格兰地 C6 全液压水平钻机(图 3-149)进行引导孔施工,钻孔顺序由两侧向拱顶进行,为最大程度克服顶管困难问题,使用 110mm 钻头进行作业。

图 3-148　套拱支模

图 3-149　钻孔施工

③管棚制作及安装。

管棚制作:每节长 4~6m,接头采用长 15cm 的内丝套连接。相邻两管接头交错安装,至少错开 2m,管棚前端管壁 20cm 交错钻眼,眼径为 10mm,尾部 5m 范围内不钻眼作为止浆段。管头 15cm 截为锥体,以便贯入。

管棚顶管施工:采用引导孔和棚管钻进相结合的工艺进行作业。利用钻机将棚管从引导孔顶进,逐节接长管棚,直至孔底。

注浆:浆液采用 1∶1 水泥浆液,浆液存放于低速搅拌器的储浆罐内,防止浆液由于存放时间过长产生沉淀、离析现象。注浆控制要点:先注内圈孔后再注外圈孔,先注无水孔后注有水孔,从拱顶向下对称进行。注浆压力范围为 0.5~1.0MPa,终压 2.0MPa。单管注浆量达到设计值或注浆压力达到终压 20min 以上即可停止注浆。如出现窜浆跑浆现象则进行间隔注浆。注浆结束后用止浆阀保持压力 10min,直至浆液完全凝固。管棚施工后效果如图 3-150 所示。

图 3-150　管棚施工效果

(3)明洞工程施工。

明洞结构采用带仰拱的钢筋混凝土结构,采用 C15 混凝土回填。达到设计强度后及时回填,明洞拱顶依次密实回填夯填土和三七灰土隔水层。明洞防水采用两布一膜的形式,基底承载力要求不小于 250kPa。

①仰拱钢筋安装。

仰拱开挖完毕后进行仰拱衬砌钢筋的放样及定位筋的安装,定位筋按照梅花形进行布置,在仰拱底面安装边长5cm高强砂浆垫块,以确保钢筋的保护层厚度符合设计要求。

②仰拱混凝土浇筑。

仰拱混凝土采用拌和站统一拌和混凝土。采用振捣器先振捣仰拱最底部,而后逐渐往洞身拱脚处振捣,保证混凝土的密实性。完成仰拱混凝土浇筑后及时进行混凝土的养护工作,采用土工布覆盖洒水养护措施,避免混凝土收缩开裂。

③仰拱填充施工。

待仰拱混凝土达到一定强度后,清除仰拱表面杂物及积水,按设计要求浇筑C15的填充混凝土,并分层振捣密实。按设计要求进行养护,严禁仰拱与仰拱填充混凝土混合浇筑,待混凝土强度达到5MPa后行人方可通行,达到设计强度的100%后车辆方可通行。

④衬砌混凝土施工。

明洞衬砌采用以自行式二次衬砌台车为底模的方式进行,防水混凝土由下至上分层、左右交替、从两侧向拱顶对称浇筑。每层灌筑高度、次序、方向根据搅拌能力、运输距离、浇筑速度、洞内气温和振捣等因素确定。为防止浇筑时两侧侧压力偏差过大造成台车移位,两侧混凝土浇筑面高差宜控制在50cm以内,同时应合理控制混凝土浇筑速度。确保浇筑混凝土直接入仓,混凝土输送管端部软管控制管口与浇筑面的垂距,控制在1.2m以内,以防混凝土离析。当混凝土浇至作业窗下50cm,作业窗关闭前,将窗口附近的混凝土浆液残渣及其他杂物清理干净,涂刷脱模剂,将其关紧,防止窗口部位混凝土表面出现凹凸不平的补丁甚至漏浆现象。

施工过程中利用台车上的附着式振动器配合人工插入式振捣棒振捣,振捣时间不超过30s,每板混凝土浇筑时间不少于6h,保证衬砌台车稳定受压,预埋件及模板不移位和变形。同时确保输送泵的连续运转,泵送连续灌注,避免停歇造成"冷缝"。完成混凝土浇筑后,应及时清理场地的废弃混凝土及垃圾,保持施工现场整洁。

⑤施工缝处理。

在旧混凝土上继续灌筑时,先凿除接触面上的水泥砂浆薄膜,用清水冲洗干净,并使之充分湿润且不积水。灌注前,先铺一层厚约15mm的同级水泥砂浆,其配合比与混凝土内的砂浆成分相同,再灌注新混凝土。垂直及斜面施工缝须加插钢筋,一般用$\phi 16 \sim 18$钢筋,锚固长度应符合要求,宜梅花形布置,间距500mm左右。

⑥混凝土的养护。

在拆模前冲洗模板外表面,拆模后喷淋混凝土表面,以降低水化热,养护不少于7d。

⑦沉降缝处理。

进行混凝土浇筑时,在明洞与洞身交界处必须设置沉降缝,且设置位置使拱圈、边墙和仰拱在同一桩号上贯通。沉降缝采用中埋式橡胶止水带。

⑧明洞防水施工。

明洞衬砌外侧铺设两层土工布,两层土工布中间铺设防水板(1.2mm厚EVA防水板),回填土顶部设置黏土隔水层,采用砂砾盲沟和$\phi 116$单侧打孔双壁波纹管纵向排水;在结构构造防水方面,明洞施工缝、沉降缝处布设橡胶止水带。

⑨明洞回填。

侧墙用C15片石混凝土进行回填,拱顶采用夯填土进行回填,回填必须分层进行,采用小型夯实机进行夯实,保证回填压实度不小于90%,回填高度不大于6m,地基承载力不小于300kPa,地基承载力不足时需采取地基加固处理措施。

2. 洞身开挖

隧道开挖采用水压光面爆破施工,水压爆破装药如图3-151所示。本着"性能先进、配套合理、着重工效"的原则,按照大断面隧道机械化施工技术要求选配机械设备,双臂液压凿岩台车施工如图3-152

所示。确保装渣能力大于开挖能力、运输能力大于装渣能力,设备配置的富余系数控制为1.2,避免造成设备能力的浪费。

图3-151　水压爆破装药

图3-152　双臂液压凿岩台车

(1)Ⅴ级围岩施工。

Ⅴ级围岩洞身采用短台阶法施工,严格控制装药量及掘进进尺,以防对后行洞造成影响。上台阶拱部一次开挖成形,初喷4cm厚喷射混凝土以迅速封闭围岩,循环进尺控制在0.5~1.0m,初衬紧跟掌子面,上下台阶总长控制在35m以内;下台阶左右导坑交错开挖,每次开挖长度不大于1.5m,仰拱开挖距上台阶掌子面控制在40m以内;下台阶初衬完成后,及时跟进仰拱封闭成环,仰拱开挖长度3m,如基底围岩软弱、含水率大、承载力低,根据现场情况进行基底加固处治;严格按要求进行各项监控量测,仰拱及二次衬砌及时跟进,开挖中严格控制超欠挖,确保拱架紧贴岩面。

(2)Ⅳ级围岩施工。

Ⅳ级围岩洞身采用长台阶法施工。上台阶拱部一次开挖成形,循环进尺1~2m,初衬紧贴掌子面,随开挖随支护,上下台阶总长控制在45m以内;下台阶左右导坑交错开挖,错开5m以上,每次开挖长度不大于2m,仰拱开挖距上台阶掌子面50m以内;初衬完成后,及时跟进仰拱封闭成环。

(3)紧急停车带施工。

Ⅳ、Ⅴ级紧急停车带采用中隔壁法开挖,施工顺序如下:

左侧导坑上断面开挖→左侧导坑拱部初期支护及临时支护→左侧导坑下断面开挖→左侧导坑下导坑初期支护及临时支护→左侧下断面仰拱施工→右侧导坑上断面开挖→右侧导坑拱部初期支护及临时支护→右侧导坑下断面开挖→右侧导坑下断面初期支护及临时支护→右侧下断面仰拱施工→全断面仰拱填充及防水层施工→全断面二次衬砌施工。

导坑分台阶开挖,上下层工作面拉开3~5m,先行导坑下台阶与后行导坑上台阶间距大于15m,开挖循环进尺为0.75~1.5m;开挖采用光面爆破,最大限度减少围岩扰动;隧道开挖及初支完成后,及时跟进仰拱及二次衬砌,根据监控量测结果合理确定二次衬砌浇筑时间;如果基底围岩承载力低,需对仰拱基底加固处治。

3.初期支护

初期衬砌遵循"先支护(强支护)、后开挖(短进尺、弱爆破)、快封闭、勤量测"的原则进行施工,初期支护紧跟掌子面前行;初期支护未落底前及时施作锁脚锚杆,保证初衬尽早封闭成环;根据现场监控量测及时调整支护参数及预留变形量。

(1)喷射混凝土。

使用挪曼尔特电液控湿喷机(图3-153)采用湿喷工艺施工,具体施工工序如下:施工准备→湿喷面处理→沙石、水泥、水计量配备→搅拌→装运→现场湿喷(加速凝剂)。

 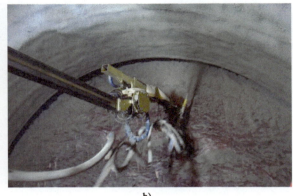

a)   b)

图 3-153 挪曼尔特电液控湿喷机湿喷施工

隧道开挖后立即初喷,以防岩体发生松弛,喷射之前使用水或压缩空气清理待喷部位;由下向上分段、分片、分层螺旋式喷射,每层厚度拱部为 5～6cm,墙部 7～10cm;优先喷射凹洼处和拱架与岩面的空隙;混凝土配合比及喷射方法按照设计参数进行,必要时提高混凝土等级。

(2)锚杆。

锚杆采用阿特拉斯双臂液压凿岩机钻孔(图 3-154),钻孔完毕后进行检查,发现不合格的孔应补钻;为所有锚杆安装垫板,垫板应与喷射混凝土面紧密接触;锚杆施工宜在初喷后及时进行。Ⅳ、Ⅴ级围岩的系统锚杆尾端预留足够长度,确保锚杆垫板能够在复喷完成后安装,便于锚杆质量检测。锚杆头采用专用防护套保护,避免刺破防水板。

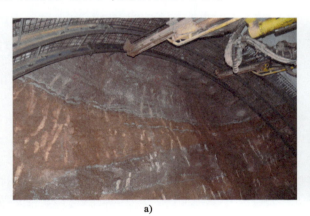 

a)   b)

图 3-154 锚杆钻孔施工

图 3-155 拱架安装

(3)拱架。

钢架在钢筋厂分节加工,每节长度根据设计尺寸确定,对每节拱架分别编号,注明安装位置;采用冷弯法制作成型;拱架接头钢板使用数控等离子火焰切割机进行精确切割,接头钢板螺栓孔使用数控冲床加工,采用砂轮机清除孔口毛刺及钢渣;不同规格的首榀钢架加工完成后,放在平地上试拼,拼装允许偏差为 ±30mm,平面翘曲小于 20mm,当尺寸满足设计要求时,方可批量生产。采用机械运至安装现场,使用拱架安装台车配合人工安装(图 3-155)。拱架安装施工标准化控制要点如下:

①钢架安装前先清除浮渣,由线路的法线方向定出钢架的位置,同时在开挖面上标出钢架内缘线,以免钢架侵入初支净空。

②钢架采用高强螺栓连接,按照设计位置安装,拱架尽可能紧靠围岩,在保证纵向间距的同时尽可能靠近开挖面,拱架与围岩的间隙及拱脚的高低位置使用垫块调节。

③上下台阶钢架连接要求线形一致,弧度圆顺,下台阶的拱脚置于开挖底面 15cm 以下。钢架采用 $\phi 22$ 纵向连接筋焊接,环向间距 100cm。

④安装完毕后进行检验(图 3-156),钢架纵向间距偏差不大于 5cm,平面扭曲度不大于 2°,倾斜度不大于 1°。

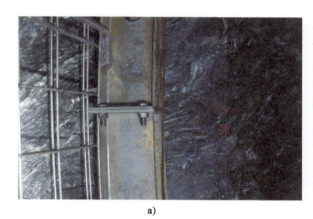
a)

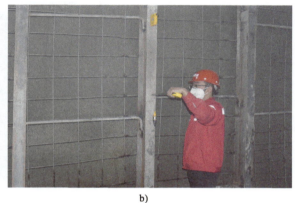
b)

图 3-156 拱架连接及验收

⑤钢架立架后尽快喷射混凝土施工,喷射厚度应能覆盖拱架,使拱架与喷射混凝土共同受力。

4. 仰拱

隧道仰拱采用钢栈桥配合仰拱模板全断面整体施工,仰拱端头使用曲率标准定型模板进行施工,确保标准成环,仰拱一次性全断面浇筑成设计弧面,仰拱混凝土强度达到 70% 后进行填充施工;填充施工时采用定型模板预留中心水沟沟槽,安装钢筋混凝土管,铺设土工布及碎石后进行填充混凝土浇筑。仰拱施工标准化控制要点如下:

(1)仰拱使用钢栈桥跨越封闭施工,确保全断面开挖成形,开挖进尺为 3m,确保底部高程及几何尺寸满足设计要求(图 3-157);仰拱开挖后进行抽水作业;仰拱超挖严禁洞渣回填。

(2)铺设钢拱架前进行钢拱架的规格和加工尺寸的检查,对与边墙拱架连接的牛腿认真进行加工、焊接,确保焊接质量,安装采用拱底中心点及仰拱边成一直线控制钢拱安装支距,使两拱边及拱底在同一竖平面上,避免扭偏,安装后加强钢拱支架间纵向连接,形成完整骨架(图 3-158)。

图 3-157 仰拱厚度测量

图 3-158 仰拱拱架安装

(3)由于仰拱施工期间拱架拱脚悬空,初衬位移速率较大,为保证施工安全,仰拱开挖至仰拱初衬完成时间一般要控制在8h以内。

(4)严格控制混凝土配合比及凝剂掺量,喷射距离为0.8~1.2m,垂直受喷面进行喷射,确保喷射混凝土表面平顺整齐,无漏喷、鼓包、裂缝现象。

(5)使用定位台架(图3-159)确保仰拱预留钢筋间距及位置,并在钢筋头安装保护帽,钢筋施工时避免损伤防水板。

a)　　　　　　　　　　　　　　　　b)

图3-159　仰拱二次衬砌钢筋定位安装

(6)使用仰拱定型模板控制仰拱厚度,仰拱端头采用曲率标准定型模板(图3-160)进行施工,确保仰拱二次衬砌标准成环,混凝土浇筑时振捣棒不得损伤防水板。

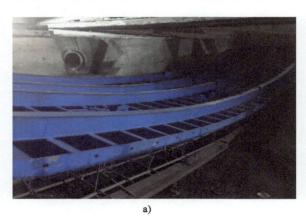 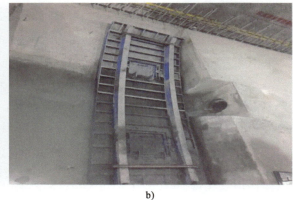

a)　　　　　　　　　　　　　　　　b)

图3-160　仰拱曲面模板

(7)待仰拱混凝土强度达到设计强度的70%后进行填充施工,混凝土浇筑前按照图纸要求预埋中心排水沟、排水管。

5. 防排水系统

隧道防排水体系遵循"防、排、截、堵相结合,因地制宜,综合治理"的原则进行施工,施工防排水设施应与营运防排水工程相结合,达到排水通畅、防水可靠、经济合理、不留后患的施工目的。按照设计要求铺设防水卷材、设置纵横向排水管、施做中心水沟,使洞内外形成一个完整的防排水系统。

使用挂布台车进行防水板铺设,隧道防水板材(1.2mm厚PVC防水板+350g/m²无纺土工布)使用电磁焊接技术铺设。按设计要求固定纵向及横向排水管,确保排水顺畅。横向盲沟同路面整平层一起施工。二次衬砌施工时严格控制止水带及止水条安装质量。加强结构自身防水性能,根据初支渗水情况对防排水施工进行调整。具体标准化施工要点如下:

（1）掌子面顺坡排水采用临时排水沟，确保临时排水沟满足渗漏水及施工废水排水需要。水沟位置远离边墙，距边墙基脚不小于1.5m。膨胀岩、土质地层、围岩松软地段排水不宜直接接触围岩，根据需要对排水沟进行铺砌或用管槽代替，排水沟中不得有积水。台阶法施工时上台阶应在下台阶开挖前架槽（管），将水引排至下台阶排水沟内，杜绝漫流浸泡下台阶开挖面。

（2）对于反坡排水的隧道，根据距离、坡度、水量等因素布置排水管道，通过临时集水坑进行分段排水，水泵逐级抽排至洞口。

（3）确保排水管规格符合设计要求；环向排水管（图3-161）紧贴支护表面安设，排水管布置线形必须流畅，不得起伏不平。中心排水管施工如图3-162所示。

图3-161　环向排水管

图3-162　中心排水管

（4）排水管按照设计要求形成完整的排水系统，垂直管道连接采用变径三通方式，安装坡度符合设计要求。纵向排水管与三通接头连接后，用土工布进行包裹（图3-163）。

a)

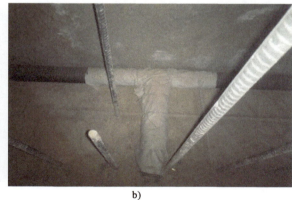

b)

图3-163　排水管安装

（5）防水板铺设（图3-164）使用电磁焊接，超前二次衬砌施工1~2个衬砌段，形成铺挂段→检验段→二次衬砌施工段完成作业流程。

6. 二次衬砌

隧道设计为复合式衬砌，二次衬砌施工采用自行式全断面液压二次衬砌模板台车，台车有效工作长度9m，二次衬砌台车结构尺寸准确，满足自动行走要求且配备闭锁装置，定位准确。

分析监控量测数据确定合理的二次衬砌施作时间（已产生的各项位移已达预计位移值的80%~90%，周边位移速率小于0.2mm/d或拱顶下沉速率小于0.1mm/d）；二次衬砌环向钢筋根据设计长度一次加工成形，严格控制纵向钢筋及箍筋的绑扎质量，钢筋施工过程中严禁损伤防水板；通过安装垫块确保钢筋保护层厚度；二次衬砌混凝土按照左右对称分层浇筑的方式进行混凝土施工，通过台车自带附着式振捣器进行振捣,待混凝土强度达到设计强度的70%后方可脱模,脱模后及时修整预埋件并进行养生。二衬钢筋绑扎及验收如图3-165所示。

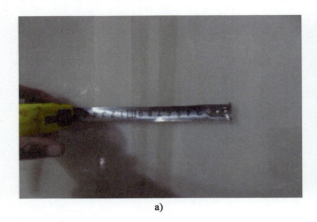
a)

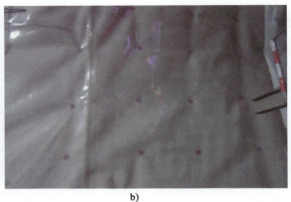
b)

图3-164 防水板安装

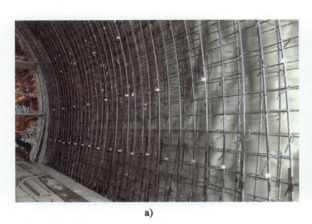
a)

b)

图3-165 二衬钢筋绑扎及验收

重要控制要点如下：

(1)二次初砌全断面一次性浇筑完成,注意有关预埋件的放置。

(2)防水混凝土配合比严格按设计及规范执行,钢筋角隅要加强振捣,施工缝安装止水条,沉降缝及围岩变化处安装止水带。

(3)二次衬砌浇筑应由下向上依次分层浇筑,每层浇筑的高度根据搅拌能力、运输速度、洞内气温和振捣因素及时调整。

(4)脱模后应立即养生,养生时间一般为7~14d,使用雾炮洒水车进行二次衬砌混凝土养生。二次衬砌施工效果如图3-166所示。

7. 电缆沟槽

电缆沟槽施工主要包括施工准备、基底处理、槽壁钢筋、模板安装、混凝土浇筑、盖板安装等工序。

(1)基底处理。

施工前首先对仰拱填充面浇筑混凝土进行找平,严禁过高过低,避免对模板安装造成影响,对沟槽范围已浇筑混凝土表面凿毛,清除浮粒和杂物,露出新鲜混凝土,同时对模板底部位置进行严格找平,保证模板高程精度,便于控制浇筑成形的沟槽上口高程。

(2)凿毛与冲洗。

在电缆沟槽施工前,用风镐或其他方式对两侧矮边墙与电缆槽结合面进行凿毛处理,用高压水将边墙结合面和基底冲洗干净（图3-167）。

（3）钢筋加工及安装。

电缆槽仅靠路线中心槽侧壁配有钢筋，钢筋安装（图3-168）时与模板间设置保护层垫块，保证钢筋的保护层厚度。

a)

b)

图3-166　二次衬砌施工效果

图3-167　清洗预留槽底

图3-168　电缆沟槽钢筋安装

（4）墙身模板安装。

电缆槽模板台车配套整体钢模安装，用 $\phi 12$ 钢筋在底部混凝土打眼固定底部平面位置，模板表面彻底清扫干净并在表面涂以脱模剂。

（5）混凝土施工。

分三步施工，首先施工矮边墙侧槽壁混凝土，然后施工槽底混凝土，最后施工靠水沟侧槽壁。电缆槽身混凝土分层浇筑，电缆槽侧壁厚度仅有15cm，采用小型振捣棒振捣密实。混凝土浇筑到槽壁顶后，电缆槽盖企口部位安放 10cm×5cm 木条。

（6）脱模及养生。

脱模时间不小于24h、并且混凝土强度大于2.5MPa方可进行拆模。电缆槽模板拆除后对混凝土进行洒水养护，保证沟槽混凝土强度，混凝土养护时间不小于14d。电缆沟槽混凝土浇筑成品如图3-169所示。

（7）电缆槽盖板。

电缆沟槽盖板在小型预制构件厂集中预制。电缆沟槽盖板安装前，对已施工段电缆沟槽盖板安装基座进行检查，对不合格部位进行修凿或砂浆找平，确保电缆槽盖板安装基座平整。

a)
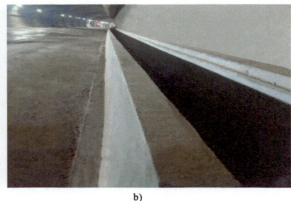
b)

图 3-169 电缆沟槽混凝土浇筑成品

8. 道面

(1)基准线的设置。

混凝土面层施工采用单向坡双线式基准线设置方式设置,基准线是滑模摊铺水泥混凝土路面的"生命线",基准线宽于路面摊铺边缘 0.8~1.2m,必须有 1000N 拉力,同时基准线的张拉长度不大于 300m/根,并且按照"先紧线、后挂线"安装顺序。基准线设置提前一天完成,摊铺前应对基准线作最后一次复测,一旦设置好,禁止扰动,特别是正在作业时,严禁碰撞和振动基准线。

(2)布料。

滑模摊铺水泥路面施工配备一台挖掘机在摊铺机前辅助卸料及布料,卸料时拌和料均匀分布,松铺系数控制在 1.08~1.15 之间,挖掘机与滑模摊铺机之间施工距离控制在 5~10m。

(3)混凝土摊铺。

混凝土摊铺用最大摊铺宽度 9m 的滑模摊铺机(图 3-170)进行,摊铺速度根据拌和物稠度、供料多少和设备性能控制在 0.5~3.0m/min 之间。随时调整松铺高度板控制进料位置,料位高低上下波动控制在 ±30mm 之内。摊铺时,振捣频率在 6000~11000rpm 之间调整,防止混凝土漏振、欠振或过振。纵坡施工时滑模摊铺机满负荷时可铺筑的路面最大纵坡为:上坡 5%,下坡 6%。摊铺机摊铺完成之后,自带自动抹平装置抹平。

(4)拆模养生。

水泥混凝土路面养生除保证混凝土强度增长外,还要控制新铺筑路面在 7d 内不产生任何微裂纹与裂隙缝。当摊铺现场水分蒸发率接近 $0.5kg/hm^2$ 时,在湿软混凝土表面先喷洒养护剂,待路面可行人时,尽快覆盖保湿养生。混凝土养生初期(图 3-171),严禁踩踏,车辆通行,在达到设计强度的 40% 后,行人方可通行。

图 3-170 滑模摊铺机施工

图 3-171 隧道路面养生

五、绿化施工标准化

1. 苗木栽植

（1）工艺流程。

施工准备→放样定位→树穴开挖→土壤改良→苗木栽植→苗木养护。

（2）施工准备。

按照招标文件有关规定，结合苗木、草灌的生长特性及土壤条件类型，对施工现场进行清理整治，清除杂草、灰土、砾石、路基工程施工垃圾等杂物。

（3）放样定位（图3-172）。

施工单位按照设计图纸核对施工现场，了解地形、地貌，并确定放样方法。根据图纸的比例要求，利用网格法定出植物群落和单株种植的位置，用白灰确定范围线、标明坑穴大小和群落的范围。定点放样时注意树种、数量、位置必须与设计图纸相符，树丛位置按照树丛的组织配合原则定点。

a)　　　　　　　　　　　　　　　　b)

图3-172　放样点位

（4）树穴开挖（图3-173）。

种植穴的大小依土球及根系情况而定，带土球的树穴应比土球大20～30cm，树穴的深度一般比土球的稍深10～20cm。栽植裸根苗木应保证根系充分伸展，树穴必须中通下直，避免出现上大下小的"锅底坑"，挖出的表土、心土分别堆放。挖树穴时，应注意对地下管线等设施的保护，确保施工安全。

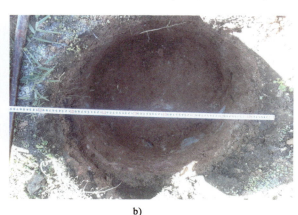

a)　　　　　　　　　　　　　　　　b)

图3-173　树穴开挖

（5）土壤改良。

绿化施工中常遇到因为土壤差异导致苗木成活率不高，长势不好，甚至死亡的问题。因此，施工前必须对土质情况进行取样化验,分析土壤的理化指标,当土壤养分不达标时,通过追施一些腐熟的牛、羊、猪、鸡粪等有机肥料,需要时还可追施少量的复合肥等化学肥料,促进苗木的健康旺盛生长,为苗木创造优良的土壤环境,提高苗木的成活率。

(6)栽植苗木。

①苗木栽植前,对苗木进行自检,并做好记录,不得使用不合格苗木。栽植树苗前1~2d,对栽植坑穴(沟槽)进行灌水,渗透后进行栽植,对成活率低的常绿树应适时、适地、适树种植。

②栽植前对树种苗木进行修剪,去除枯枝、短截残伤枝、过长枝、过长根、劈裂(断)根等,剪口要平滑,并对剪口进行处理(图3-174)。

③栽植裸根苗木时,采取"三埋两踩一提苗"的栽植方法。第一次填土后,将树苗轻轻提起,使根系与土壤紧密接触,确保根系舒展,不窝根、不悬根,随埋随踩,扶正踏实;后续填土分层回填,先填表层土,后填深层土,栽植深度需比在苗圃地(或原生长地)深5~20cm。

④栽植带土球树苗时,在去掉土球包装物时保持土球不裂不散,然后填土踏实。回填踩土时,不能直接踩压土球,应确保土球完好。

⑤对较大规格的树木,为适应新环境、新土壤,防止营养元素过多流失,有针对性地注射营养液(图3-175)或进行配方施肥补充营养。

图3-174 剪口处理　　　　　　　　　　图3-175 注射营养液

⑥对树干较高、冠形较大的树木,栽后设立支撑物(图3-176)进行防护,并对支柱、绳索设置衬垫,以防直接接触磨伤树皮。

a)　　　　　　　　　　　　　　　　　b)

图3-176 苗木支护

⑦对常绿大规格的苗木,搭设遮阳网,对树冠进行间歇弥雾或者喷水喷雾养护。

⑧绿篱种植或色块、图案栽植时,应由内向外栽植;坡面种植时应由上而下进行栽植;大型图案块植

或不同色彩种植时,宜分区、分块展开栽植。

⑨树、苗栽植时,应保持林缘线、林冠线平顺、自然、一致,分隔明显。苗木种植效果如图 3-177 所示。

a)

b)

图 3-177　苗木种植效果

（7）苗木养护（图 3-178）。

树、苗栽植后,预留碟形浇水坑或灌水沟槽,24h 内进行第一遍浇水,要求用水浇透,并对沉陷部分及时回填密实。第二遍浇水连续进行,第三遍浇水在第二遍浇水后一周进行。第三遍浇水灌透后及时进行封穴或中耕保墒,以提高成活率。

a)

b)

图 3-178　苗木养护

（8）反季节栽植采取的措施。

根据两徽当地气候特点,常规苗木种植时间为春季和秋季。为了确保工期,部分苗木需要在夏季栽植。当反季节栽植时,应采取以下措施,确保苗木成活率：

①苗木应提前修枝、断根或用容器假植处理。

②对移植的落叶树采取强修剪和摘叶措施。

③选择当日气温较低时或小阴雨天进行移植,一般可在早上 9 点以前或下午 5 点以后移植。

④应采取带土球移植方法。

⑤各工序必须紧凑衔接,尽量缩短暴露时间,随掘、随运、随栽、随浇水。

⑥移植后采取搭荫棚、喷雾和降温等措施。

（9）提高苗木成活率的措施。

苗木的成活率,不仅与出土时的质量有关,后期养护也十分重要。

①科学修剪。

有时绿化工程为了达到立竿见影的效果进行全冠移植,对苗木不修剪或少修剪,这种做法在夏季必然会降低移栽成活率。由于树木移植时会损伤到根系,并且夏季树叶已完全展开,很容易出现树体水分失衡问题,从而导致成活率降低。

有效、合理的修剪(图3-179)能够使地上部分枝叶的消耗和地下部分根系的吸收达到平衡。修剪时可根据树种的成枝力和萌芽力的不同采取对应修剪方式,萌芽力强的可重修剪,萌芽力较强的可轻修剪,对萌芽力弱的树种可采取摘叶方式保持树势平衡。

a)

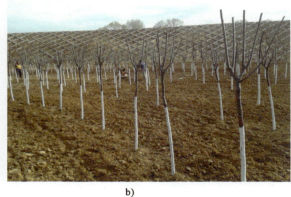
b)

图3-179　苗木修剪

②解除包裹物(图3-180)。

移栽树木时,有时候由于担心散坨而不解除包扎土球用的草绳、草垫等包裹物,这样做一方面会使栽植填土难以密实、苗木生根困难;另一方面草绳、草垫积水会引起沤根、烧根,造成苗木根系腐烂,树叶枯黄。因此,在苗木栽植前应及时解除草绳、草垫等包裹物,使根系自然生长,确保成活率。

a)

b)

图3-180　解除包裹物

③合理栽植。

较大苗木根系愈合缓慢,深栽会使得土球表面覆土过厚,根部积水,湿热难以散出,根系呼吸受阻,不易生根,严重的会导致根系变黑腐烂。因此,较大苗木应该浅穴栽植,为苗木提供良好的土壤通透条件,促进根系更好地生长。

④科学分析萎蔫原因。

较大的苗木出现树体萎蔫等现象,养护人员经常会认为是根部缺水从而多浇水,结果会导致苗木萎蔫更快,甚至死亡。

造成苗木萎蔫的原因有很多种,有可能是土壤干燥缺水所致,有可能是根部积了大量水分,也有可能是栽植土壤过于黏重、土球底部的湿热难以散发引起,还有可能是树冠过大,消耗过多引起。因此,在树木出现萎蔫现象后,应先查找原因再采取措施,严禁一出现萎蔫现象就盲目浇水。

⑤科学施药。

a. 及时尽早施药。

树体如人体,平时养护得当,就会身体健壮,抗病力就强。树木栽后应及时综合用药,做好预防保健,及早、及时补充树体生长所需的养分、水分,促进快速生根,提高树木成活率。

b. 对症施药。

影响树木移栽成活的原因很多,如根部积水导致烂根;填土不实造成根与土壤脱离无法汲取营养;树冠过大脱水萎蔫;蛀干害虫阻断养分运输等等,如果盲目施药会适得其反,反而加快苗木死亡。树体出现问题后应首先查找具体原因,做到对症下药。

(10)苗木病虫害防治措施。

①乔灌木病虫害防治措施。

a. 剪除带病虫枝叶:冬季修剪是施工现场管理的重要环节之一。冬季修剪时,应着重剪除带病虫的枝叶和清除花木上的虫卵、介壳虫等,剪下的病虫枝叶要及时清理,运出施工现场集中销毁处理。

b. 深翻:深翻可以使潜伏在土壤中的地下害虫(如蛴螬、地老虎、蝼蛄等)的幼虫、蛹、卵等遭受机械损伤,以及暴露在地表后被鸟类等天敌啄食,必要时还可采取人工捕杀。另外,深翻可以将土壤表层的病原物翻埋入深土层,深土层中的病原物被翻到地面,破坏了病虫的适生环境,有效地控制了病虫的发生。

c. 涂白保护(图3-181):枝干涂白不仅能有效地防止冬季花木的冻害,提高花木的抗病能力,而且还能破坏病虫的越冬场所,起到既防冻又杀虫的双重作用。涂白时要特别注意的是生石灰一定要充分消解,否则涂到花木枝干上易造成烧伤。

图3-181　涂白保护

d. 药物防治:当植物叶片发生缺刻、孔洞、网状等机械损伤时容易被螟虫、毛毛虫等咀嚼式口器昆虫危害,宜采用触杀剂、胃毒剂(如敌百虫、敌敌畏、硫磷、水胺硫磷等)之类的农药进行防治。当植物叶面发生畸形、卷曲、皱缩等损伤时容易被蚜虫、蚧壳虫等内吸式口器害虫危害,宜采用内吸剂药品(如氧化乐果、乐果、甲胺磷等)进行防治。当植物叶片发生黄化(缺肥外)、萎缩、变色、不正常时可采用百菌清、多菌灵、甲基托布津等进行喷杀。

②草坪病虫害防治措施。

养护期间要采取科学的方法防治病虫害,避免造成绿护植物的大面积病害,每两个月喷一次广谱性杀虫及杀菌药。对于突发性的病虫害应及时有针对性地选用农药,加以喷杀,以防蔓延。

2. 码砌植生袋

(1)工艺流程。

边坡清理(图3-182)→施工放样(图3-183)→码砌植生袋→植苗→覆盖养护→角钢焊接。

图3-182 边坡清理

图3-183 施工放样

（2）施工工序。

①边坡清理：清除坡面岩石、碎泥块垃圾，保持坡面平整。

②施工放样：在框格梁侧面按照一定比例打基准线。

③码砌植生袋（图3-184）：在框格内，顺坡面放置植生袋，植生袋采用成型产品，植生袋种子层选用刺槐、紫穗槐、荆条、高羊茅、黑麦草、波斯菊混合种子，规格为60cm×40cm。装完种植土的植生袋沿骨架面向里侧坡面10~15cm进行码砌，码砌的植生袋砌面应平整美观。

④植苗：植生袋表面钻孔栽植紫穗槐（图3-185），株行距60cm×60cm，栽植深度比在苗圃地深3~5cm。

图3-184 码砌植生袋

图3-185 栽植紫穗槐

⑤覆盖：坡面植草完成后，即可进行无纺布覆盖（图3-186），覆盖时按框格梁大小，裁剪好无纺布，上下固定，在每条无纺布搭接处用U形卡具每隔100~150cm进行固定。

⑥角钢焊接：采用角钢（L50×5×5）及膨胀螺栓（M20×180）对码砌完的框格梁植生袋进行加固（图3-187），防止植生袋掉落。

⑦养护（图3-188）：养护宜使用雾化喷头，防止冲刷坡面。码砌植生袋绿化效果如图3-189所示。

3.撒播草籽

（1）工艺流程。

图3-186 铺设无纺布

边坡清理→覆土→撒播种子→耙平→覆盖→养护。

图 3-187　角钢加固

图 3-188　浇水养护

a)

b)

图 3-189　码砌植生袋绿化效果

（2）施工工艺。

①边坡清理（图3-190）：清除坡面岩、碎泥等垃圾，保持坡面平整。

②种子浸泡：播种前对灌木种子脱皮后进行浸泡处理。

③覆土（图3-191）：坡面整平后，覆盖厚度不小于10cm的覆土，以疏松的地表土为宜。

图 3-190　边坡清理

图 3-191　边坡覆土

④撒播草籽（图3-192）：覆土后，在坡面按照25g/m² 的标准均匀撒播草种。

⑤耙平（图3-193）：草种撒播完成后对坡面进行耙平，确保种子完全埋入土壤之中，并进行拍实，使种子与土壤紧密接触。

图3-192 撒播草籽

图3-193 坡面耙平

⑥覆盖：坡面耙平后，即可覆盖无纺布（图3-194）。

⑦养护管理（图3-195）：种植后及时养护，使用雾化喷头防止冲刷坡面。绿化效果如图3-196所示。

图3-194 无纺布覆盖

图3-195 坡面浇水养护

图3-196 绿化效果

六、交安施工标准化

1. 反光立柱

（1）预留间距及预埋钢板检查处理。

反光立柱安装前对间距及其预埋钢板进行全面检查，对发现的问题进行处理，保证反光立柱安装的精度及线形。

（2）清除预留钢板表面杂物。

用钢丝刷对预留钢板表面的混凝土、水泥浆等杂物进行清除（图3-197），用砂纸打磨除掉锈迹，用氟碳漆专用底漆进行涂刷。

（3）放线。

以车辆前进方向桥梁护栏的第一个预留孔处为控制点，每隔16m设置一个预留孔，再以预留孔为基准以4m间距画出120mm×120mm十字线，确保反光立柱线形流畅、美观。

（4）反光立柱的安装。

首先将直径为12mm、长150mm的钢筋牢固、准确地焊接在预留钢板十字线的中心位置（图3-198）。然后，在反光立柱里灌注水泥砂浆并捣实，每16m安装一个，做控制点使用，在其顶面及侧面布设水准线，来控制反光立柱的线形。再次，以两条水准线为基准来安装其余的反光立柱。最后，从车辆前进方向每20~30m开始微调线形，并用小型水平尺（图3-199）将反光立柱竖直度控制在±8mm/m以内，并及时做好养生。

图3-197 清理预留孔

图3-198 立柱施工

2. 标志基础

（1）定位放样。

放线前将作业面清理干净，然后根据设计及规范要求进行定位放线（图3-200），确保标志基础布置合理。

图3-199 竖直度检测

图3-200 基坑放样

（2）基坑开挖。

标志基础采用机械配合人工开挖，开挖前应将上层虚土全部清除，防止在开挖或模板安装过程中基坑坍塌；基坑开挖中确保四壁竖直、基坑底部平整无浮土、几何尺寸符合设计要求，并对基底进行夯实处理；最后对基坑尺寸及承载力进行检验验收（图3-201）。

(3)模板安装及钢筋绑扎。

采用定型模板,在安装前先对模板进行打磨清理。模板安装完成后对模板几何尺寸、平整度、竖直度及顶面高程进行检验(图3-202)。检验合格后涂刷脱模剂,再绑扎钢筋。底座法兰盘、地脚螺栓的固定与模板分离,并采用槽钢支架固定,用水平尺测量底座法兰盘的水平度,固定完成后用胶带或PVC套管保护地脚外露螺栓。

图3-201 基坑验收

图3-202 标志基础模板验收

(4)混凝土浇筑。

混凝土采用集中拌和,混凝土运输车运输,运输至现场后,混凝土运输车以常速搅拌数分钟后做坍落度试验,坍落度满足设计及规范要求时即可进行浇筑。混凝土连续浇筑,振捣密实(图3-203)。

在浇筑混凝土时,时刻观察模板是否稳固、变形,当发现扣件、螺栓松动等情况时,立即停止浇筑,进行校正、处理。

混凝土浇筑完成后对混凝土表面进行第一次收光,待混凝土初凝前进行二次收光。

(5)拆模与养生。

混凝土浇筑完成并达到终凝后第二天进行拆模,拆模后对混凝土及时进行洒水养生(图3-204),并用塑料薄膜进行覆盖,以减少水分的蒸发。

图3-203 混凝土浇筑及振捣

图3-204 标志基础养生

(6)成品保护。

对于混凝土结构物,不得在其表面上堆放带有污染或腐蚀性的物品,定期对已完成的混凝土结构物进行检查,若发现损伤或经污染的混凝土产品,及时修复。

3. 隔离栅施工

(1)放样定位。

根据现场实际地形地貌、桥涵构造物及线路红线进行放样,确保位置正确、线形顺畅美观。

(2)基坑开挖。

立柱基坑采用人工开挖,基坑方正、棱角分明、无虚土、尺寸满足设计要求(图3-205)。

图3-205 基坑开挖验收

(3)立柱安装。

立柱安装采用双线挂线施工,确保立柱安装线形美观、顺畅;采用尺杆、水平尺控制立柱间距和立柱竖直度(图3-206);通过在立柱上做标记控制立柱埋入深度。

a)
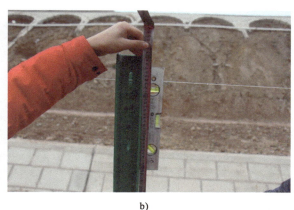
b)

图3-206 间距竖直度检测

(4)混凝土浇筑。

混凝土振捣密实,外观表面平整、棱角分明。

(5)养生。

采用薄膜对混凝土覆盖养生,定期及时洒水养护,确保混凝土强度。

4. 隧道涂装施工

(1)台架搭设(图3-207)。

台架架高7m,宽3.5m,长2m,整体采用型钢搭设,架子底部安装小型轮胎及制动装置,中间布置剪刀撑使其稳固,架子上设置安全护栏、警示牌,确保安全文明施工。

(2)涂装基层处理。

①采用角磨机对衬砌表面的错台、模板的接缝进行打磨(图3-208),用2m直尺和牵线进行检查,保证平整度满足设计要求。

②使用加入2‰表面活性剂及助洗剂的清洗液,并用高压水枪对衬砌面的灰尘及油污进行高压清洗。

图 3-207　台架

图 3-208　衬砌表面打磨

③在喷涂施工前,混凝土基体应充分润湿,且基层表面不得有明显的水珠。

(3)喷涂隧道防火涂料。

喷涂防火涂料前,涂刷一道厚度为 8～10μm 抗碱封闭底漆,待底漆干燥 24h 后喷涂界面涂层及其他层防火涂料。喷涂时严格按照界面层及其他层涂料配合比进行配制涂料,通过多次喷涂达到设计规范要求厚度。后一层涂料应在前一层表干以后进行,确保各层黏结牢固。当温度在 20℃ 以下时,每道喷涂施工的间隔时间宜在 24h 以上(涂料表面干燥时间与气温及涂层厚度有关)。喷涂时喷枪的喷嘴应垂直于基面,合理调整压力、喷嘴与基面的距离。如遇气泡应挑破压实,保证涂抹密实,如有损伤,应及时修补。

(4)质量控制点。

①及时用防火涂料测厚仪逐层检测厚度,并建立台账,用 0.75～1kg 榔头轻击涂层检查强度和空鼓,如出现质量缺陷问题及时处理。

②在较干燥的情况下,应创造必要的养护条件,防止涂层失水过快而影响涂料黏结强度。隧道内壁达到规定厚度且终凝后进行 7d 保湿养护,初始宜采用喷雾养护,后期可喷洒清水养护,然后自然养护 21d。养护期间,不得受冻,防止碰撞,严禁用压力水冲刷。

七、房建施工标准化

1.基础施工

(1)独立基础。

①施工工序。

定位放线(图 3-209)→基坑开挖→地基钎探、验槽→地基处理→基础垫层→基础钢筋→基础模板→基础混凝土。

②土方开挖。

土方开挖前首先根据图纸设计要求进行定位放线,确定建筑坐标位置及高程。

基坑开挖采用机械开挖,必须严格按照审批的专项施工方案进行开挖,挖出的土石方应堆放在坑边 1m 以外,以减小堆土对坑边的侧压力,保证作业人员的安全。机械开挖至基底高程时,预留至少 30cm 由人工清挖,保证基底原土层不受扰动,基坑开挖严禁超挖。

开挖后将坑底清平,进行地基钎探、验槽(图 3-210)。经验槽如发现局部地质不良情况时,应及时通知项目公司、设计代表、监理核实并制订处理方案。

③基础钢筋。

钢筋在绑扎前依据钢筋间距进行分格、弹线;各交叉点必须逐点绑扎。必须对柱插筋进行固定,严禁插筋移位,同一轴线柱子拉通线进行校核。柱插筋锚固长度必须满足设计要求。

图 3-209　定位放线

图 3-210　地基钎探验槽

④基础模板。

在已浇筑好的混凝土垫层上用墨线弹好轴线及模板边框线,并用油漆进行标注,按施工图的尺寸及轴线位置拼装基础模板(图3-211)。

⑤基础混凝土(图3-212)。

图 3-211　钢筋模板安装

图 3-212　混凝土浇筑

振捣采用斜向振捣法,振动棒与水平夹角以30°为宜。初凝后立即派专人用土工布进行覆盖,12h后开始养生,必须保持混凝土表面湿润状态。混凝土养护时间不应少于7d。

(2)桩基础施工。

①施工工艺。

场地平整障碍清理→桩孔定位(校正)→埋设护筒→泥浆制备→机械成孔(清孔)→钢筋笼制作吊装→混凝土拌和、运输、灌注→泥浆回收处理→桩基检测。

②施工要点。

下钢筋笼时用吊车吊放,入孔时轻放慢放,入孔后不得强行左右旋转,严禁高起猛落、碰撞和强压下放。

③钢筋笼(图3-213)制作。

桩钢筋的制作绑扎符合标准要求。搬运和吊装时应防止变形,钢筋安装采用机械起吊人工就位方法,安放要对准孔位,垂直就位后及时固定,钢筋笼的保护层用绑扎垫块控制,其允许偏差为±10mm。

④混凝土灌注。

灌注导管每节定尺等长2.0m(底管3.0m),壁厚4mm,直径225mm,用双沙粗螺栓加O形密封圈连接,应达到牢固安全,装卸方便。保证首浇一次性埋管不少于1.5m。导管底口必须提离孔底250～400mm,然后进行浇筑,其后正常埋管深度不得小于2.0m,最大埋深不得超过6.0m,一次拔管不得超过

2节(4.0m)。在完成首浇后,混凝土灌注要从漏斗口边侧溜入导管内,不可一次放满,防止聚气。拔管时,准确测量和计算导管埋深。若发现有钢筋笼上浮现象,保持较大的导管埋深,放慢灌注速度。在最后一次拔管时,缓慢提拔导管,以避免孔内上部泥块和空气压入桩中。

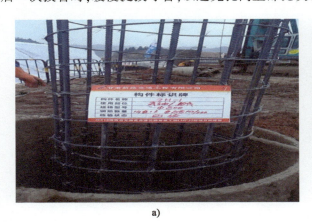
a)

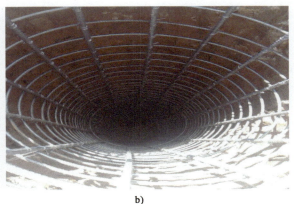
b)

图 3-213　井桩钢筋笼

灌注混凝土面超过设计桩顶高程 0.5m,以保证凿除浮浆后桩顶高程处混凝土质量能满足设计要求。

灌注桩施工的注意事项:在堆放导管时,须垫平放置,不得搭架摆设。在堆放导管时,不得超过 5 节连接一次性起吊。导管在使用后,立即冲洗干净。

2. 钢筋混凝土工程

(1)施工工序。

钢筋原材检验→钢筋加工→钢筋连接→钢筋绑扎→模板工程→混凝土浇筑、养生→模板拆除。

(2)钢筋工程。

①钢筋连接。

a. 施工工序:钢筋端面平头→剥肋滚压螺纹→丝头质量检验→戴帽保护→丝头质量抽检→存放待用。

b. 钢筋端面平头,采用砂轮切割机或其他专用切断设备加工(图 3-214),严禁使用气割。

c. 使用钢筋剥肋滚压直螺纹机将待连接钢筋的端头加工成螺纹(图 3-215)。操作者对加工的丝头进行质量检验,用专用的钢筋丝头保护帽将钢筋丝头进行保护,防止螺纹被磕碰或被污物污染。

图 3-214　钢筋接头打磨

图 3-215　机械连接接头

②钢筋绑扎。

a. 柱钢筋(图 3-216)。

绑扎前,依据设计的箍筋间距和数量,按弯钩错开要求将箍筋套在下部伸出的钢筋上,再进行上部柱钢筋连接;在立好的柱主筋上用粉笔标出箍筋间距,然后将套好的箍筋向上移置,由上往下用扎丝绑扎;箍筋与主筋垂直,箍筋转角与主筋交点均要绑扎,箍筋的平直部分与纵向钢筋交叉点可成八字扣绑扎,以防骨架歪斜;箍筋的接头(即弯钩叠合处)沿柱竖向交错布置,并位于箍筋与柱角主筋的交接点上。

b. 梁钢筋(图3-217)。

梁钢筋绑扎,先在主梁模板上按设计图纸划好箍筋的间距,然后按以下次序进行绑扎:将主筋穿好并将箍筋按间距逐个分开→固定主筋→穿次梁主筋并套好箍筋→放主梁架立筋、次梁架立筋→隔一定间距将梁底主筋与箍筋绑住→绑架立筋→再绑主筋。主次梁同时配合进行。

图3-216　框架柱钢筋安装　　　　　　　图3-217　框架梁钢筋安装

梁中箍筋与主筋垂直,箍筋的接头交错设置,箍筋转角与向钢筋的交叉点均应扎牢。梁与柱交接处,梁钢筋锚入柱内长度应符合设计要求。主梁与次梁的上部纵向钢筋相遇处,次梁钢筋应放在主梁钢筋之上。

c. 板钢筋(图3-218)。

绑扎前修整模板,将模板上垃圾杂物清扫干净,用粉笔在模板上画板钢筋的间距,并用墨斗弹出墨线;按弹出的墨线控制钢筋间距,先排放受力钢筋,后放构造钢筋,接着放负弯矩钢筋、分布筋、预埋件、电线管、预留孔等同时配合安装并固定;板绑扎一般用顺扣或八字扣,对两根钢筋的相交点应全部绑扎;板配双层钢筋,两层钢筋之间须设钢筋马凳,以保持上层钢筋的位置正确;对板的负弯矩配筋,每个扣均要绑扎,并在主筋下垫马镫,以防止被踩下。特别对雨篷、挑檐、阳台等悬臂板,要严格控制负筋的位置,防止变形。

图3-218　楼面板钢筋安装

3.模板工程

(1)模板材质要求。

模板选用具有一定刚度和强度要求的竹胶板。木模板不得有脱皮、沾灰现象。所使用的木方规格一致,并经过双边刨铣。

(2)柱模板安装及加固(图3-219)。

①安装工艺流程:弹线→柱模就位并作临时固定→检查柱模位置并纠正→自下而上安装柱箍→预检。

②安装条件:柱钢筋验收合格,并办理完隐蔽工程检查验收手续;柱边线、模板控制线齐全;柱内凿毛、清理干净。

③柱模板加固采用架杆加固,水平间距600mm一道。

④竖楞木方间距小于300mm,且每侧不少于2根。

⑤相连两板的接缝高低差不得大于2mm,若因模板厚薄不一致,则统一选材,将少量不规则模板刨平直,方可使用。

图3-219 柱模板安装

(3)梁、板模板安装及加固。

①梁安装工艺流程。

弹出轴线及高程线→搭设梁底支架→安装梁底模板→梁底起拱→绑扎钢筋→安装梁侧模→安装锁口立管、加固横管及对拉螺栓→复核梁模尺寸位置→与相邻模板连接。

②板安装工艺流程。

搭设支架→安装主龙骨→安装次龙骨→调整模板下皮高程→铺设面板→检验模板上皮高程及平整度。

③排间距、板底钢管立柱间距为1.2m。梁底钢管排架立柱:对于600mm以上的梁,垂直梁方向为0.8m,沿梁方向为1.2m。梁底及侧面方条间距为300mm,梁侧设$\phi12$对拉螺栓一道,间距600mm,对于过高的部分梁,侧面再进行加固(图3-220)。

④支模架搭设时,立柱间距严格控制,纵横拉麻线确保顺直。

⑤离地面200mm处设置扫地杆一道,对于层高3.8m的部位,立杆步距1.4m,在步距处用钢管纵横拉结,使模架支撑体系形成一个整体,并加设水平向剪刀撑(间距9m)。

⑥支撑架搭设完成确定水平高程后,架设梁底钢管,水平方木格栅,然后铺设底模(图3-221)。

⑦所有模板按部位支撑完毕后,复核垂直度并水平拉通线,验收合格后方可转入下一道工序。

图 3-220　满堂脚手架搭设

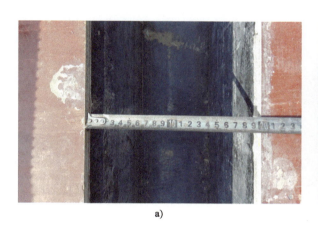
a)

b)

图 3-221　模板安装

(4) 模板及其支撑的拆除。

柱模板及梁侧模拆除,在保证混凝土表面及棱角不因拆模而受破坏时方可拆除非承重模板。梁板底模及支撑拆除,必须待混凝土强度达到规范规定值后方可拆除。拆模顺序是先拆非承重的侧模,然后再拆承重的水平向模板等;先支的后拆,后支的先拆。在拆除模板过程中,如发现混凝土出现异常现象,可能影响混凝土结构的安全和质量等问题时,立即停止拆模,并经处理认证后,方可继续进行。

4. 混凝土工程

(1) 混凝土浇筑前准备:混凝土浇筑前认真复核预留位置、预埋管线是否符合设计要求。校核模板轴线、高程、钢筋绑扎是否符合设计及规范要求,清理模板内的杂物、润湿模板。

(2) 柱、墙浇筑前或新旧混凝土结合处,在底面均匀浇筑 50～100mm 厚高强度等级水泥砂浆。柱墙混凝土分层浇筑振捣,每层浇筑厚度控制在 500mm 左右。

(3) 结构加筋、梁柱节点和主次梁相交处钢筋较密的部位,采用 $\phi 25$ 振动棒,其他部位采用 $\phi 50$ 振动棒。

(4) 梁板混凝土同时浇筑(图 3-222),浇筑方法由一端开始用"赶浆法"推进,先将梁分层浇筑成阶梯,当达到楼板位置时再与板的混凝土一起浇筑。楼板浇筑的虚铺厚度略大于板厚,用平板振捣器垂直浇筑方向来回振捣。振捣完毕,用刮杠和木抹子搓平表面。

(5) 在浇筑完毕 12h 以后对混凝土进行覆盖养生。

5. 成品保护。

(1) 由于模板拆除时混凝土强度较低,特别注意起重机运料及人工运料的过程中不得碰撞混凝土墙、柱等,以免影响混凝土的外观质量。

(2) 混凝土顶板在浇筑后24h内不得堆料上人,防止混凝土板早期强度被破坏,板面出现裂缝。混凝土板上堆料要堆放在有支座点的混凝土梁部位。

(3) 所有墙、柱、较大孔洞口、楼梯踏步,在拆模后及时用废旧的板条做好角部包封,防止撞伤混凝土阳角(图3-223)。

图3-222 混凝土浇筑　　　　　　　　图3-223 混凝土成品保护

(4) 孔洞口在清理处理好后及时封盖。

(5) 施工过程中必要的剔凿必须待混凝土达到设计强度(硬物无深划痕)后方可进行。

(6) 现场混凝土墙面、柱面不得随意涂画,做好成品的清洁。

6. 砌体工程

(1) 施工工艺流程。

施工准备→放线→找平、排砖→拉线→砂浆拌制→砌筑→勾缝→质量验收。

(2) 施工要点。

①放线:在砌筑墙体之前,先清理基层,然后进行放线。在地面上弹出轴线、墙身边线及门窗洞口位置线,并将墙身边线延伸到框架柱侧面上,以便于确定墙体拉结筋的植筋位置。

②找平:用水准仪找平,在每层的框架柱上弹出+50cm线,砌筑前先拉线检查地面高程是否合适。当第一皮砌块的水平灰缝厚度大于20mm时,应用细石混凝土找平。

③排砖:竖向排砖先画皮数杆,皮数杆上应标出+50cm线位置,立皮数杆时与框架柱上的+50cm线相吻合,也可将皮数杆上的灰缝线直接画到框架柱上,可避免施工中由于皮数杆被移动而产生误差。画皮数杆除考虑砌块与灰缝厚度外,还应注意窗台、门窗过梁、圈梁等高程和位置,确认无误后方可进行施工。

(3) 拌制砂浆。

砌筑砂浆应用机械搅拌。

(4) 砌筑墙体(图3-224)。

①填充墙砌筑时预选、预排砌块,并清除砌块表面污物,剔除外观质量不合格的砌块。加气混凝土砌块应在砌筑当天对砌块砌筑面喷水湿润。

②砌筑砌块时,上下皮对孔错缝搭砌。砌体的转角处和交接处应同时砌筑。当不能同时砌筑时,按规定留置斜槎,斜槎水平投影长度不应小于斜槎高度。如留斜槎确实有困难,可从墙面伸出200mm砌成阴阳槎,并沿墙高每三皮砖或600mm高,宜设2根$\phi6$拉结筋。

③填充墙的水平灰缝厚度和竖向灰缝宽度应正确(15mm为宜)。

④砌筑时,墙面应用原浆做勾缝处理。缺灰处应补浆压实,宜做成凹缝,凹进墙面2mm。

⑤当填充墙砌至梁或板底时,预留30~50mm缝隙,待填充墙砌完至少7d以后采用C20细石混凝土填塞密实。砌筑完成后进行检查验收(图3-225)。

图3-224 填充墙砌筑

图3-225 砌体工程检查验收

7. 屋面工程

(1)施工工艺流程。

基层清理→保温层施工→找坡层施工→防水层施工→检查验收。

(2)施工要点。

屋面工程主要有保温层(图3-226)、找坡层(图3-227)、找平层(图3-228)和防水层(图3-229)四部分组成。屋面保温层是在屋面板上铺10cm厚挤塑保温板,找坡层采用炉渣,其质量轻、自重小,摊铺炉

图3-226 屋面保温层施工

图3-227 屋面找坡层施工

图3-228 屋面找平层养护

图3-229 屋面防水层施工

渣坡度不得小于2%,有利于屋面排水;在水泥砂浆找平层施工时,加铺钢丝网,有利于减少砂浆找平层裂缝,并做好养护工作;屋面防水层采用热熔法施工,上铺两层SBS改性沥青防水卷材。卷材铺贴前严格按照排水坡度铺贴,卷材间的搭接长度不得少于规范要求(不小于10cm)。铺贴时按照同一方向铺贴,铺贴时,应压实,消除气泡,保证屋面不渗漏。

8．装饰装修工程

（1）抹灰工程。

工艺流程:基层处理、润湿→找规矩、做灰饼、冲筋→抹底层灰→抹窗台板、踢脚→抹面层灰→清理养护→检查验收。

抹灰工程施工前将基层表面的油渍、灰尘、污垢等清除干净;后在墙面上贴灰饼,以便于控制墙面抹灰的平整度及垂直度(图3-230);对于混凝土及砌块基层,进行毛化处理(图3-231)(用1∶1水泥细砂浆内掺建筑胶,喷或用笤帚将砂浆甩到抹灰基层,其甩点要均匀,具有一定强度后方可进行下道工序);在墙体不同材料交界处和门窗洞口过梁上部挂钢丝网(图3-232),搭接宽度不小于100mm,防止抹灰出现裂缝现象;在抹灰前一天,墙面应浇水湿润,防止抹灰出现空鼓情况。抹灰完成后进行检查验收(图3-233)。

图3-230　检查墙面灰饼垂直度

图3-231　墙面挂钢丝网

图3-232　墙面基层处理

图3-233　抹灰工程验收

（2）地砖铺贴。

工艺流程:地面清理完成→洒水润湿→刮一道水泥浆(图3-234)→1∶3干硬水泥砂浆→瓷砖背面满涂水泥浆→铺贴→养护→检查验收。

地砖的表面应光洁、方正、平整,其品种、规格、尺寸、色泽、图案应均匀一致,不得有缺棱、掉角、暗痕和裂纹等缺陷。

楼地面铺贴地砖时,先将基层表面的浮土或砂浆铲掉,清扫干净;根据+50cm水平线和设计图纸找出楼地面高程。对有防水要求的房间,须在地面防水层及防水保护层已经完成,并经闭水试验合格后铺贴地砖(图3-235);对穿楼地面的管洞堵严塞实后铺贴地砖。

图3-234 地砖背面刮水泥素浆一道

图3-235 地砖铺贴

地砖采用干硬性砂浆进行铺贴,配合比为1:3(体积比),应随拌随用,初凝前用完,防止影响黏结质量;干硬性程度以手捏成团,落地即散为宜,厚度为20~35mm;铺好后用大杠尺刮平,再用抹子拍实找平;采用1:1水泥细砂浆勾缝,要求缝内砂浆密实、平整、光滑。

(3)吊顶工程(图3-236)。

工艺流程:弹线→安装吊杆→安装主龙骨→安装边龙骨→弱电、综合布线敷设→隐蔽检查→安装次龙骨及矿棉板→检查验收。

图3-236 吊顶施工

吊顶饰面材料表面洁净、色泽一致,不得有翘曲、裂缝及缺损,压条应平直、宽窄一致。装饰面板上的灯具等设备的位置合理、美观,与饰面板的交接应吻合、严密。金属吊杆、龙骨的接缝均匀一致,角缝应吻合、表面平整,无翘曲、锤印。木质吊杆、龙骨顺直,无劈裂、变形。

吊顶工程吊杆采用直径8mm的钢筋制作,吊点间距900~1200mm。安装时下端套丝后与吊件连接。安装完毕的吊杆端头外露长度不小于3mm。吊顶主龙骨间距为900~1200mm。安装主龙骨时,将主龙骨吊挂件连接在主龙骨上,拧紧螺丝,并根据要求吊顶起拱1/200,随时检查龙骨的平整度。房间内主龙骨沿灯具的长方向排布,注意避开灯具位置;走廊内主龙骨沿走廊短方向排布。配套次龙骨间距与板横向规格同,将次龙骨通过挂件吊挂在大龙骨上。矿棉板选用600mm×600mm规格,安装时操作工人须佩戴白手套,以防止污染。

(4)门窗工程安装(图3-237、图3-238)。

门窗的品种、类型、规格、尺寸、性能、开启方向安装位置、连接方式符合设计要求,门窗的防腐处理及填嵌、密封处理符合设计要求。安装必须牢固,预埋件的数量、位置、埋设方式、与框的连接方式必须符合设计要求。门窗扇必须安装牢固,开关灵活、关闭严密,无倒翘;门窗配件的型号、规格、数量符合设计要求,安装牢固,位置正确,功能满足使用要求,门窗表面洁净、平整、光滑、色泽一致,无锈蚀;大面无划痕、碰伤;框与墙体之间的缝隙填嵌饱满,并采用密封胶密封;密封胶表面光滑、顺直,无裂纹。

图 3-237　实木门安装

图 3-238　幕墙窗户安装

(5)涂饰工程(图 3-239)。

工艺流程:基层处理→修补墙面→第一遍刮腻子→第二遍刮腻子→打磨腻子→复补腻子→磨平(光)→喷涂乳胶漆。

内墙涂饰工程刮腻子时横竖刮,即第一遍腻子横向刮,第二遍腻子竖向刮。按搓和收头时腻子要刮净,每道腻子干燥后应用砂纸打磨,将腻子磨平后并将浮尘擦净。涂刷第一遍涂料,涂刷时先上后下。干燥后复补腻子,待复补腻子干燥后用砂纸磨光。隔 1d 后,涂刷第二遍。在第二遍操作时不宜来回多次涂刷,以避免溶松第一遍漆膜,或出现显著的漆刷涂饰痕迹,影响质量。在第三遍涂料施工时,注意涂料遮盖力情况,以便随时掌握和调整涂饰的松紧,确保涂料色泽的均匀性。

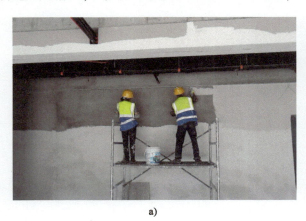

a)

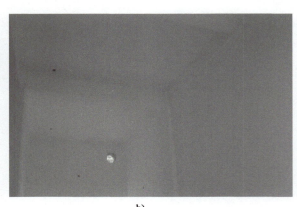

b)

图 3-239　涂饰工程施工

(6)通风工程(图 3-240)。

①风管系统安装程序。

安装准备→划线定位→支吊架安装→主干管组对→吊装工具设置→主干管吊装→支管组对→支管安装→设备接口→风口安装。

②通风系统施工。

风管及配件的材质及壁厚应符合设计及相关规范要求。镀锌钢板在制作过程中,应采取措施使镀层不受破坏,采用咬口和铆接形式。风管及配件的连接采用可拆卸的形式,管段长度宜为1.8~4.0m,风管及配件外径或外边长应符合规范要求。

图3-240　通风管道安装

展开下料时,形状要规则,尺寸要正确。咬口拼接时,根据板厚、咬口形式和加工方法不同,留出规定的咬口余量。风管接缝交错设置,矩形风管的纵向闭合缝,设在边角上,以增加强度。

矩形风管边长大于或等于630mm,采取加固措施。加固形式根据设计要求或规范确定。风管配件的弯曲半径、圆弯头的节数、三通和四通的夹角等必须符合施工质量验收规范的规定。

③风管系统安装要点。

做好安装前的准备工作,其内容主要包括：进一步熟悉施工图和制作安装实测草图,了解土建和其他专业工种同本工种的相关情况,核实风管系统的高程、轴线、预留孔洞、预埋件等是否符合安装要求；核对相关施工条件,确定本工种所需要的安装条件是否具备；编制施工方案和安全措施；根据工程特点,组织劳动力进场；备足安装用各类材料；准备好吊装机具和安装用的其他工具；风管系统的划线定位；风管及部件安装前应清除内外杂物保持清洁。

a. 风管的组对。

将预制好的风管、配件、部件运至安装地点,结合实际情况进行检查和复核,再按编号进行排列,风管系统的尺寸和角度确认准确无误后即开始组对工作。

风管各管段之间的连接采用法兰连接,平直不扭曲,接口处要求严密不漏风,法兰盘之间的垫料用不燃密封垫料。一次吊装的风管的长度要根据建筑物的条件、风管的壁厚、吊装方法和吊装机具配备情况确定。以组对好的风管两端的法兰为基准点,拉线测量风管的连接是否平直,偏差超出允许范围时进行调整。

b. 风管吊装。

起吊前,仔细检查把杆、滑轮、绳索等是否固定、绑扎是否可靠并要清除吊装范围内的各种不安全因素。

首先进行试吊,当离地200~300mm时,停止起升,对吊装机具进行一次全面检查,确认无误后,继续起升到所需高度。风管固定在支、吊架上之后解开绳索,拆移吊装机具。

水平干管经找平、找正并固定在支、吊架上后,进行风管的安装。风管水平安装,水平度的允许偏差为3‰,总偏差不大于20mm；垂直度的偏差为2‰,总偏差不应大于20mm。风管底部不宜设纵向接缝,如有不可避免的接缝应做密封处理。风管与砖混凝土风道的插接应顺气流方向,风管插入端与风道表面应齐平,并进行密封处理。

通风部件的安装,要符合施工验收规范的规定。其安装位置要正确,要便于操作,方向不能装反,接口要严密。

c. 风口的安装。

风口与风管的连接严密、牢固,边框与建筑装饰面贴实,外表面平整不变形,调节灵活。风口安装水平度偏差不应大于3‰,风口垂直安装,垂直度的偏差不应大于2‰。同一室的相同风口安装高度一致,要求排列整齐。铝合金条形风口的安装,其表面平整,线条清晰无扭曲、变形、转角,拼缝处衔接自然,且无明显缝隙。

d. 防火阀的安装。

防火阀均应单独设支架或吊架安装。支架或吊架用 M8 金属膨胀螺栓固定于楼板底、梁上或墙壁上。防火阀的温感元件应朝向迎风方向,并注意将操作手柄配置在便于操作的部位。

9. 照明器具安装

(1)主要施工工序:预留预埋→器具检查→本体安装→通电试验。

(2)普通灯具安装。

①灯具及其配件齐全,无机械损伤、变形、油漆剥落和灯罩破裂等缺陷。

②灯具固定牢固可靠(图3-241)。每个灯具固定用的螺钉或螺栓不少于2个。

③应急灯具的安装。

应急灯具的电源除正常的电源外,另有一路备用电源。疏散照明灯具的设置,不影响正常通行且不在其周边设置容易混同的其他标志。

④一般开关、插座等器具安装(图3-242)。

安装前需将盒内杂物清除干净,尽量少切剥电线的绝缘保护减少盒内导线裸露部分。相线接在开关的切断位置上,并拧紧压接螺丝。开关、插座面板固定应端正,紧贴墙面,并核实高程,保证同一场所和房间内的高程误差不大于5mm。

图 3-241　灯具安装　　　　　　　　图 3-242　插座安装

所有的暗开关安装必须保证其开启或关断方向的一致性,三孔插座的安装注意接线方式的正确性,安装完成后必须逐一用插座验电器进行检验,合格后方能交付使用。

10. 精细化控制

(1)钢筋直螺纹丝头(图3-243)。

钢筋下料采用无齿锯切割,丝头加工采用钢筋直螺纹滚丝机加工,对加工好的丝头采用角磨机打磨平整,待钢筋丝头检验合格后,用钢筋螺纹保护帽对检验合格的直螺纹丝头进行保护,防止丝头损坏、锈蚀、污染。

(2)楼面板钢筋间距控制。

楼面板钢筋绑扎(图3-244)为了控制板受力钢筋间距,采用皮数杆在楼面板模板上标出间距,然后用墨斗在模板上弹出墨线,钢筋工绑扎钢筋时根据墨线绑扎钢筋,保证楼面板钢筋间距均匀,符合设计及规范要求。

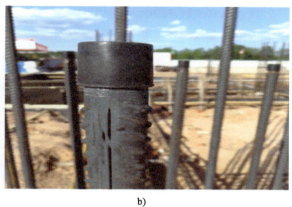

a)   b)

图 3-243   钢筋直螺纹丝头

a)   b)

图 3-244   楼面板钢筋安装

（3）钢筋保护层厚度控制措施。

框架柱钢筋绑扎施工，根据图纸设计要求，制作钢筋主筋固定架（图3-245），安装在框架柱上下端部，用于控制主筋钢筋间距，可以循环使用，保证框架柱钢筋混凝土保护层厚度。

楼面板钢筋绑扎施工，采用钢筋专用垫块（图3-246），用于控制钢筋排距，控制施工质量。钢筋专用垫块采取卡、套等方式直接固定在钢筋上，使用方便，不须绑扎，提高了工作效率；通过卡口与钢筋连接，不容易发生位移，且支撑稳定，不容易脱落；通过垫块的高度（垫块规格统一）来控制保护层的厚度，克服了混凝土工程存在露筋、钢筋骨架歪斜、移位、保护层不均的缺陷通病，能有效地提高工程质量。

图 3-245   框架柱主筋固定架   图 3-246   钢筋专用垫块

在剪力墙施工时,使用带钢筋卡槽混凝土支撑(图3-247),混凝土支撑两边的卡槽能起到钢筋限位与模板内撑的作用,既保证了剪力墙的厚度,又能够良好地控制保护层的厚度,同时提高了工程施工质量。

图3-247　带钢筋卡槽混凝土支撑

八、机电施工标准化

1. 电缆沟支架安装

(1)根据设计图纸确定支架安装孔间距,根据间距制作安装孔模具,并确保该模具孔间距符合设计要求。

(2)核对到货支架,检查是否与现场实际情况吻合,有无弯折、扭曲,镀锌层有无剥落。

(3)以电缆沟上边缘为基准线,按照设计图纸支架安装高度确定纵向定位点。

(4)利用红外放线仪根据纵向定位点进行横向水平放线。

(5)按照1m的安装间距利用模具确定膨胀螺丝开孔位置,并与横向水平放线进行比较,验证点线重合,确保安装高度一致。

(6)利用电锤垂直于电缆沟墙面开孔。

(7)将膨胀管打入安装孔,按上支架,拧紧螺栓,检查支架稳固性。

(8)利用红外放线仪检查安装完成的支架线形是否与隧道整体线形平行,否则进行调整,确保支架安装平直美观(图3-248)。

(9)接地扁钢焊接,确保焊缝严密、焊接可靠,同时做好防腐防锈处理。

2. 电缆线槽安装

(1)对到货线槽进行外观质量检查,确保符合设计要求,无机械损伤及变形,镀锌层无剥落。

(2)直线段落利用红外放线仪按照4m间距精准放线槽箱边缘位置挂线;曲线段落按照2m间距顺线形进行放样挂线。

(3)利用电锤垂直于隧道顶部进行打孔。

(4)将膨胀管打入安装孔,安装电缆线槽并拧紧螺栓。

(5)利用红外放线仪对局部段落线形复测调整。

(6)进行整体线形调整,确保顶部电缆线槽与隧道整体线形一致,做到平顺、美观(图3-249)。

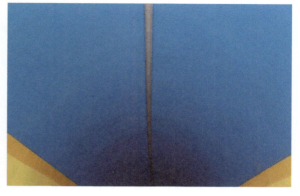

图3-248　电缆沟支架安装　　　　　　　　图3-249　电缆线槽线形

3. 混凝土基础施工

（1）根据施工图纸结合现场情况，综合确定基础位置进行定位放样。

（2）清理周边杂物，根据放样尺寸进行基坑开挖，基坑开挖尽量选择晴朗天气或雨水少的季节，开挖时尽量缩短时间，开挖完成后应立即进行基础浇筑，减少基础坍塌的危险。

（3）基坑完成后，应及时修整坑壁、夯实坑底，并做好基坑尺寸复测，确定符合设计要求，并做好记录。

（4）模板支护和钢筋制作。根据设计图纸要求进行模板支撑（图3-250）和钢筋制作，为了达到质量及美观的要求，所有基础全部采用定制钢模。

（5）预埋件放置焊接。地脚螺栓和法兰盘位置要准确，并确保法兰盘水平，地脚螺栓竖直，地脚螺栓采用黄油、塑料胶带等缠绕防护。

（6）附属管道预埋。支模同时放置通信管道，管道埋设时固定牢固，防止浇筑时发生移位，端口必须封堵保护，防止堵塞。

（7）混凝土浇筑（图3-251）。浇筑时应分层进行，同时采用振捣棒及时振捣，快插慢提，保证混凝土混合一致、提浆均匀，防止凝固后出现气泡、蜂窝麻面。

图3-250　模板支护　　　　　　　　　　图3-251　混凝土浇筑

（8）养生防护。浇筑硬化后，使用土工布、塑料膜、棉被等具有滞水作用的材料覆盖防护，同时不间断进行洒水养生，保持混凝土表面湿润。

4. 电缆接头

为保证全线电缆接续工艺标准化，所有电缆分支连接均采用绝缘穿刺线夹（图3-252）。穿刺线夹安装简单，绝缘导线无须剥皮处理，可在线缆任意位置做分支，通过力矩螺母穿刺压力恒定，确保良好的电气连接而不损伤线缆，同时穿刺线夹的自密封结构具有阻燃、防潮、防水、防腐蚀功能，延长线缆及线夹的使用寿命，做到既简便高效，又安全保质，同时体现美观环保。

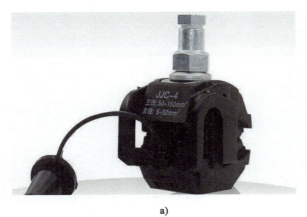 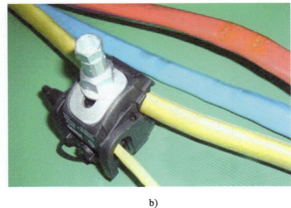

a)   b)

图 3-252   绝缘穿刺线夹

5. 线缆标识（图 3-253 ~ 图 3-256）

为保证线缆标识统一美观，线缆标识全部采用专业机打标签纸，该标签纸质地致密、均匀，不仅具有非常高的内部强度，还可防水、防油，不可撕破，耐高温，耐摩擦，美观大方持久。

图 3-253   电缆标识   图 3-254   光纤标识

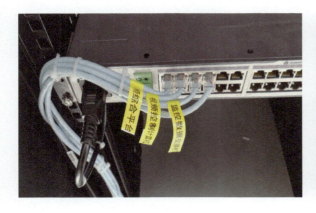 

图 3-255   网线标识   图 3-256   视频线标识

6. 线缆敷设（图 3-257、图 3-258）

线缆敷设严格执行国家标准《综合布线系统工程设计规范》（GB 50311—2007），做到横平竖直、美观可靠，严禁线缆扭绞、挤压、受损。

图3-257　线槽线缆敷设

图3-258　机柜线缆布设

第四节　推进工程管理信息化

依据《甘肃省公路建设项目质量安全智能监控标准化建设指南》，两徽高速公路建设项目在整合现有资源的基础上，利用当前互联网、物联网技术，通过信息化、智能化手段，对建设工程的关键部位、关键环节进行智能远程监控信息化管理，在两徽高速公司建立信息监控中心（图3-259），提高建设项目的监管力度与管理效率，为打造品质工程提供有力支撑。

图3-259　信息监控中心

一、拌和站生产质量监测系统

利用安装在水稳拌和站和沥青混凝土拌和站的数据采集系统（图3-260、图3-261）将生产数据采集传送至云平台，通过云计算对沥青用量、拌和温度、水泥剂量、混合料级配、含水率进行实时分析，以图表的形式反馈当前生产状态，使用短信报警等方法将生产异常值发送至管理人员，及时进行原因分析，指导施工。每日工作完毕后，系统自动对当日生产情况进行汇总，对油石比、温度、级配、水泥剂量等参数进行大数据分析，利用图饼等方式直观地反映当天生产情况。同时，将所有质量检测及统计结果通过网络传送给项目管理者，为项目管理者发现问题并进行决策提供可靠、有效的依据。实现了由效率低的事后检查向实时控制监测的突破。

二、智慧工地APP

为了提高质量监督检查力度，自主开发智慧工地手机移动APP（图3-262），在质量巡查过程中，发现问题，直接进行拍照上传，指定相关负责人按时整改，提高质量监督的工作效率。技术人员当天完成情况在生产日报中填写上报，管理人员随时随地都可以查阅当天生产情况。

图 3-260　水泥稳定碎石生产质量监测系统

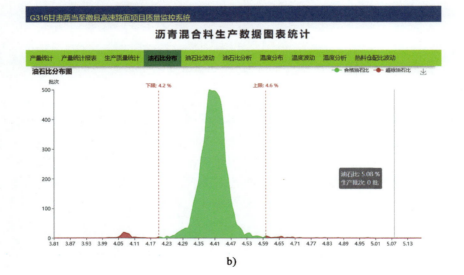

图 3-261　沥青混合料生产质量监控系统

图 3-262　智慧工地 APP

三、二维码云平台

为了进一步推进公路建设标准化管理，贯彻落实"四化"支撑管理的要求，利用互联网 + 技术手段，充分发挥信息化管理作用。对项目管理、施工技术、环境保护、警示教育、科技创新、试验管理等创建二维码云平台管理（图 3-263），将数据录入二维码中，生成二维码张贴在项目文化走廊中，利用手机微信扫一扫，便可以快捷的获取想要获取的内容。

图 3-263　二维码云平台管理

四、远程视频监控系统

为保证项目建设施工安全、平稳、有序的推进，两徽高速在大型预制场、拌和站、钢筋加工厂等关键部位建立技术领先、运行稳定、设计专业化的信息化管理系统。实现建设信息快速收集、处理和传播，提高办公效率，加强管理，为项目建设的安全生产和日常管理提供了有力的保障。

通过建立隧道视频监控系统（图 3-264）加强洞内管控，360°高清摄像头全方位覆盖施工现场，通过连接洞口监控室显示系统可监控洞内施工现场及人员情况，实现隧道施工全天候、全过程的监控管理。本系统还可实现视频存储功能，具有视频回放功能，有助于安全生产动态化溯源管理。

图 3-264 隧道综合视频监控系统

五、监测数据采集及共享

两徽高速各中心试验室采取信息化智能监控系统(图 3-265)和试验机数据采集系统,实现项目公司对中心试验室的监控、指导,提高整个检测机构的管理水平。中心试验室力学室安装视频监控,采用摄像监视系统覆盖整个试验现场,监控试验现场工作动态、安全、消防等工作,提高工作效率;监控中心试验室工作人员的操作行为,避免试验时间和试验过程的造假行为。

a)

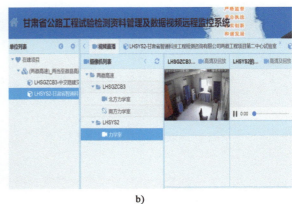

b)

图 3-265 远程监控系统

监控系统、视频监控和质监局信息化平台系统已对接,对建设过程中产生的信息,包括文字、图形文档和声音、视频资料实现有效存储和快速查询,并支持远程观看、回放等功能,试验机数据采集监控系统针对中心试验室的压力机、万能机试验设备进行数字化改造、升级(加装传感器、控制终端及电脑、试验软件),利用网络通信等信息化技术,完成试验过程中试验数据的第三方后台采集,实现试验数据的自动采集和实时传输,确保数据及时、准确上传(图 3-266),通过对试验数据的上传服务,使系统具有提醒、分析、统计和监控等功能,从源头保证试验数据的真实性。同时根据试验检测标准进行数据分析,实现不合格数据的短信报警,使管理人员及时掌握水泥、混凝土和钢筋的检测质量,确保数据真实性、试验过程规范性和试验数据的可追溯性,真正做到试验过程的质量动态监控。

对拌和站采取安装监控黑匣子,对混凝土拌和站生产数据、沥青混合料拌和站生产数据、监控视频数据、预应力梁板张拉强度、混凝土弹性模量、钢绞线强度、压浆配合比进行数据传输和对接。要求试验人员及时对项目建设过程中的原材料生产、混合料拌和等施工参数和视频进行动态采集,并与手机对接,发现不合格数据及时短信报警,形成项目公司督导、中心试验室和监理监管、总承包部拌和站控制的管理模式,保证混合料质量。

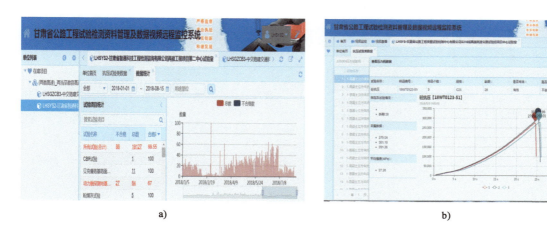

图 3-266 检测数据实时上传

六、人员、设备定位及门禁系统

1. 人员定位

遵循"统一发标示卡、统一装备、统一管理"的原则,按准许进入隧道的人员和班组实行"一人一卡"制,作为"上岗凭证"或"隧道准入证"。在隧道中安装一定数量的信号收发器,具体位置根据现场情况而定,以满足区域定位为准。进入隧道的每个施工人员及管理人员必须佩戴安全帽,安全帽内均装有无线标示芯片,每张芯片具有唯一卡号,卡号对应员工的基本信息,包括姓名、年龄、性别、所属班组、所属工种、职务、本人照片、家属信息,当此人经过隧道的信号收发器时,立即被系统识别(图 3-267),并通过系统网络的信息交换,将此人通过的路段、时间等信息传送至安全监控中心,同时在信息大屏幕墙上出现提示信息,显示通过人员的姓名等。

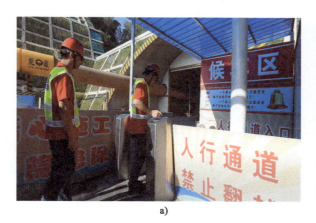
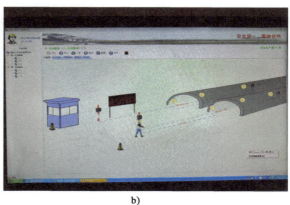

图 3-267 人员定位系统

2. 门禁管理系统

门禁系统主要有两部分组成,第一部分为人行通道门禁,第二部分为车行通道门禁。人行通道门禁系统,在隧道口、预制厂入口设置翼闸门禁(图 3-268、图 3-269),翼闸的两侧设置两台人脸识别系统,当施工人员进洞时,需要刷卡才能进入现场。

车行通道门禁系统,在隧道安装对开闸机,两侧安装远程蓝牙传感器,当车辆进洞时蓝牙传感器扫描到安装在车里的蓝牙卡,发出开闸的指令,闸机就会自动开启,车辆顺利通过后闸机自动落下,设备中安装了防砸车线圈,当车辆通过慢时,闸机不会自动落下。系统自带遥控控制,当网络出现问题后,可通过遥控控制进行抬杆。

图 3-268　隧道门禁系统

图 3-269　预制厂门禁系统

七、"互联网+"劳务管理和物料管理系统

两徽高速推行"互联网+"劳务人员管理系统(图3-270),该管理系统有以下几个优点:

(1)劳务管理系统实行全封闭管理模式,在预制厂、隧道入口设立门禁系统,实行"有卡可入,无卡禁入",有效地防止了其他社会人员进入隧道,保证施工现场的安全。

(2)实施劳务人员实名制,确保个人信息真实、完整、准确,并对班组人员实行动态监控,准确记录现场施工人员的数量和工作状态,减轻了劳务管理工作量。

(3)准确记录班组人员的出勤时间,生成准确的工时统计表与考勤记录表(图3-271),规范了考勤。

图 3-270　劳务人员信息

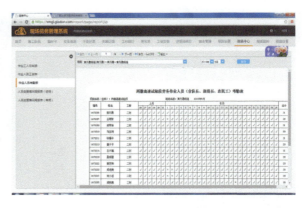

图 3-271　劳务人员考勤

(4)详细记录班组人员流动变更情况(图3-272),对新进场和退场的工人进行记录,督促新进场人员的安全技术交底和安全培训工作,保证人员信息台账更新的准确性。

(5)实名录入时对不符合项目生产要求的人员提出预警(图3-273),避免施工时出现超龄工人、童工及不良记录工人。

(6)对施工中存在的一些不良现象进行预警,以便项目管理人员及时发现施工中存在的不安全因素及管理漏洞,使班组人员管理更加精细化,准确化,防止安全事故发生。

八、现场指挥管理及远程监控系统

两徽高速路面施工现场指挥管理监控系统(图3-274)对现场施工情况通过图形化的数据予以呈现。管理者可通过各种移动终端登录现场指挥管理监控系统对现场施工进行查看管理,出现问题时,及时通过短信告知并处理。

图 3-272　劳务人员变动情况

图 3-273　劳务用工条件预警

a)

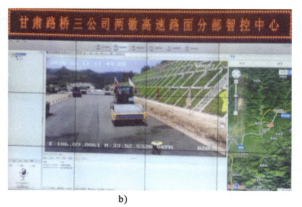
b)

图 3-274　现场指挥管理及远程监控系统

路面施工现场指挥管理监控系统主要实现了作业过程的实时性管理，以简单易懂的图表形式有效地反馈当前路面施工作业面中的重要数据参数。

九、运输车辆高精度 GPS 识别跟踪技术

两徽高速在路面工程施工中通过在拌和站、运输车辆、摊铺机上安装车辆身份识别跟踪管理系统以及高精度 GPS 系统（图 3-275），对运输车辆进行身份识别，从而使每一车混合料从出站到摊铺全过程可监控，所有数据实时监控并存储，当发现运输过程中出现超出范围或长时间停车时，立即进行短信等手段报警，做到运输问题快速纠偏。

图 3-275　运输车辆高精度 GPS 识别跟踪技术

十、摊铺、压实质量监测系统

两徽高速路面施工时采用先进的信息化摊铺、压实质量监测系统(图3-276)对所有施工设备进行统一调度,将整个现场作为一个有机整体进行管理。

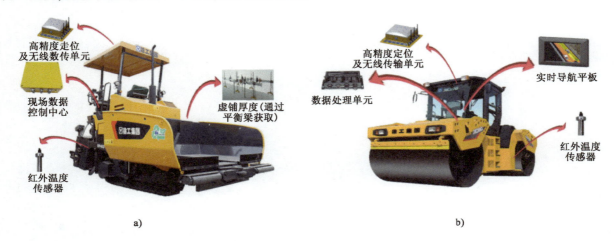

图3-276 摊铺碾压工艺信息化控制技术

质量监测系统(图3-277)通过安装在压路机上的压实传感器对施工信息进行采集和分析,第一时间把压实质量以简单易懂的画面导航信息反馈到压路机驾驶舱的电子屏幕上,为操作手提供智能压实导航信息,从而避免了欠压、过压等问题的发生。

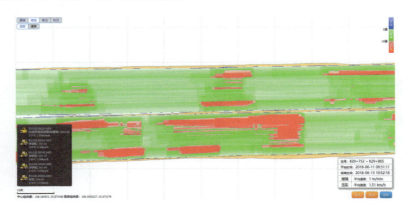

图3-277 摊铺、压实质量监测系统

质量监测系统摊铺碾压后台界面记录和存储了摊铺过程中的温度、速度、位置及碾压过程中的遍数、温度、速度、轨迹等数据,为质量回溯提供数据支撑。

十一、路面施工过程动态质量监测系统

两徽高速路面工程施工时采用动态质量监测系统(图3-278),严格监测施工材料的生产过程,实现生产过程中的数据监测,并进行实时分析纠偏,能监测生产拌和过程中的生产级配、油石比、拌和温度、产量、掺配比例等各项参数,并具有实时分析、实时纠偏的特色功能,能够监测施工作业面的施工质量数据,监测摊铺机的摊铺速度、轨迹、面积、虚铺厚度、温度,压路机的压实速度、轨迹、压实遍数等数据。并且可以进行实时监测报警、纠偏,通过远程数据查看、短信报警进行远程管理,完全符合施工质量可分析、过程可视化、责任可追溯的管理理念。

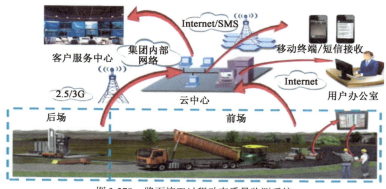

图 3-278　路面施工过程动态质量监测系统

十二、互联网 + 微信平台

为进一步创新现场施工管理模式,方便及时沟通工作,推行网上微信施工管理平台(图 3-279),对施工现场实行智能化管理模式,改变施工监管周期长、监管效率低的管理短板。通过推行网上微信施工管理平台,使施工现场质量、安全等方面存在的问题、隐患在第一时间发现并整改,在零成本增加的管理基础上提高工作效率。现场施工技术人员通过微信平台,及时用图片、文字、视频播放的方式将施工现场的质量、进度和安全等情况发送到微信平台上,直观、快捷、高效地让项目管理团队随时随地掌握现场施工情况,快速有效地解决施工现场遇到的问题,大大提升工作质量和效率。微信施工现场管理平台的运用,使项目现场施工管理工作更加形象化、生动化,智能化。监理人员依照工序验收顺序将验收的影像图片及时上传平台,驻地办综合办公室人员按期将照片下载归档,工序验收平台使项目管理人员能清晰了解现场施工动态及工程进度情况,为管理决策提供数据支撑。

a)

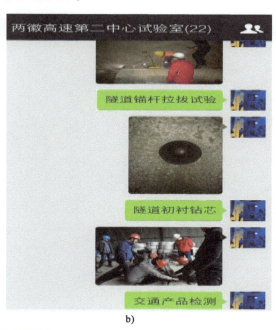
b)

图 3-279　微信管理平台

第五节　推进班组管理规范化

施工班组是工程生产的直接操作层,也是项目质量管理、安全管理、进度管理、成本管理的最终归属对象,加强施工班组建设,培养班组良好质量、安全意识,提升班组施工生产能力,打造作业规范化、标准化施工班组,对提升工程质量、安全控制至关重要。

两徽高速建立健全施工班组管理制度,强化班组能力建设,引进班组 6S 管理,将技术交底、作业标准、规范要求、教育培训落实到施工班组,推行班组质量责任制,强化班组作业标准化、规范化和精细化,提高建设项目施工控制水平。

一、班组准入管理

两徽高速通过实施"进场报审、班组准入、岗前体检、首件认可、进场考试、实名登记"的班组准入制度(图 3-280),按规定严格实行"上岗必考、合格方用"的培训考核制度,确保进场班组信誉可靠;由工程部做入场登记备案,安全部组织班组人员入职岗前培训、体检(图 3-281)等事宜,加强了班组准入管理力度。

图 3-280　班组准入流程

a)

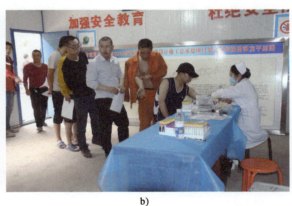
b)

图 3-281　岗前体检

二、班组首件作业合格确认制

建立班组首件作业合格确认制(图 3-282),对班组施工能力实施考核,满足施工要求方可上岗操作。并在施工过程中,注重能力的提升,熟手带生手,推动班组标准化、规范化建设,进而达到精细化操作要求,实现班组从"熟练手到专业化"的转变。

三、人员实名制管理

推行班组人员 100% 实名制管理。以班组为单位对进场人员进行实名登记,复印存档进场劳务人员身份证,根据人员流动情况及时更新,实现动态管理。对进场人员进行岗前培训和安全教育,实时录入进场人员信息劳务管理系统,并向陇南市劳动监察部门登记备案。

图 3-282　首件工程认可方案

四、入场考核管理

由总承包部安全部通过 PPT 课件、安全多媒体箱等形式对班组作业人员进行岗前安全培训并考试,保证从业人员具备必要的安全生产知识,熟悉有关的安全生产规章制度和安全操作规程,知悉自身在安全生产方面的权利和义务,未经安全教育和培训合格的从业人员不得上岗作业。

五、班组长安全质量责任制

落实班组长安全质量责任制,提高班组长在安全质量管理中的主导作用,加强其安全质量管理理念落实,将管理责任制落到实处,发挥其安全质量管理职能。建立班组考核和奖惩机制,制定合理的经济奖罚制度,充分调动班组的主观能动性。推行班组首次作业合格确认制和清退制度,推进班组作业标准化。

六、班组现场 6S 管理

1S 整理(要与不要,一留一弃):对班组施工区域所有材料、设备、工具等进行详细梳理,将可用不可用的,一律不用,运至后场进行处理。

2S 整顿(物有其所,物归其所):对整理之后留在现场的必要物品加以定量、定位,整齐摆放,利用标牌、喷划标线进行明确标识。

3S 清扫(清楚废料、干净明亮):将班组所在施工区域进行清扫,并防止污染的发生,现场设置废料集中存放区。

4S 清洁(规范统一、一目了然):将整理、整顿清扫进行到底,并且标准化、制度化、日常化。

5S 素养(长期坚持、养成习惯):利用现场设置的班前教育平台、违章曝光栏等,结合日常教育、培训、交底,引导班组工人按质量、安全要点规范工作行为,培养班组员工养成良好习惯。

6S 安全(以人为本、防微杜渐):班组长和分管安全员全面做好班组安全教育、交底、检查、会议等工作,合理投入定型化、装配化安全设施,提高安全度,消除安全隐患。6S 管理如图 3-283 所示。

七、班组六步走班循环

班前提示:由班组长组织,上班前集中对班组成员进行安全和质量提示,安排当天工作任务及分工等。

班前检查:由班组长组织,在班前提示结束后,带领班组成员对作业场所进行检查,主要包括:个人防护用品、作业环境、操作设备安全等。

图 3-283　班组现场 6S 管理

班中检查：由班组巡查员负责落实，根据班组情况确定检查频率，检查内容包括：设备运行情况、作业环境危险因素、"三违"行为、质量细节控制。

班后小结：由班组长主持，对当班工作任务及执行安全、质量情况进行小结，总结优缺点，提出改进措施。

班后交接：交班班组长把当班期间设备运行、现场安全、质量情况进行小结，总结优缺点，提出改进措施。

班后清理：由班组长组织班组成员对作业现场进行清理，主要包括各类器具、材料存入指定地点，对工作平台、场地杂物、废料、垃圾进行清理等。班组六步走班循环如图 3-284 所示。

图 3-284　班组六步走班循环

八、班组安全文化建设

促进全员树立正确的安全意识，最基本、最有效的手段就是宣传教育。但是以往的安全教育大多是"我说你听"，不是大道理满堂灌，就是家长式训斥。要解决安全教育入心入脑的问题，还应注重情感投入，可采用亲情教育法。在施工现场、钢筋加工场、梁厂等醒目处设立"全家福"、母亲、妻子、孩子等的照片展板（图3-285），把每个家庭对自己亲人的安全期盼写在照片上面，时刻提醒工人牢记亲人的嘱托；通过为工人过生日、兄弟交心等方式，不失时机、潜移默化地向工人宣传安全意识。

图 3-285　班组安全文化建设

九、班组人文关怀

(1) 施工现场设置防晒棚, 休息区, 茶水台, 移动厕所。
(2) 各施工点设置急救药箱和应急物资。
(3) 在施工班组内巡回开展职业健康咨询活动。
(4) 为工人集中购票, 温暖回家路。
(5) 节假日及夏季发放慰问品, 时刻送关怀。

第四章
技术得到新提升

两徽高速在建设中革新观念、打破常规、务实创新,从设备微改造、工艺微改进、工法微改良等方面积极开展质量安全技术"微创新"攻关活动,通过小创造、小革新、小发明、小设计等措施着力解决影响工程质量、安全、环保的细节问题,并积极采用四新技术,助推项目整体建设品质的提高。

第一节 设备微改造

一、路面拌和站微改造

为了实现节能环保,减少沥青烟气、粉尘对环境和人体的危害,在两徽高速公路施工过程中对沥青拌和站从4个方面进行了改造。

1. 冷配改造

对于冷配部分产生的粉尘,在冷料仓外部采用整体钢结构施做料棚,进料侧外结构整体采用金属瓦楞板进行封闭(图4-1),在进料侧对面设置小窗,防止较大风力影响料棚的安全。同时,进料端布设固定高度的软帘,在料棚顶部增加高压喷雾装置,进料时通过红外感应测距控制高压水阀形成密封水幕,使得粉尘与小液滴混合物粘在软帘上,防止粉尘外溢。

图4-1 冷料仓—外包隔尘

2. 皮带输送机改造

对集料皮带输送机和倾斜皮带输送机进行整体外包,并且在两皮带机衔接部分加设一层可开式外包,防止灰尘外溢,同时也便于检查维修。

3. 沥青站主楼改造

(1)主楼车道四周采用H型钢设置可拆卸框架结构进行全封包处理(图4-2),方便搬运拆除,外部采用金属瓦楞板进行铆接。

图 4-2　主楼全封包

（2）拌锅放料区域在搅拌锅放料时产生沥青烟气和放刷锅料时产生粉尘。改造时对搅拌锅层进行密封，防止烟气及粉尘进入上层扩散，再对搅拌锅层以下部分进行全部密封，采取轴流风机加管道疏通的方式，对沥青烟气及粉尘进行收集，通过管路以及中间引风机进入干燥筒内进行二次燃烧，粉尘通过布袋除尘器过滤收集，最终达到除烟除尘的目的。

（3）放料车道处主要产生沥青烟气和粉尘。改造时设置封包车道，并在其两端安装自动感应式高速卷帘门（图4-3）。车道采用部分透明材料外包，保证自然采光，也方便放料的顺利进行，放料口附近设置烟气收集装置，并采用风机与管道结合收集的方式将沥青烟气与粉尘送入干燥筒与布袋除尘器中，并在其下方设置软帘，提高吸尘吸烟的效果。

图 4-3　车道卷帘门

4. 沥青罐改造

（1）沥青罐部分设置烟气收集管道回路（图4-4），管道回路将每个沥青罐里的沥青烟气进行收集。

（2）将轴流风机及管路收集的沥青烟气，送入沥青烟气处理系统进行有效处理，使之达到排放标准。废气处理流程如图4-5所示。

（3）废气首先进入水洗塔进行预处理（图4-6），水洗塔起到降温、去油、去除粉尘的作用，然后剩余气体进入等离子工业油烟净化器，有效去除沥青废气产生的油烟，余下的气体接着进入光氧化催化设备进行微分子裂解处理（图4-7），最终排放的达标烟气在风机的作用下通过烟囱排放（图4-8）。

图 4-4　管道烟气收集

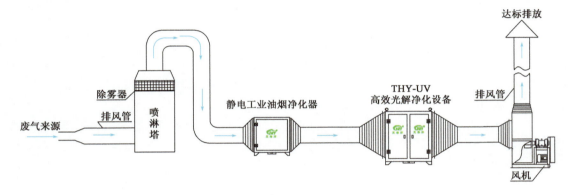

图 4-5　废气处理流程图

图 4-6　水冷塔—降温去油　　　　图 4-7　光氧反应设备　　　　图 4-8　引风机及烟囱

二、摊铺机侧挡板防离析装置微改造

以往路面施工过程中，由于摊铺机侧挡板与熨平板后部之间的间隙较大，在摊铺时混合料会沿着侧挡板下边缘溜料，较大颗粒在摩擦和重力作用下进行翻滚产生表面离析，在摊铺结束后，在两侧产生离析带，进而影响到成型路面的边部整体性。为了解决离析问题，在两徽高速公路施工过程中对摊铺机侧挡板进行了微改造。

在摊铺机侧挡板处加装一块反向圆弧挡板，安装位置正对螺旋输料器，当料输送至反向圆弧挡板近料端，料头在反向圆弧挡板的作用下，将混合料表面颗粒进行反向输送，翻至混合料表面，减少混合料表面的离析。反向圆弧挡板的下边缘通过圆滑的曲线边缘过渡，输送时减少对料的阻滞。经验证，混合料在摊铺时料表面的离析现象明显减少。反向圆弧挡板加工的具体尺寸如图 4-9 所示。

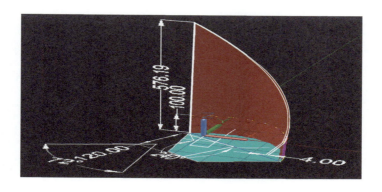

图 4-9　螺旋加工尺寸图(尺寸单位:mm)

安装位置:反向圆弧挡板(图 4-10 ~ 图 4-12)安装在摊铺机侧挡板内侧边缘,螺孔位置根据实际情况可调节,采用的螺孔直径为 1.00cm,螺栓采用间隙配合,并配平垫和弹性垫圈锁紧。

图 4-10　安装后正面效果图

图 4-11　安装后反面效果图

图 4-12　挡板下边缘圆滑连接

三、压路机微改造

压路机在施工后退时存在较大盲区,安全风险高,容易对作业人员造成机械伤害。

在两徽高速公路施工中积极探索,在压路机前胶(钢)轮的正面和压路机后胶(钢)轮安装安全防护装置(图 4-13)。安全防护装置能够在压路机行驶过程中,有效地将人与压路机胶(钢)轮相隔离,确保路面作业人员不会遭受压路机胶(钢)轮的伤害,其结构简单、使用方便、实用价值高,便于推广使用。

a)　　　　　　　　　　　　　　　b)

图 4-13　安全防护装置

四、箱梁预制台座微改造

传统的箱梁预制台座全部采用混凝土制作,建设速度慢、台座容易损坏,使用结束后不能回收利用污染环境,建设成本高。两徽高速公路施工中在箱梁预制厂建设时对传统的混凝土台座进行了改造,采用 I40b 型钢 +25cm 混凝土基础的结构,实用性高,工字钢可以回收利用,起到保护环境、节约成本的效果。

1. 台座基础

台座基础采用 C25 混凝土浇筑,每个台座基础宽 1.5m,中间厚 20cm,两端在长度 2m 范围内厚度为 40cm(以承担箱梁张拉后集中在台座两端的自重),两个台座基础横向中心间距为 6.8m。同时,在基础的两个端部位置内铺设 φ16 钢筋网,间距 20cm,钢筋长度深入到厚 20cm 的中间段基础内 30cm。

2. 台座构造(图 4-14)

①基础浇筑完毕后,精确放样。台座的横向中心间距为 6.8m,宽度为 92.8cm,高度为 65cm(指高出周围硬化的混凝土顶面和基础顶面的净高)。

②在基础浇筑时预埋丝杆,以便于上部工字钢固定,丝杆预埋深度 10～12cm。混凝土基础按设置的反拱度线形曲线变化,跨中厚度 23cm,两端 25cm。

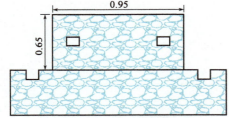

图 4-14　台座构造图(尺寸单位:m)

③在 I40b 型钢顶板外侧焊接边∟30×30mm 的角钢。角钢上平面在横向上水平、纵向上顺直、竖向按设置的反拱度值线形曲线变化。跨中反拱度值初设为向下 1.5cm,按抛物线向两端逐渐变化为零。首片试验梁施工完成后,实测起拱度数值并与设计值进行比较,相差较大时应进行适当调整,再安排预制后续箱梁。角钢的侧面保持竖直。

④上部工字钢安装完成后,铺厚 8mm 的冷轧钢板作面板焊接于工字钢顶部。相邻钢面板块间的缝隙采用焊接处理,焊毕用磨光机磨平。钢板的侧面应打磨直顺成一条线,不得有侧向弯曲。钢板铺完后打磨平焊点部位的焊渣,并对其表面除锈、去污,刷脱模剂覆盖待用。成型后的可回收箱梁钢底座如图 4-15 所示。

五、预应力锚具夹片安装工具微改造

人工安装预应力锚具夹片时,常出现夹片"一高一低"的现象,夹片顶面不齐从而导致张拉时初应力只作用于单侧夹片,影响张拉质量。

第四章／技术得到新提升

图 4-15　可回收箱梁钢底座

两徽高速公路施工中对预应力锚具夹片安装工具进行微改造,使其单孔夹片顶面处于同一平面上(图 4-16),减小张拉过程中夹片回缩量误差。使用预应力锚具夹片安装工具,减少了人为影响因素,使安装的夹片顶面齐平,夹片开口均匀,保证梁板预应力张拉施工质量。

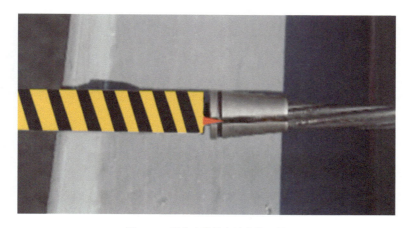

图 4-16　预应力锚具夹片安装工具

六、配电箱微改造

常规配电箱由于其锁头构造简单,常发生施工人员私自撬锁、乱拉乱接电力线路的情况。为避免此类问题的出现,达到配电箱专人负责的目的,对配电箱进行了微改造。

为避免上述问题出现,在配电箱上增设密码锁(图 4-17),由专业电工设置各配电箱密码,实现配电

a)

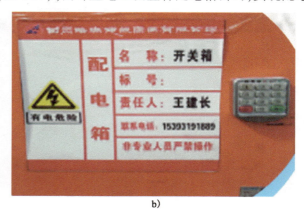

b)

图 4-17　配电箱密码锁

125

箱专人负责,专人看管的目标。配电箱加设密码锁后,避免了乱拉乱接电力线路的现象,同时也最大限度地降低了因非专业人员接电而导致的触电事故发生。

七、预制厂龙门式起重机微改造

1. 龙门式起重机滑线

龙门式起重机在使用过程中,由于电缆滚筒故障、异物挂住电缆线等因素经常造成龙门式起重机电缆线过度拉扯、严重磨损,引起电缆线扯断,从而导致触电事故发生。

将龙门式起重机用电线路改造为龙门式起重机滑线(图4-18),并大力推广。采用龙门式起重机滑线,既能保证施工现场整洁,也能保证施工安全,避免龙门式起重机电缆线过度拉扯,造成触电事故,保证龙门式起重机良好运行。

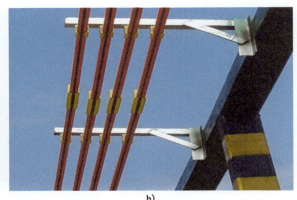

a)　　　　　　　　　　　　　　b)

图4-18　龙门式起重机滑线

2. 龙门式起重机液压夹轨器、风速仪、红外线防撞器

龙门式起重机在不使用时,易发生因风力作用而导致龙门式起重机自行移动甚至倾覆的安全事故。龙门式起重机行走在极限位置时,如果不断开电源,也会发生脱轨或倾覆。

为避免此类事故的发生,在龙门式起重机上安装液压夹轨器及红外线防撞器(图4-19),并设置龙门式起重机风速仪(图4-20),实时对龙门式起重机进行监测。通过液压夹轨器的使用,保证龙门式起重机停止状态时的稳定;通过风速仪对风速的实时监测,当风速过大时,及时增设缆风绳,避免因风力过大造成龙门式起重机滑移甚至倾覆。多措并举,确保龙门式起重机运行安全。

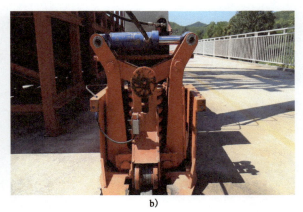

a)　　　　　　　　　　　　　　b)

图4-19　龙门式起重机液压夹轨器及红外线防撞器

图 4-20　龙门式起重机风速仪

八、架桥机微改造

两徽高速公路桥隧比例达到 71.55%，常有桥梁、隧道短距离衔接。传统架桥机由于尺寸限制，无法从隧道中穿过，需要多次拆除、转场，浪费时间，并且隧道口与桥梁短距离相接时，边跨桥梁架设难度很大。

为解决桥隧相连路段架桥机拼装及边梁架设的难题，在桥梁箱梁安装时，将传统架桥机三角桁架按照高速公路隧道空间尺寸进行了改造（图 4-21），改造后的架桥机成功解决了传统架桥机无法穿越隧道的弊端。同时，改造后的架桥机采用双卷扬机，抗风能力强、可以实现边梁横移一次就位，省去了前、后墩台人工频繁移梁，提高了工作效率，降低了移梁过程中的风险，有效解决了传统架桥机架设隧道洞口处边梁难度大的问题，在甘肃省内尚属首例。

a)

b)

图 4-21　可穿越隧道架桥机

九、防撞墙模板台车微改造

在桥梁防撞墙施工中，防撞墙模板的安拆（尤其是防撞墙外侧模板）及混凝土外观修饰过程中施工人员安全无法得到有效保障，存在很大的安全风险。

通过对传统的简易防撞墙台车进行微改造，自主研发了新型的防撞墙模板台车（图 4-22）。新型防撞墙模板台车设计结构稳定，集吊装和作业平台于一体，结构简单、操作快捷，极大地降低了高空作业的安全风险。

图 4-22　防撞墙模板台车

十、桥梁支座安装护栏微改造

桥梁支座垫石的浇筑及支座的安装是以盖梁为施工平台进行作业,两徽高速公路桥梁的支座大多采用高阻尼橡胶支座、水平分散型支座等,该类型支座较重,人工无法挪动,安装时必须采用吊车配合进行安装,施工人员需在盖梁上进行作业,存在极大的安全隐患。

对传统的桥梁支座安装护栏进行了微改造,改造后的护栏以盖梁为操作平台(图4-23),护栏固定装置为护栏两端的长方体空心结构与盖梁上现有的挡块形成的嵌套结构,长方体空心结构尺寸与挡块适配,两侧配置插销固定,使护栏固定于盖梁两端的挡块处。该装置既能防止高空作业人员从高处掉落,又能防止高处作业时其他杂物落下砸伤桥梁下方的人员及通行车辆,大大降低了安全风险。

图 4-23　可移动式桥梁支座安装护栏

十一、隧道二衬养生台车微改造

在隧道施工中,衬砌一般采用人工洒水养生,人工养生不及时,不能全覆盖,养生效果低。

为保证二衬养生效果,两徽高速公路施工中结合现有隧道二衬混凝土修饰台架,经过精心设计,在台架环向按照隧道二衬内轮廓线设置自动喷淋养生系统,并在台架底部安装了电动行走装置,改造为全自动多功能一体养生台车(图4-24)。该台车可自动行走、喷水,操作简单,且全断面洒水、不同部位均可养护到位,降低劳动强度,养护效率明显提高,减少了养护洒水对隧道施工的影响,并成功获得国家实用新型发明专利。

十二、建筑室内自动升降工作平台微改造

房建工程传统室内工作平台为脚手架搭设的简易工作平台,移动不方便,需要多次拆除搭设,在房建室内施工时改进设计了自动升降工作平台(图4-25)。

图 4-24　全自动多功能一体养生台车

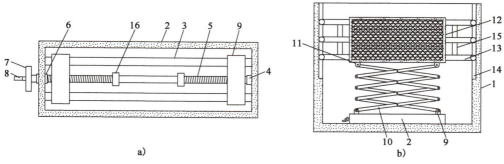

图 4-25　自动升降平台设计图

1-运载箱；2-调节箱；3-滑杆；4-套筒；5-螺纹杆；6-轴承；7-转盘；8-转动把手；9-第一支座；10-升降架；11-第二支座；12-载物架；13-连接杆；14-滑槽；15-固定杆；16-固定环

改造后的自动升降工作平台，通过旋转转动把手带动转盘一起转动，转盘与螺纹杆固定连接，转盘转动带动螺纹杆一起转动。由于螺纹杆表面上的螺纹相反，因此螺纹杆的转动带动两个第一支座相互靠近或相互远离，使升降架带动载物架升降，可以代替传统的自动搭设的脚手架，移动方便，提高了工作效率。

十三、加气块砌筑勾缝工具微改造

传统的砌筑勾缝工具为采用钢筋或PVC管制作的工具，勾缝效果不佳，并且容易损坏。在房建工程施工中设计了一种加气块砌筑勾缝板（图4-26）。

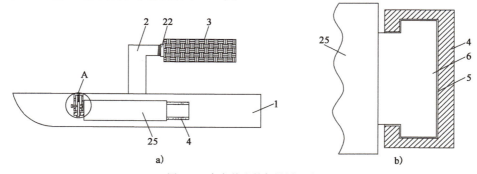

图 4-26　加气块砌筑勾缝用工具

1-勾缝板；2-L形连接杆；3-握把；4-第一滑槽板；5-第一滑槽；6-滑板；22-螺纹套；25-侧挡板

使用加气块砌筑勾缝工具可以有效增加砂浆与砖体之间的黏结表面积,减小开裂后形成通缝的概率,还可以减少抹灰层裂缝、空鼓等现象,大大提升砌体感观质量。

十四、机电工程设备微改进

1.隧道内枪型摄像机电源保护盒

在隧道内枪型摄像机下端电缆沟内增加 ABS 塑料电源保护盒(图4-27)。ABS 塑料是一种原料易得、综合性能良好、价格便宜、用途广泛的"坚韧、质硬、刚性"材料,具有抗冲击性、耐热性、耐低温性;电源保护盒防水等级为 IP67,具有防尘、防水及接线方便等特点。

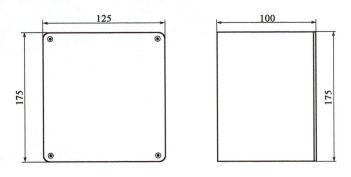

图4-27 电源保护盒示意图(尺寸单位:mm)

原设计隧道内枪型摄像机电源放置于摄像机保护壳内部。隧道内枪型摄像机在运营过程中电源容易发生故障致使摄像机无法正常工作,由于电源在距离路面约5m处,维护需要封道和登高车配合,增加了运营维护的成本。新增电源保护盒固定电源后,便于后期检修和维护,提高了运营维护的安全性、方便性。

2.增加消防水泵出水管压力监控装置

在水泵房消防水泵出水端加设压力传感器,传感器信号经过测控执行器和监控数据网上传至隧道管理所监控平台(图4-28),方便监控员实时查看。

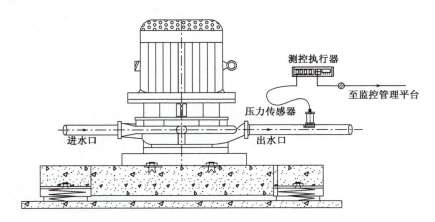

图4-28 水泵出水口压力传感器安装示意图

隧道消防的消防水泵一般功率较大、故障率高,需要派人经常到现场完成查看、测试和抽水等工作,给运营维护带来很多不便。在消防水泵出水端加设压力传感器,监控员可准确判断水泵出水端是否有水、水量大小,并结合消防水泵的远程监控反馈状态(开启、关闭或故障反馈)对水消防系统进行远程监控管理,减少了管理人员现场查看的次数,增加了运营的便捷和安全可靠性。

3. 在隧道消防水环网最不利点设置监测器

高速公路在正常运营过程中,对水消防系统的运营维护都是依靠人工去现场查看仪器、仪表的工作状态,给运营维护带来诸多不便。两徽高速公路在各个隧道水消防环网的最不利点安装水压力传感器,传感器信号经过测控执行器和监控数据网上传至隧道管理所监控平台(图4-29),由监控员实时查看。

监控员通过压力传感器传送的数据可准确判断出隧道内消防供水环网的压力值是否正常,并结合消防水池液位的远程反馈状态对水消防系统进行远程监控管理,节省了人力,并降低了维护人员因在隧道内查看消防水环网产生的风险。

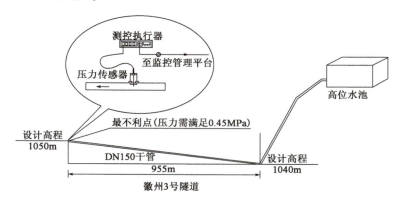

图4-29　隧道消防水管环网最不利点监测示意图

4. 通过大数据统计分析提高无极调光准确性

根据情况,增设测控执行器模拟量反馈点位,将隧道洞口的亮度值传输至隧道管理所监控平台。为了保证对隧道亮度值的准确获取、存储等功能,联合隧道管理所的监控平台软件进行对接;为了增加照明自动控制的准确性和达到节能减排的效果,对路段内通车一年内的照明控制方式与相应时刻的亮度值和隧道内照度值进行数据比较分析,得出隧道引道照明、基本照明和加强照明开、关时段相应的亮度值区间。隧道亮度检测仪布设及信号链路如图4-30所示。

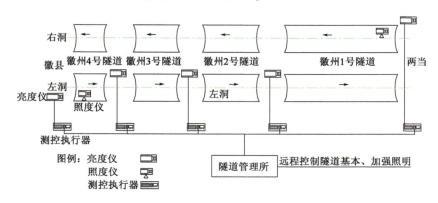

图4-30　隧道亮度检测仪布设及信号链路示意图

因为无极调光控制灯具是单点实时控制或时序控制,有较大的不准确性,且得出的亮度数值偏差较大,在运营时人工控制较为频繁。高速公路运营中人工现场控制的优先权最高,其次才是自动控制,故监控平台软件的控制权大于无极调光本身的单点实时控制权和时序控制,因而该方案可不受无极调光单点实时控制和时序控制干扰。

以相应亮度值区间作为依据,监控平台软件(人工远程控制就是通过监控平台软件控制)可以根据实时得到的亮度值对照明进行较为准确的远程自动控制,达到解放监控员的"手"和节能减排等效果。

5. 调整太阳能面板角度,提高太阳能发电效率

两徽高速公路徽州4号隧道洞口采用太阳能光伏发电设备,根据赤纬算法得出安装太阳能电池板位置的太阳高度角,制作可旋转的太阳能电池板,并根据太阳高度角合理布设面板的角度和面板之间的间距。

通过合理布设太阳能面板角度、间距,使得同等太阳照射下,太阳能电池板对太阳能的利用率最大化。太阳高度角与受热面大小的关系如图4-31所示。

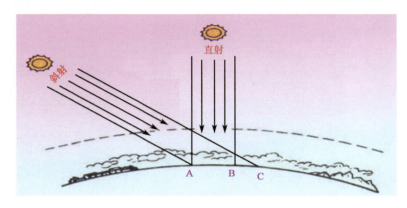

图4-31 太阳高度角与受热面大小的关系

十五、安全帽微改进

隧道施工时,空气质量差,能见度低,尤其是在隧道出渣过程中,伴随着车辆进出,施工人员的人身安全得不到有效保障,容易造成车辆伤害,因此在施工人员安全帽上增设爆闪灯(图4-32),达到进一步预警效果,保障施工人员安全。

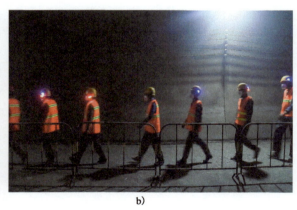

a)   b)

图4-32 安全帽爆闪灯

第二节 工艺微改进

一、水泥稳定碎石搅拌工艺微改进

两徽高速公路路面工程引进WDB600型自动计量水稳振动拌和设备(图4-33),对传统的混合料拌和工艺进行微改进。振动拌和的机理是在普通搅拌工艺的基础上,增加了高频次、高强度的振动冲击作用,振动搅拌装置每分钟释放1500次以上的弹力波,同时对混合料撞击能量达到静力搅拌机的5倍以上。在混合料搅拌过程中粉料是最难拌和均匀的,施加强烈的振动作用可以使粉料处于不断的颤动、游离状态,使粉料在骨料中分散速度加快,同时水分子也处于颤动状态,打散抱团的粉料颗粒,继而粉料与水充分结合形成胶结材料,更加均匀地包裹在骨料表面,从而改善混合料的微观结构。振动搅拌技术对解决水泥稳定碎石结构层耐久抗裂性能问题提供了重要支撑和创新空间。振动拌和主要具有以下 3 个方面的优点(图 4-34):

(1)振动搅拌技术将混合料中的水泥团、灰团震碎,使其均匀分布在混合料中,有效防止混合料产生离析。

(2)混合料在振动搅拌技术作用下充分搅拌均匀,相同配合比情况下强度可提高 20%～100%,科学减少水泥用量,减少半刚性基层裂缝的发生。

(3)振动搅拌技术的应用,大幅提升水泥稳定碎石混合料宏观及微观均匀性,提高了半刚性基层强度,增强了水泥稳定碎石结构耐久性,为建设耐久型长寿路面创造了巨大空间。

图 4-33　振动搅拌机

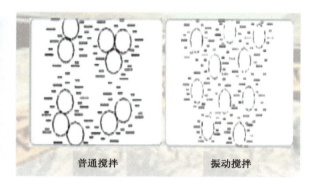

图 4-34　振动搅拌与普通搅拌对比

二、路面摊铺控制工艺微改进

传统路面摊铺时需要提前打桩、放基准线,无法实现及时显示当前摊铺高程和摊铺厚度。路面摊铺时高程和厚度控制工作量大,精度低,两徽高速公路路面工程施工时引进 mmGPS 3D 数字化自动摊铺系统对路面摊铺工艺进行微改进,工作原理如图 4-35 所示。

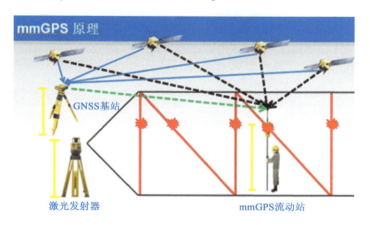

图 4-35　mmGPS 3D 工作原理

mmGPS 3D 数字化自动摊铺自动控制系统主要由 GPS 基准站、激光高程基准站、mmGPS 流动站(图 4-36)和 GX 摊铺机自动控制系统四部分组成(图 4-37)。系统工作时,架设在控制点上的 GPS 基准站和激光基准站将 GPS 差分信号和激光高程信息通过无线数据传输电台和线缆(激光高程信息)传输到 MC-R3 接收机。MC-R3 对接收到的数据进行处理后,又实时地将三维坐标数据传输到 GX-60 控制箱,控制箱将获得的当前三维坐标信息与控制箱中的设计卡数据进行对比,生成相应的高程修正信息,这些信息再由控制箱对应生成相应的比例驱动信号,通过液压阀驱动摊铺机牵引臂油压缸使熨平板进行相应方向的调整,从而使摊铺机产生坡度和高程变化,弥补路面波动,实现设计要求的路面平整度和厚度。同时,mmGPS 流动站实时监测路面摊铺状况,真正实现过程监控施工,满足摊铺设计要求。mmGPS 3D 数字化自动摊铺技术优点见表 4-1。

图 4-36 mmGPS 流动站

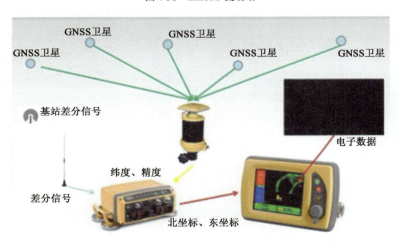

图 4-37 GX60 摊铺机控制系统

mmGPS 3D 数字化自动摊铺技术优点 表 4-1

项 目	传统施工方法	拓普康数字化摊铺自动控制系统
质量控制	事后控制	实时过程检测功能,确保施工的精度
基准设置	事先要测量放样、打桩、放基准线	省去打桩放样和拉钢丝线等设置基准的环节,从而减少人为因素误差,减少摊铺预先准备的时间,提高控制精度和工作效率
坡度控制	无法实时的进行坡度控制	全数字显示,精确控制高程和坡度,轻松铺设最平整的路面;实时摊铺坡度和与设计面差值显示,严格控制坡度和厚度
平整度检测	无法显示和记录当前点的高程	GPS 平面和激光高程导航,全程无间断测量,实时显示记录摊铺平面的位置和高程信息
摊铺厚度控制	无法实时显示材料的摊铺厚度	摊铺材料厚度的实际数字实时显示和记录,严格控制材料用量,精准施工节约成本;精度达到 ±2mm
与设计结合	只能以方格网放样形式与设计院 CAD 设计数据结合	数字化施工,严格按照设计院 CAD 设计的项目数据能有效地按 1:1 的比例在现场进行施工,减少了前期勘测工作量,节省人力资源的使用的成本

三、箱梁养生技术微改进

为了保证箱梁养生期间的温度、湿度,提高养生质量,解决箱梁预制时易产生的质量通病,采用节能环保养生技术对传统的养生工艺进行了改进。

节能环保养生技术(图4-38～图4-41)采用生物质燃料养生机。生物质颗粒燃料属于节能环保的可再生材料,来源广泛,经济实惠,而且燃烧过程中无烟无尘,燃烧完全。同时,为了确保梁板的养护效果,箱梁预制厂制作了保温保湿养生大棚,冬天采用蒸汽养生,夏天采用雾化养生,棚内设置温度、湿度感应仪,能够对梁板进行全方位无死角的养护,梁体强度增长均匀,无温差影响,有效保证梁板前期强度,避免产生缺角掉边的现象,提高了混凝土强度及外观质量。

图4-38 节能环保蒸汽养生机

图4-39 生物质燃料

图4-40 保温保湿养生棚

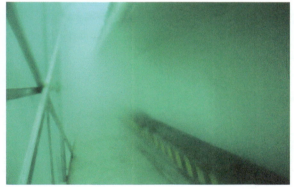

图4-41 雾化养生

四、负弯矩槽口工艺微改进

在箱梁预制过程中,顶板负弯矩槽口部位常出现波纹管偏位、漏浆、混凝土不密实等现象,对现有施工工艺进行了微改进。

根据设计图纸,设计制作了整体式顶板负弯矩槽口钢筋定位模架(图4-42),能够精确地定位波纹管、钢筋位置,保证浇筑顶板时波纹管周边及槽口位置不漏浆,使得混凝土浇筑密实,保障桥面系负弯矩处预应力的施工质量。负弯矩槽口钢筋定位模架施工效果如图4-43所示。

五、桥面剪力筋定位工艺微改进

由于箱梁梁体较宽、较高,在桥面剪力筋预埋时经常出现高低不一、位置预埋不准确的难题。对箱梁剪力筋定位工艺进行了微改进。

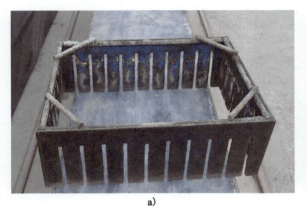
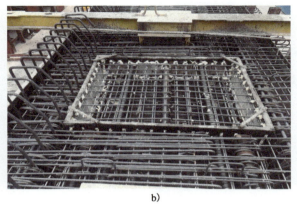

图 4-42　负弯矩槽口钢筋定位模架

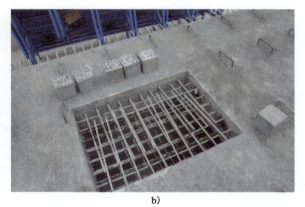

图 4-43　负弯矩槽口钢筋定位模架施工效果

通过在箱梁顶板钢筋绑扎台架及箱梁模板上设计安装滑动小推车(图4-44),在小推车上设置剪力筋安装模架,以此来确定剪力筋位置。施工时根据翼板钢筋间距设置剪力筋,纵向间距与翼板钢筋间距一致,横向间距误差可基本清除,工前合格率可达100%,同时解决了在混凝土浇筑过程中人员踩踏顶板钢筋及混凝土的问题。

图 4-44　桥面剪力筋定位小车

六、箱梁波纹管防污工艺微改进

在箱梁施工中,现浇预应力波纹管管道容易发生堵塞,造成钢束无法穿入,两徽高速公路在施工过程中针对此问题对预应力管道施工工艺进行了微改进。在箱梁混凝土浇筑前用橡胶塞(图4-45)将波纹管端头封堵,防止混凝土、水或其他杂物进入波纹管内。

图 4-45　箱梁波纹管防污染堵头橡胶塞

七、箱梁钢绞线穿束工艺微改进

在箱梁预应力施工中,钢绞线穿束一般采用人工和机械配合穿束。人工下料穿束劳动强度大、效率低,往往会因为进度跟不上而影响下道工序。两徽高速公路采用钢绞线穿梭器(图 4-46)对传统的钢绞线穿束工艺进行了改进。

图 4-46　钢绞线穿梭器

钢绞线穿梭器是以减速机带动双主动轮转动,钢绞线从一端进线口插入,主动轮与双从动轮压住钢绞线向前移动,沿导管穿入预留孔道,直到从孔道另一端穿出。滚轮夹持钢绞线进行传送,可进、可退,可连续传送,也可点动传送,操作方便,性能可靠,效率显著提高,大大地减轻了劳动强度,提高了生产效率,保证了穿束质量。

八、隧道拱架连接工艺微改进

1. 拱架连接板定位模具

在隧道拱架与连接板焊接时,常会因出现连接板焊接偏位,导致同一榀拱架不在同一轴线上,从而影响拱架整体受力。在两徽高速公路设计制作了拱架连接板定位模具(图 4-47),对隧道拱架连接工艺进行了微改进。使用拱架连接板定位模具,准确控制连接板的位置,确保拱架连接时连接板两侧拱架处于同一轴线,解决了连接板焊接偏位问题。拱架连接效果如图 4-48 所示。

图 4-47　拱架连接板定位模具　　　　　　　　　图 4-48　拱架连接效果

2. 上下台阶拱架连接处支垫垫板并铺砂掩埋连接板

在隧道施工中,由于喷射混凝土回弹料堆积造成上下台阶拱架连接板被混凝土包裹,在后续下台阶施工时,需凿除连接板上包裹的混凝土,浪费作业时间,并且影响上下台阶拱架的连接效果,留下质量隐患。

在两徽高速公路在隧道上下台阶拱脚处支垫垫板(图4-49)并铺砂掩埋连接板(图4-50),既杜绝了拱脚悬空,又保证了拱架螺栓全部有效连接,也减少了下台阶施工时应凿除混凝土引起的时间浪费,同时也能保证上下台阶连接处喷射混凝土平整、密实。

图 4-49　上台阶拱脚处支垫垫板　　　　　　　　图 4-50　铺砂掩埋连接板

3. 拱架连接扭力扳手

在传统的隧道拱架连接板螺栓连接时,主要依靠工人的经验判断螺栓是否拧紧,因工人业务素质不同存在很大差异,也很难保证拱架连接螺栓拧紧到位。两徽高速公路采用了高强度螺栓扭力扳手(图4-51),按照设计要求在扭力扳手上设定一个需要的扭矩值上限,当施加的扭矩达到设定值时,扳手会发出"咔嗒"声响提示螺栓已经紧固到位。扭力扳手的使用防止了螺栓因人为因素紧固不到位或力矩过大破坏螺纹,确保钢拱架的连接质量。

九、仰拱二衬预留钢筋定位工艺微改进

在隧道仰拱钢筋绑扎过程中,仰拱预留钢筋的位置、间距及线形往往得不到有效控制,从而影响二衬钢筋的绑扎质量(间距、层距、保护层等)。

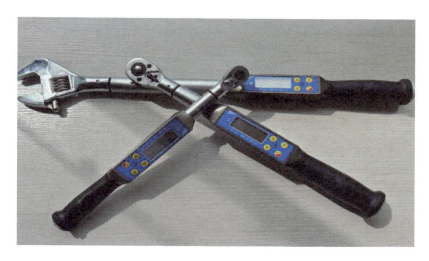

图 4-51　螺栓扭力扳手

两徽高速公路在隧道施工中通过仰拱二衬预留钢筋定位模架(图 4-52)对仰拱钢筋绑扎工艺进行微改进,实现仰拱预留钢筋的准确定位,准确控制了预埋钢筋的纵向间距、层距及线形,保证了二衬钢筋的绑扎质量。二衬安装效果如图 4-53 所示。

图 4-52　仰拱二衬预留钢筋定位模架

图 4-53　二衬钢筋安装效果

十、隧道二衬钢筋连接工艺微改进

隧道二衬钢筋的传统连接方式一般采用焊接或者绑扎,该工艺由于受到工人操作熟练程度、焊接水平等因素影响,很难保证钢筋连接质量均匀稳定、防水板不烧伤,从而影响二衬钢筋的整体受力,降低隧道工程的耐久性。

在两徽高速公路在隧道施工时采用冷挤压套筒连接技术(图 4-54)对二衬钢筋连接工艺进行改进。冷挤压套筒连接属于机械式连接的一种新工艺,其基本原理是将两根待连接钢筋插入连接套筒内,通过压接机径向挤压套管,使套管产生塑性变形,从而使套管内壁嵌入钢筋横肋间的凹槽内,实现两根钢筋的对接。钢筋所承受的轴向力由钢筋横肋和套筒压痕处形成的剪力、套筒和钢筋接触面的摩擦力来传递,以保证钢筋的对接质量。冷挤压套管连接技术有效解决了二衬钢筋连接的质量问题,避免了构件的损伤,节约了大量的人力和设备资源。同时较之搭接焊接,具有节省钢材、保护环境的优点。

十一、隧道防水板铺挂工艺微改进

隧道防水板铺挂质量一直是隧道施工中的难点,以往防水板铺挂固定时易产生褶皱不平、焊焦、刺穿防水板等现象,从而造成隧道渗漏水病害。

a)　　　　　　　　　b)　　　　　　　　　c)　　　　　　　　　d)

图 4-54　二衬钢筋冷挤压连接技术

在两徽高速公路隧道施工中采用电磁焊焊接技术对防水板焊接工艺进行微改进。防水板电磁焊枪（图 4-55）设置可调节 8 挡，将传统的超声波点焊接改为面焊接，每个垫片（图 4-56）焊接时间为 3～4s，焊接超过 5s 时焊接面仍无焊穿现象。电磁焊接技术的应用，解决了以往防水板焊焦、刺穿的质量通病，现场防水板铺设美观、平顺，可操作性和观感质量得到大幅度提高（图 4-57）。

 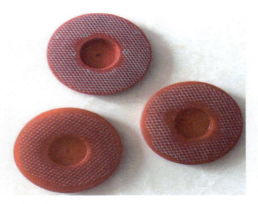

图 4-55　电磁焊枪　　　　　　　　　图 4-56　热熔垫片

图 4-57　防水板电磁焊接效果

十二、绿化工程码砌植生袋工艺微改进

在绿化工程码砌植生袋施工中，用于加固的角钢常因雨水等外界因素导致腐蚀、生锈，使角钢有效

使用周期变短,并且灰色的角钢与整体绿化效果不相协调。

两徽高速公路绿化工程采用绿色防锈漆对码砌植生袋角钢进行了喷涂(图4-58)。一方面防止了角钢因外界因素腐蚀生锈的问题,延长角钢使用寿命,增加植生袋稳固时间;另一方面选用绿色防锈漆喷涂角钢,使角钢色彩与坡面苗木颜色相协调,提高了坡面整体观赏效果(图4-59)。

图4-58 角钢喷漆

图4-59 角钢安装效果

十三、边坡绿化工艺微改进

1. 铺设无纺布

在边坡防护绿化施工中,常出现夏季炎热水分蒸发量大,冬季气温度低容易冻伤,导致植被发芽率缓慢,影响植被的成活率。

两徽高速公路绿化工程对边坡绿化施工工艺进行了微改进,使用无纺布覆盖(图4-60),夏季可以减少水分蒸发,起到良好的保湿效果,提高种子的发芽率,冬季可保温防寒,防止苗木冻死、冻伤,保证了苗木的成活率。

a)

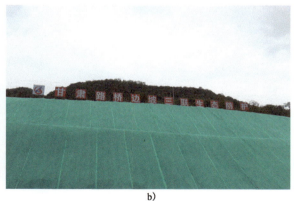

b)

图4-60 铺设无纺布

2. 草灌花组合绿化

针对陇南地区"缺彩不缺绿"的特点,对部分填方边坡、隧道仰坡绿化进行微创新,将原设计羊胡子草、红豆草优化为草灌花混播(图4-61),在草灌种子的基础上加入春、夏、秋季节不同花期、花色靓丽的多种花卉种子,使一年三季都有各种不同的花色开放,改变了以前花色单一、花期短促的绿化弊端,不同花色组合形成了一道亮丽的风景线。

a)   b)

图 4-61　草灌花组合绿化效果

十四、机电工程工艺微改进

1. 隧道电缆沟支架定位模架

参照隧道电缆沟支架图纸制作电缆沟支架定位模架(图 4-62),使用模架根据电缆沟线形标出支架内膨胀螺栓孔位,钻孔人员根据标记的孔位钻孔安装电缆沟支架。

采用电缆沟支架定位模架,可精确控制托架间距,有效保障托架安装线形,大幅提高放线效率。

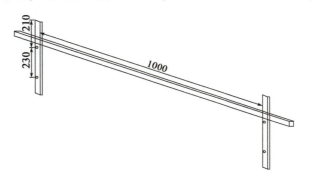

图 4-62　电缆沟支架定位模架示意图(尺寸单位:mm)

2. 基础法兰预埋件定位工艺微改进

通过外侧模板确定法兰盘位置,将四段钢筋,焊接于法兰盘四个角,钢筋上端与横担相连,横担长度大于外侧模板长度,利用水平尺保证法兰水平并将四个角落的钢筋焊接于横担上,最后固定好横担(图 4-63),浇筑混凝土,待后期将法兰边缘的钢筋切割掉并做好防腐处理。

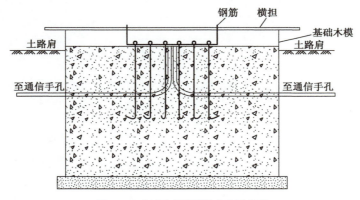

图 4-63　基础法兰预埋件定位示意图

通过对法兰预埋件定位工艺微改进,大大提高了施工效率,使得法兰在基础混凝土振捣的过程中稳定可靠地安装于基础水平面上。

3. 桥涵至人(手)孔侧直埋电缆防盗

对外场监控设备电缆经过桥涵至人(手)孔侧1m范围进行防盗处理。

原设计电缆为埋地70cm敷细土盖混凝土盖板。在外场电缆至手孔及桥梁附近时,对前后1m的直埋电缆进行混凝土包封处理且包封厚度不小于20cm。通过对桥涵至人(手)孔侧1m直埋电缆的混凝土包封,防止过桥涵电缆被盗。外场直埋电缆过桥涵和手孔混凝土包封如图4-64所示。

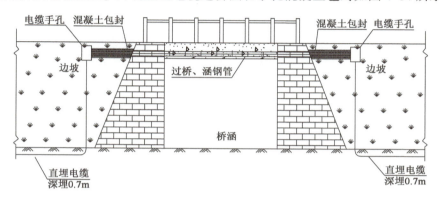

图4-64　外场直埋电缆过桥涵和手孔混凝土包封示意图

第三节　工法微改良

一、桩基桩头破除工法微改良

传统的桩基桩头破除方法采用人工撬开主筋,风镐破碎桩心混凝土,此方法对钢筋破坏大,影响桩柱连接质量。

在两徽高速公路对传统的桩基桩头破除方法进行了微改良,事先将加工好的PE管(图4-65)套入桩基钢筋笼设计顶高程以下,并将其位置固定防止发生位移,PE管的直径应稍大于主筋直径。混凝土浇筑完成一定时间后,用无齿锯环绕桩头环向切割一周,深度3~4cm,用风镐沿桩头自上至下凿出V形槽剥离混凝土,当全部钢筋凿出后,采用风钻钻出断桩孔,用钢钎打入各个断桩孔中,来回反复敲击钢钎,使混凝土在环形断桩孔处断开。采用环切法施工技术,缩短了作业工序及时间,确保了主筋不受损伤,保证了桩柱连接钢筋焊接质量,效果如图4-66所示。

图4-65　PE管嵌套钢筋笼

图4-66　环切法桩头破除效果

二、房建工程外墙装饰工法微改良

两徽高速公路在房建工程外墙装饰时对传统的工法进行了微改良,形成了真石漆岩棉保温装饰一体板新工法(图4-67)。

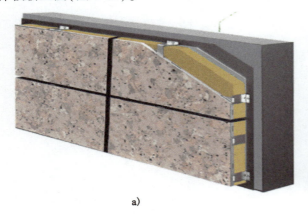 

a) b)

图 4-67 真石漆岩棉保温装饰一体板工法

建筑外墙真石漆岩棉保温装饰一体板是由装饰面板、保温材料经胶黏等工艺复合而成的一种预制板材。预制板材通过现场组合及施工安装固定在外墙表面上,一次施工就可完成找平、保温及装饰三个工序,既满足了墙体节能要求,又确保了外墙立面的装饰效果。现场施工工序简单,安装工序少,施工方便快捷,工程施工质量有保证,大幅度缩短了施工周期。

真石漆岩棉保温装饰一体板工法采用超耐候的真石漆涂层,具有25年以上装饰寿命,在严酷的自然环境、酸碱腐蚀等恶劣条件下,既可保证整体装饰效果又满足了墙体保温、节能要求。在甘肃省交通行业房建工程外墙装饰方面首次使用,外墙装饰效果美观,与传统的外墙装饰施工工艺相比,其工程施工简单,无脱落风险,不含放射性元素,更加安全环保。

三、隧道爆破工法微改良

在两徽高速公路甘肃省公路隧道爆破施工中首次采用水压爆破技术,对传统的爆破工法进行了改良。

隧道掘进水压爆破技术通过在炮眼一定位置添加一定量的水袋,并用炮泥将炮眼口回填堵塞,从而提高了炸药的爆破能量利用率、掘进效率、经济效益,降低了爆破粉尘浓度。

1. 装药结构

隧道掘进采用水压爆破技术,最大的特点就是水袋中的水代替了空气作为传爆介质,其装药结构发生了相应的变化。

装药结构顺序(图4-68):首先,在打好的炮眼中填装1节水袋,用炮棍轻轻顶到炮眼底部;按照设计数量填装炸药,水压爆破的炸药设计数量要比常规爆破减少1~2节;再次填装一定数量的水袋;最后用丈量工具量测装完炸药以后的剩余炮孔深度,按照量测深度的二分之一填装水袋,剩余长度如果不够

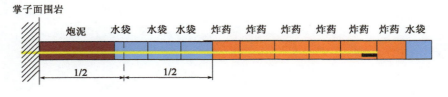

图 4-68 水压爆破炮眼连续装药结构

填装 1 节水袋时,按照四舍五入原则进行取舍;最后将剩余炮孔用炮泥回填塞满。填塞炮泥时,要用炮棍轻轻捣实。

周边眼的装药结构(图 4-69)与其他炮眼略有不同:首先在炮眼底部填装 1 节水袋后,按照间隔装药结构填装炸药至离孔口 1m 处,然后再装入 2 节水袋,最后用炮泥将剩余炮孔回填塞满。

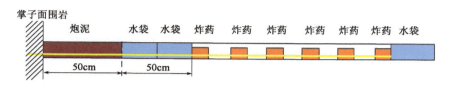

图 4-69 水压爆破周边眼不连续装药结构

2. 起爆顺序

所有炮眼均采用反向起爆方式,导爆管采用非电毫秒雷管,起爆网络采用簇连法,起爆顺序依次为掏槽眼、辅助眼、底板眼、周边眼。

为了控制各类型炮眼间的起爆时差,非电毫秒雷管按照起爆顺序隔段使用,即依次从 1 号、3 号、5 号、7 号、9 号、11 号、13 号、15 号中选用等。为了控制周边眼能够同时起爆,采用导爆索连接的起爆方式。

3. 水袋的制作

水袋采用 KPS-60 塑袋灌装封口机加工制作(图 4-70),该设备结构简单,价格便宜,操作方便,每小时可制作约 600 个水袋。

a)　　　　　　　　　　　　　　　　　　b)

图 4-70 水袋制作

(1)具体操作:首先连接水管,并用扎圈锁紧以防进气;打开电源调节温度到 220℃ 左右,预热约 10 分钟;试运转从出水口排出气体;然后把塑料袋套在出水口上,一按电钮水即可冲入袋中,随之自动封口,水袋便加工成。

(2)水袋的质量要求:成品塑料袋要求使用聚乙烯塑料袋,厚度不小于 0.8mm,长度为 250mm,直径为 35mm。加工成的水袋要求注水饱满,挺拔,每袋水袋的质量约为 200g。

4. 炮泥加工

炮泥采用 PNJ-A 型炮泥机进行加工制作(图 4-71)。这种专门为水压爆破研制的炮泥机,结构简单,操作方便,两个人每小时可制作约 500 根炮泥。制作炮泥的原材料为黏土、河砂及水,可就地取材,而且用量不大,成本低廉。

制作要求:制作炮泥的土/砂/水按照 0.75:0.1:0.15 的比例进行配制。制作成型的炮泥要求软硬适中,每节长度在 200~250mm。制作的炮泥软了容易断裂,不好填装,硬了捣固时不易把炮泥捣碎,堵塞不坚实、严密。制作好的炮泥放置时间不宜太长,最好在使用前 1~2h 制作好。

图 4-71 炮泥制作

制作炮泥时在原材料中添加玻璃丝,以增强炮泥的柔软性。成品炮泥采用塑料薄膜封闭并放置在塑料筐中,可以存放 2~3d,大大地降低了炮泥的制作频率。

5. 周边眼的钻孔及引爆

周边眼的钻孔精度控制主要在于外插角 θ 的控制。外插角 θ 控制措施为:首先根据钻孔深度计算出钻杆一定位置与初衬表面的距离,将钻头安置在炮眼开口位置后,通过两侧计算距离来控制周边眼的外插角 θ,并将角度控制转变为距离两侧控制,以便于实际施工中操作。

①切割导爆索使用锋利刀具,不能用剪刀剪切导爆索,且在连接炸药后不许切割导爆索。

②导爆索起爆网络应采用水手结方法连接,捆扎牢固。

③安全规程要求,爆轰波沿导爆索支线的传播方向与沿母线的传播方向要一致,因此,支线与主线传爆方向的夹角应小于 90°。

④起爆导爆索雷管与导爆索捆扎端端头距离应不小于 15cm,雷管的聚能穴应朝向导爆索的传爆方向。水压爆破效果如图 4-72 所示。

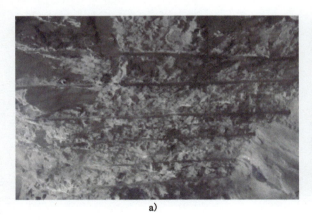

图 4-72 水压爆破效果图

6. 水压爆破的优点

水压爆破的优点总结为三提高、一降低(图 4-73):提高炸药的爆破能量利用率、提高掘进效率、提高经济效益,降低爆破粉尘浓度。

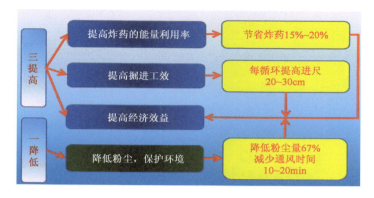

图 4-73　水压爆破优点

第四节　广泛采用四新技术

一、"互联网+"信息化技术

1. 控制性工程使用 BIM 技术

在两徽高速控制性工程两当互通立交现浇桥施工中使用 BIM 技术。通过对现浇桥建立 BIM 模型，对现场施工实行可视化、信息化管理，为施工复杂区域提供了直观的三维视角，提高了管理的质量和效率。

2. "建管养一体化"监测技术

在两徽高速公路施工中对路基高填深挖边坡、桥梁梁体和支座、隧道地质条件不良、围岩渗漏水的部位进行针对性布点监测（图 4-74），随时掌握数据，确保施工过程中的安全。在施工结束后，将监测系统（图 4-75）移交运营单位，在运营期继续对构造物进行实时监测，为运营期项目养护提供数据支持，确保运营安全。

图 4-74　隧道监测示意图

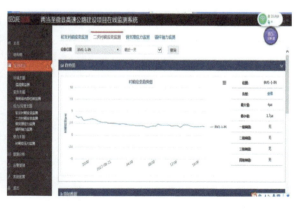

图 4-75　监测系统

二、短路基复合路面反射裂缝处理技术

在短路基及隧道复合路面中，水泥混凝土面板在板块划分中存在诸多的缩缝、胀缝。由于水泥混凝土自身干缩、温缩的特性，将会在接缝及层间结合部位产生应力集中，形成的反射裂缝快速传递至沥青面层，在交通荷载及自然气候作用下，极易使沥青面层产生裂缝、松散、脱落等早期损坏。针对以上问

题,两徽高速路面工程施工时采用短路基复合路面反射裂缝处理技术(图4-76)。

第一步:进行清缝,使其保持洁净干燥,然后采用灌缝设备和SBS改性沥青进行灌缝。

第二步:在铣刨拉毛后的混凝土面板上洒布SBR改性乳化沥青界面黏层,缩缝沿缝方向铺设20cm宽自粘式抗裂贴,胀缝及结构物接缝处沿缝方向铺设1.0~1.5m宽玻纤格栅,并对其进行铆钉处理。

第三步:铺设一层单一粒径的SBS改性沥青碎石应力吸收层。

通过上述防治技术措施,不仅对裂缝起到密封防水作用,而且形成多重整体式应力消减和缓冲作用,全方位地预防复合式路面出现反射裂缝及后期造成的沥青面层松散、剥落及水损坏。

a)   b)

图4-76 短路基复合路面反射裂缝处理

三、隧道沥青混合料温拌技术

隧道内是一个相对封闭、空间狭小的管状环境,通风性能较差,热拌沥青混凝土施工时产生的浓烟很难迅速排除,不仅严重影响施工人员的健康,还直接影响隧道路面的施工质量,且由于浓烟在隧道内积聚,造成隧道内局部含氧量过低,对施工机械也会产生不良影响。

温拌沥青混合料是一类拌和温度介于热拌沥青混合料(150~180℃)和冷拌(常温10~40℃)沥青混合料之间的沥青混合料,其核心技术是采用物理或化学手段,使得沥青混合料能够在相对较低的温度下进行拌和、摊铺及压实,同时保持性能不低于热拌沥青混合料的环保型混合料技术。其优点是:降低施工温度30~50℃;节能10%~30%,减少烟尘和有害气体排放50%以上;减少沥青老化,延长使用寿命;改善施工环境、绿色环保(图4-77)。

图4-77 温拌沥青混合料铺筑现场

四、路面施工新设备

1. 水泥净浆喷洒机

在基层施工时采用容量为 2t 的 ZNP-2 型水泥净浆喷洒机,代替传统的人工洒布水泥浆,提高了洒布均匀性及施工效率,降低劳动强度,有效缩短施工时间,节约成本(图 4-78)。

a)　　　　　　　　　　　　　　　　　　b)

图 4-78　水泥净浆洒布机

2. 伸缩熨平板摊铺机

由于施工现场路基、桥梁、隧道路面摊铺宽度不一致,且变化摊铺机熨平板需要多次拆装,耗时费力,并且造成施工接缝太多,留下质量隐患。两徽高速路面施工中采用伸缩熨平板摊铺机进行铺筑(图 4-79),较好地解决了高频次拆装熨平板的难题,实现了不同摊铺宽度之间的平顺转换,减少了施工接缝,消除了质量隐患。

图 4-79　伸缩熨平板摊铺机

3. 双钢轮振荡压路机

桥面沥青面层施工采用双钢轮振荡压路机,碾压过程中产生的水平振荡力既能保证桥面沥青铺装层压实度,也不会对混凝土桥梁造成永久性损坏(图 4-80)。

五、三联生态防护工程技术

两徽高速公路在部分边坡防护中引进物理防护、抗蚀防护、生态防护的三联生态防护技术,通过生物群落与工程措施有机结合,实现生态防护体系的自主演替、自我循环、自我维持,修复后的边坡工程耐久性好,探索解决工程创面植被修复领域多年存在的"一年绿、两年荒、三年死"的难题。

图 4-80　悍马振荡压路机

三联生态防护是在客土喷播、厚层基材喷播等喷射护坡技术的基础上,通过十几年的科学研究与工程实践,经过不断集成、完善、升华形成的新型生态防护工程技术体系。该体系由锚固结构、抗蚀材料、植被生态系统组成。

1. 适用范围

三联生态防护适用于年降水量 200～2200mm(含高寒冻融地区),坡度小于 1∶0.3 的稳定硬质岩边坡、软质岩边坡、土石边坡、膨胀土边坡、风积沙边坡、贫瘠的土质边坡等。

2. 工艺特点

第一联物理防护(图 4-81):第一联根据地质勘查报告,通过力学计算分析,制订主、辅锚杆规格以及分布形式。利用不同规格、型号的镀锌铁丝网、三维网对坡面形成稳固防护。

a)

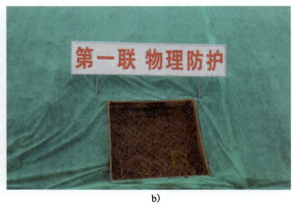
b)

图 4-81　铺设镀锌铁丝网

第二联抗蚀防护:第二联通过木质纤维(图 4-82)、可降解纤维以及生物黏结材料(图 4-83)的加入,对坡面基材起到抗风蚀、雨蚀的作用。针对强降雨地区的特点,通过不同的黏结材料、保水剂、渗透剂、纤维和菌剂配比配置抗冲刷性强、理化生性质好的基材。

第三联植被生态修复防护:在基质层、微生物层(图 4-84)到植生层进行改良后,在具备植物生长环境条件下由根系与茎叶结合形成第三联植被生态防护。

图 4-82　木质纤维

图 4-83　黏结材料

图 4-84　微生物产品

3．工艺流程

边坡稳定性判断→生态环境取样分析→坡面防护系统设计→坡面平整、清理→锚固系统构建→土壤生境系统构建→营养物质循环系统构建→乡土植被数据库选取物种→植被群落建植→群落结构调整→工程效果标准化检验。

（1）坡面平整、清理。

对坡面进行整平、清理，为生态防护创造良好的条件。

（2）铺设金属网、锚杆加固。

在坡面均匀地铺设镀锌金属网（图 4-85），并按 100cm×100cm 的间距进行锚杆加固（图 4-86）。

图 4-85　铺设镀锌金属网

图 4-86　锚杆加固

(3)准备种植土。

对土壤进行细网过筛处理,清除土壤中的杂物,并加入土壤黏合剂和保水剂。

(4)配比基材。

按照设计配比将过筛的种植土和黏结材料、调节剂、生成剂、纤维、复合肥料和混合草籽配置形成第二联抗蚀防护的基材。

(5)喷播(图4-87)。

将抗蚀防护基材搅拌均匀后喷附在坡面上,喷附厚度为8~15cm。

图4-87 喷播

(6)铺设草帘(图4-88)。

喷播完成后,铺设草帘并进行养护,养护时间不少于14d。草帘可以延缓水分蒸发的时间和速度,为草种提供良好的生长环境。

图4-88 铺设草帘

4. 核心技术

(1)土壤生境修复剂。

在原乡土中加入一定剂量的修复剂,提高土壤的肥力、团粒结构、孔隙率以及微生物菌类的含量,使土壤生境在与周边植被土壤一样的基础上有更好的抗蚀保育和遏制病虫害的能力,从而为植物创造良好的生存环境。

(2)群落调节剂。

在调查周边植被结构基础上,结合植物乡土数据库中乔灌草根系生长情况,通过加入一定剂量的调节剂,为乔灌木发育定向提供营养和生长激素,促进不同乔灌木的根系快速生根发育,逐渐与锚杆、金属网交织在一起,对坡面形成立体防护。

(3)循环物质生成剂。

在喷播种子层时,加入一定剂量的生成剂,使一些枯落物加速降解,促进土壤之间物质循环和能量流动,实现植被营养自我供给。

5.三联生态防护技术优势

多年的案例证明三联生态防护可以解决"一年绿、两年荒、三年死"的质量难题,做到一次建成,免人工养护,像森林和草原生态系统一样,自我维持,自我循环。

(1)稳定耐久。

在工程早期,三联生态防护和圬工防护稳定性差异并不大。但在工程后期,三联生态防护随着植物根系越来越发达,抵抗暴雨的冲刷的能力将优于圬工防护。

(2)经济实用。

三联生态防护施工时投入较低,降低了边坡防护成本。经过研究分析发现,三联生态防护在建成后植物覆盖度比较稳定并逐年提高,有机质、生物量以及磷酸酶也在逐年增加,在运营期可以实现免养护,降低运营养护成本。三联生态防护技术绿化效果如图4-89所示。

图4-89　三联生态防护技术

六、桥面"四机联动"施工技术

两徽高速桥面铺装采用"四机联动"施工工艺,有效提高了桥面铺装的平整度和整体性,解决了桥面铺装平整度差、干缩裂缝多等质量难题,提升了桥面耐久性。四机联动就是依托轨道高程作为水泥混凝土铺装层设计高程,通过压式整平机、全自动三辊轴摊铺机、驾驶型抹光机、手推式铣刨机整平、振捣、抹面、收光、铣刨。

1.液压式平整机

混凝土摊铺2~3m后液压式整平机根据幅宽分节拼装,利用槽钢轨道行走进行全幅整平;为消除铺装厚度不均,设备在施工时预设5°~10°拱度;振动整平时振动频率不小于70Hz;激振力大于11kN;往返次数不少于4遍,行进速度3~5m/min,边振动整平边补料;初步振实整平。

2.全自动三辊轴摊铺机

液压式整平机粗平约8m后,全自动三辊轴提浆整平摊铺机全幅以3m/min的速度前进,振动频率大于258次/min,前轴击打碾压压实水泥混凝土,后轴提浆整平;往返4~5遍,使混凝土骨料分布更均匀密实,表面无多余浮浆;减少人为或机械设备等因素造成的质量缺陷。

3. 驾驶型抹光机(图4-90)

驾驶型抹光机自重大(约400kg),配置两个抹盘(工作直径2m),按M形行进路线以80~135r/min的正常转速工作;抹光面积大,对混凝土单位压强大,起到二次压实作用,使混凝土密实度进一步提高,在混凝土初凝之前完成不少于4遍抹面收光,并及时养生,减少干缩和温缩裂缝。在施工表面较干的情况下可以启动自动喷水装置向施工面喷水,采用0~110r/min低挡转速进行二次压实抹光。然后采用0~180r/min高挡转速进行精平收光,彻底清除多余的浮浆,减少裂纹产生。

a)　　　　　　　　　　　　　　　　b)

图4-90　驾驶型抹光机压实、抹面、收光

4. 手推式铣刨机(图4-91)

混凝土达到设计强度40%后,采用手推式铣刨机碳化钨钢刀刀头以横向往复铣刨的形式代替拉毛工序,均匀铣刨3~5mm,完全清除浮砂,形成100%"创面",达到宏观纹理和微观纹理要求,增强防水材料表面的附着力和渗透效果,减少水损坏,以提高与沥青混凝土路面结合效果,增加路面的抗剪变形能力。

图4-91　表面横向均匀铣刨

5. 养生

浇筑完成后(图4-92),用土工布覆盖洒水,派专人养护不少于7d(图4-93)。在养护达到24h后,在跨中及墩顶处切割宽度10mm、深度20mm的横缝。

图4-92 桥面铺装浇筑

图4-93 桥面铺装养生

七、废弃混凝土砂石分离技术

在混凝土拌和、施工过程中,总避免不了产生废弃混凝土,如工序收尾剩余料、混凝土罐车涮车水中的砂石料等混凝土废料。以往对这些废料没有一个好的处理办法,从而导致既污染环境又浪费材料。

针对以上问题,两徽高速公路采用先进的砂石分离机设备(图4-94),对骨料和水泥进行分离,其中骨料的砂子与石子经清洗后分别排到砂子池和石子池,可重新使用,污水经沉淀过滤后可用于洗车,达到节约用水、废料零排放的目的。

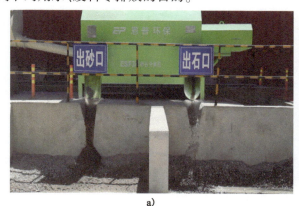
a)

b)

图4-94 废弃混凝土砂石分离机

八、钢筋网片排焊机

隧道钢筋网片排焊机(图4-95)一次加压,多次焊接,焊点牢固、均匀稳定,减少了现场作业量,能够有效加快施工进度。无论水平构件还是竖向构件中的钢筋网片均可以采用搭接、焊接和机械连接等方式进行连接。钢筋网片成品如图4-96所示。

九、意大利卡萨格兰地C6水平多功能钻机

两徽高速公路在隧道洞口管棚施工时,采用意大利卡萨格兰地C6水平多功能钻机(图4-97)。该钻机钻进速度快,成孔率高,钻孔深度可达40m,管棚送管到位;深孔取芯简单方便,地质预报直观准确,是提高隧道专业化水平、应急保障必备的专用设备。

图 4-95　钢筋网片排焊机自动加工

图 4-96　钢筋网片成品

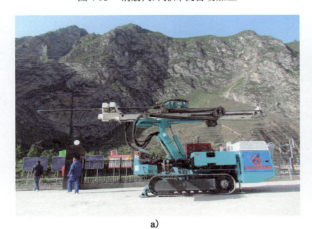
a)　　　　　　　　　　　　　　　　b)

图 4-97　意大利卡萨格兰地 C6 水平多功能钻机

十、阿特拉斯液压双臂凿岩台车

液压双臂凿岩台车（图 4-98）钻孔自动化程度、精度、效率高，通过在凿岩臂推进梁前端安装"固钎器"的方法，精确保证周边眼孔位和外插角度，实现 360°锚杆安装；湿式凿岩实现了钻孔过程粉尘低、施工噪声小，降低了施工作业环境污染；用双排楔形加大直径中空导向掏槽技术，实现了掏槽眼起爆质量高、临空面大；用电、液双动力系统，实现了底盘发动机和上装电动机动力的切换，降低了噪声、油耗和排放，操作稳定、方便，绿色环保、能源利用率高，避免了在安装和拆卸钻杆高空作业过程中出现坍塌伤人事故。

a)

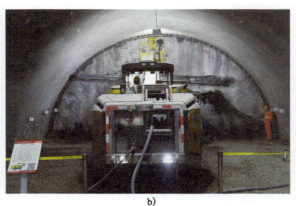
b)

图 4-98　阿特拉斯液压双臂凿岩台车

十一、挪曼尔特大型湿喷台车

两徽高速公路隧道喷锚施工时,采用了挪曼尔特湿喷台车(图4-99)进行湿喷混凝土作业,并在施工过程中逐步形成一套基于该设备的湿喷工艺。湿喷的特点是混凝土喷射均质性好,生产率高,施工时基本无粉尘、回弹率低。液态速凝剂能按混凝土量自动计量添加,通过大流量压缩空气的混合作用,更易于与混凝土湿料充分混合,湿喷层喷射均匀,快速凝结硬化,并通过与锚杆挂网的牢固联结黏附在隧道基面上,形成具有一定支撑能力的初期支护层。湿喷作业时,操作人员位于成型初衬区域内,将湿喷台车前臂伸展至作业范围,避免作业人员长期紧挨掌子面、临空面,降低人员意外伤害。湿喷台车具有电—液双动力系统,灵活方便,喷射混凝土粉尘小,绿色环保,有效改善了洞内施工作业环境。

a)　　　　　　　　　　　　　　b)

图4-99　挪曼尔特湿喷台车

十二、维特根混凝土滑模摊铺机

两徽高速隧道混凝土路面施工采用维特根混凝土滑模摊铺机(图4-100)施工,施工速度快,成型效果好,质量有保障。其优点有:一是滑模摊铺高程、平整度控制好。摊铺机由液压传感系统自动控制混凝土边线及高程,根据高灵敏度传感器反馈数字信息沿拉线自动行走调整,保证了道面的高程和平整度。二是道面混凝土强度高。摊铺机振捣棒作用半径大,振动频率高,分布间距一致,在整体协调下,对混凝土各点振动效果相同,提浆均匀,不会出现漏浆、过振现象,保证了混凝土的密实性、强度。三是施工效率高、安全性高。混凝土道面机械摊铺取代了传统人工摊铺的复杂工艺、工序,根据拌和能力,滑模摊铺机每天摊铺速度能达到800m以上,节省了大量的耗材及人力,降低了施工成本。四是安全施工得以保障。滑模摊铺机实行施工断面全封闭施工作业,配备了两个前置/两个后置作业照明灯以及搅龙照明灯,从而具备观察料斗及全部工作区域的绝佳视角,同时也解决了原有的人工+小型机具施工时,现场人员与机械交织作业造成的潜在风险。

a)　　　　　　　　　　　　　　b)

图4-100　维特根混凝土滑模摊铺机全断面铺筑

十三、多功能拱架安装台车

目前,我国公路隧道钢拱架支撑大多数仍采用人工作业,工序循环时间长,掌子面作业人数多,劳动强度大,安全风险高,施工进度缓慢。为解决这一问题,加快施工进度、节省成本、降低施工安全风险,两徽高速公路隧道施工时自主研发了隧道多功能拱架安装台车(图4-101),有效解决了传统作业中劳动强度大、工作效率及安全系数低等问题,降低了劳动强度和安全风险。

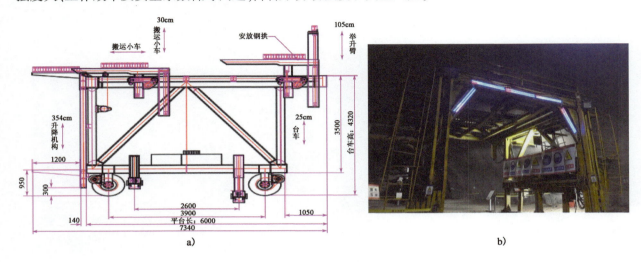

图4-101 多功能拱架安装台车(尺寸单位:mm)

台车具备两套垂直及一套水平运输系统,第一套垂直运输系统能将拱架垂直运输至台车顶面,通过水平运输系统将拱架运送至隧道掌子面拟安装位置;人工将拱架分段放入第二套垂直举升系统后,人工配合将两侧拱架滑落至拱脚;将第三段拱架放入垂直举升系统,举升至设计高程位置进行拱架拼装连接,最后人工调整拱架中线位置,整体举升拱架后落入拟安装位置。施工过程中多功能台车垂直、水平方向均能任意调整,能将拱架前后拉紧与连接筋紧贴,做到安全、省力。

十四、自行式移动液压二衬模板台车

自行式移动液压模板台车(图4-102)是采用全液压控制,具备上、下、左、右调整功能,行走采用电控系统,台车就位时间短,操作简单,提高了工作效率,加快了施工进度,且曲墙一次落地,保证了施工质量。

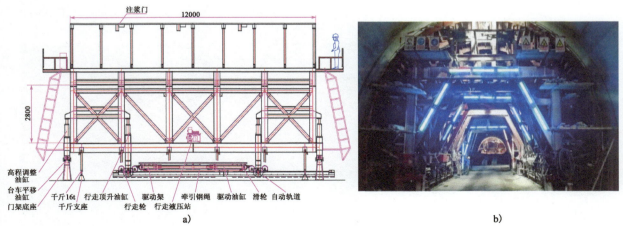

图4-102 自行式移动液压二衬模板台车(尺寸单位:mm)

十五、多功能防水板挂布台车

液压自行式防水板挂布台车(图4-103)施工安全系数较高,进度快,较传统隧道防水板铺挂工艺有着显著的优势。常规的防水板挂布台车采用轮式或滑移式,比较笨重,需借助装载机动力进行移动,且不能保证安全,而液压自行式防水板挂布台车在移动过程中安全可以得到保证,同时通过液压装置进行调节,可满足隧道不同设计断面防水板铺挂。

采用自动设备全断面布设防水板,减少了人力投入,提高了防水板挂设质量。

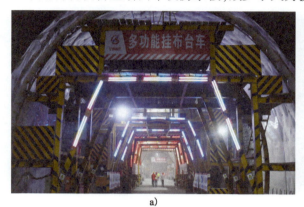
a)

b)

图4-103 多功能防水板挂布台车

十六、隧道整体式电缆槽台车

两徽高速公路隧道电缆槽施工时采用整体式液压电缆槽台车(图4-104),由桁架支撑系统、行走系统、液压系统、模板系统等组成。按每班组施工段落考虑,台车长度设计10~12m,台车设置4道桁架,间距3m,确保稳定性满足要求。行走系统采用轨行式,液压电气驱动;桁架两侧设置支撑梁,采用液压杆件连接模板系统,通过液压控制模板的升降实现模板的安装及拆除,模板采用整体钢模,长度10~12m,可通过电缆槽模板间的缝隙进行下料。整体式电缆台车具有以下优点:

a)

b)

图4-104 整体式液压电缆槽台车

1. 质量控制好

整体式液压电缆槽台车采用整体钢模设计,模板刚度大、稳定性好,可避免施工过程中出现"跑模"现象;并在钢模上设置附着式振动器,振动时间采用数控方式,确保了振动效果,可避免出现蜂窝麻面、流沙等现象。

2. 施工效率高

隧道电缆槽传统施工方法采用小块模板进行拼装,整体性差,模板安装及加固支撑、拆除耗时较长,每循环施工模板采用人工倒运,施工效率低,每循环施工周期约3天。采用整体式液压电缆槽台车进行施工,台车拼装完成后,每次施工作业只需要安装钢轨,台车就位后,全自动操作进行模板的就位,不需拼装和拆除模板,施工快捷,每循环施工周期1天。

十七、仰拱曲面模板

在两徽高速公路在隧道仰拱施工时采用仰拱曲面模板(图4-105),可准确控制隧道边墙与仰拱间小半径变径段曲率及厚度,确保仰拱二衬标准成环,解决了传统施工方法仰拱曲面不平整、混凝土振捣不到位的通病,有效提高了仰拱施工质量。

图4-105 仰拱曲面模板

十八、绿化工程新元素

1. 红色两当雕塑

红色两当雕塑(图4-106)位于两当互通式立交绿岛中心,总体高度6m,采用高低不同变化的结构来模拟飘动的旗帜。火红的颜色,斗志昂扬的战士彰显出两当兵变的伟大。

图4-106 红色两当雕塑效果图

2. 星火燎原浮雕

在两当立交主线右侧路堑边坡增设"星火燎原"浮雕小品（图4-107），以浮雕的形式创造富含红色文化的景观环境，提升红色旅游资源景区的整体形象。

图4-107　星火燎原浮雕

3. 张果老雕塑

在杨店北服务区增设张果老雕塑（图4-108），将张果老倒骑毛驴的经典形象以雕塑的形式展现在两徽高速公路景观中，既传承了历史神话，也传递了两徽高速公路建设过程中不断探索创新、追求卓越的精神。

图4-108　张果老雕塑

第五节　积极开展科研项目

在两徽高速公路施工中高度重视项目科研工作，以项目建设为依托，积极开展排水性沥青桥面铺筑、新近系红层公路隧道围岩变形、地下工程施工期空气粉尘及酸性气体净化、石墨烯复合橡胶改性沥青路面等方面的科学研究，通过总结形成设计、施工方面的工艺，为后续项目提供宝贵经验。

一、排水性沥青混凝土桥面铺装的研究及应用

两徽项目委托甘肃省交通科学研究院以两徽项目为依托对排水性沥青桥面铺装进行科学研究。

1. 科研目标

排水性沥青混凝土桥面铺装是以一种具有相互连通空隙的开级配沥青混合料作为桥面铺装的上面层,并在该层沥青混合料面层下设置封层。降雨时,雨水垂直通过沥青混合料到达不渗水的下面层表面,然后从侧向排到桥面的边缘。结合两徽项目环境及气候特点,研究排水性沥青混凝土桥面铺装设计方法及施工工艺,通过总结,为排水性沥青混凝土桥面铺装在甘肃省的进一步推广打下坚实基础。

2. 科研内容

(1)适合两徽高速公路交通及环境气候特点的排水性沥青混凝土桥面铺装的材料组成研究。

(2)排水性桥面铺装混合料配合比设计研究及路用性能分析。

二、新近系红层公路隧道围岩变形机制与修筑技术研究

两徽项目与甘肃省交通规划勘察设计院合作进行新近系红层公路隧道围岩变形机制与修筑技术研究。

1. 科研目标

以新近系红层软岩及其开挖公路隧道为研究对象,通过勘探测试、监控量测、现场试验、室内试验、数值模拟等技术手段,研究新近系红层软岩工程地质物理力学特性及隧道开挖支护后的变形破坏特性,开展隧道开挖支护方案优化设计与施工技术总结研究,并通过监控量测等进行红层软岩隧道信息化施工技术探究,以期最终形成一套操作性强的红层隧道勘察、设计与施工理论与技术。

2. 科研内容

(1)新近系红层软岩物理力学性质与工程特性研究。

(2)红层软岩隧道围岩分类分级方法修正研究。

(3)红层软岩隧道变形机制及支护结构优化设计研究。

(4)红层软岩隧道开挖与支护施工关键技术研究。

(5)红层软岩隧道信息化施工技术研究。

三、地下工程施工期空气粉尘及酸性气体净化技术研究

两徽项目与甘肃省交通科学研究院合作进行地下工程施工期空气粉尘及酸性气体净化技术研究。

1. 科研目标

为净化洞内掌子面附近区域和地下工程弯道通风不畅区域的空气质量,尤其是对粉尘和 CO_2、SO_2 等酸性气体浓度方面进行研究。从空气净化技术角度出发,开发一套体积小,能耗低,效率高的移动式空气净化装置,基于该装置提出一套空气净化技术,以实现局部区域的快速净化,有效降低有害气体成分的浓度。

2. 科研内容

(1)开展地下工程内空气组成检测与分析,用检测分析测试仪器及相应试验对隧道工程内空气组成进行检测分析。

(2)空气净化装置的机械结构设计与优化:将研发出的净化装置及相应净化技术应用到两徽高速项目隧道施工中,通过现场应用对装置及技术中存在的不足进行优化和完善。

(3)空气净化装置地下工程内布设优化分析的研究;通过对空气净化装置地下工程内布设进行优化分析研究,提出相应的装置净化布设方案。

四、石墨烯复合橡胶改性沥青路面施工技术

两徽项目公司与广西正路机械科技有限公司合作,在两徽高速公路进行石墨烯复合橡胶改性沥青

路面试验段的铺筑。石墨烯复合橡胶改性沥青技术是在沥青中添加石墨烯,石墨烯的添加使传统沥青路面各项指标得到大幅度提高;有效降低路面温度,提高路面的高低温静动态稳定度、路面黏结度、耐老化等特性,有效地解决沥青混凝土路面易出现的诸多问题,路面使用寿命可由10年提高至20年。

第五章
质量达到新高度

"品质工程,质量为本",两徽项目建立健全质量责任体系,明确建设、勘察、设计、施工、监理、检测单位的质量责任,推动落实质量责任终身制。规范专业施工方案编制审查,全面推行工程首件制,严格执行三检制度,加强试验检测工作,预防治理质量通病制,注重关键结构、隐蔽工程管控,提升工程结构耐久性。

第一节 落实工程质量责任

两徽项目公司建立健全工程质量责任体系,明确界定施工单位质量主体责任,建立岗位责任人质量记录档案,强化考核和责任追究,实现质量责任可追溯,推动落实质量责任终身制。

一、健全工程质量责任体系

两徽项目公司建立了完善的质量管理保障体系(图5-1),坚持全面质量管理,确保工程质量合格。质量管理实行项目管理公司全面督促检查、监理驻地办控制、总承包单位自检、检测单位独立检测和质监部门监督相结合的管理体制。

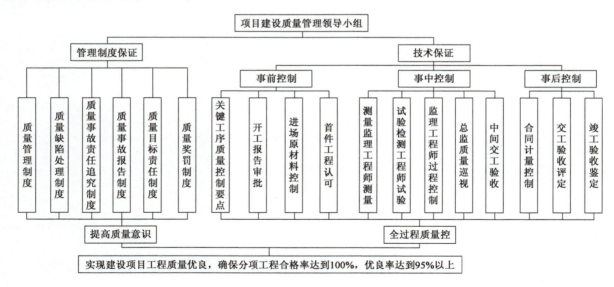

图 5-1 两徽项目质量保障体系

二、两徽项目公司质量管理体系

1. 两徽项目公司负责人分工

董事长全面负责项目公司各项工作;总经理全面负责工程质量、进度、安全等工作,抓好两徽廉政及精神文明建设,分管综合办公室、征地拆迁科;生产副总经理协助总经理负责工程质量、进度、安全等工作,协调设计工作,分管监管科、财务科;安全副总经理协助总经理负责中交路建设计施工总承包部的工程质量、进度、安全等工作,分管安全环保科;总工分管工程技术科。

2. 两徽项目公司综合管理区域负责制

两徽项目划分为两当片区、柳林片区、银杏片区。委派项目总工程师负责银杏片区;委派监管科科长负责两当片区;委派工程技术科科长负责柳林片区。

三、总承包部质量管理体系

(1)总承包部对工程质量直接负责,项目经理为第一责任人,项目总工、质检负责人为第二责任人,各施工处负责人为直接责任人,质量检验部门和工地试验室监督相结合的管理体制,建立"现场自检、监理抽检"质量保证体系,确保实现工程质量目标。

(2)质量管理体系是控制工程质量的基础,项目经理部建立了完善的质量管理控制体系。包括人员机构、岗位职责、规章制度、检测手段、预防完善措施、奖惩办法。

(3)建立健全完善的工程质量管理机制,认真落实质量责任岗位制,责权明确,把质量管理工作落到实处,真正做到层层有人抓,事事有人管,处处有人把。

(4)工地试验室合理配置试验检测设备,完善检测系统,真正做到用科学数据指导工程生产。

(5)实行"全方位、全过程、全员控制"的工程质量控制手段。

①全方位控制:从参建人员质量意识行为、工程材料、机械设备、施工工艺、管理制度、管理体系、经济管理、安全保障、检测手段、施工组织、内外工作协调等进行全面控制。

②全过程控制:每个分项工程从施工图纸复核、现场测量放样、原材料选择、各工序施工一直到该工程完工验收整个过程的每一个环节,都进行全面的质量控制。

③全员控制:凡参加项目建设的每一个人都要增强质量意识,规范质量行为,按规范操作,坚持质量标准,用严谨的工作态度创造出合格工程。

(6)实行工程质量稽查制度,查处、纠正违规行为,保证工程质量管理工作规范而有序地实施。对出现的质量事故严格遵循"三不放过"的原则:事故原因不清查不放过、不分清责任不放过、整改措施未落实不放过。

(7)实行工程质量举报制度,加大工程质量的监督力度。

四、驻地监理办质量管理体系

两徽高速驻地办根据《两徽项目管理公司建设项目管理办法》《监理规范》等文件及规范的要求,结合项目特点组织经验丰富的各专业监理工程师在熟悉设计文件和现场的基础上,详细编制了《监理计划》《监理细则》(图5-2)《制度汇编》《质量体系》《重点部位质量防控手册》《质量通病治理手册》和《质量目标责任书》(图5-3)等管理文件。通过完善的监理体系把监理工作各阶段、各环节的工作按照有关标准和程序结合起来,对监理工作质量进行动态控制,形成一个既有明确目标、职责和权限,又相互协调、相互促进的有机整体。

驻地办设立了高级驻地监理工程师办公室、副高级驻地监理工程师办公室、综合办公室、安全环保办公室、计量合同办公室、试验检测办公室、路基监理工程师办公室、桥梁监理工程师办公室、隧道监理工程师办公室。

五、中心试验室质量管理体系

两徽项目各中心试验室主任全面负责中心试验室的运行管理和试验检测工作。各中心试验室主任是母体试验检测机构委派的正式聘用人员,且持有试验检测工程师证书,设技术负责人、质量负责人各1人,负责中心试验室的技术和质量工作。所有试验检测人员均持证上岗,并在母体试验室注册登记。

试验检测人员持证专业配置合理,涵盖了本项目所涉及的各个专业范围和内容。其中,路基路面工程持证专业包括公路、材料、桥隧、交安等。

中心试验室主任全面负责本中心试验室工作,对完成的试验检测工作质量总负责,认真运行本中心试验室质量管理体系,确保公正、科学、准确地开展各项试验、检测工作,并全面负责本中心试验室安全生产工作;技术负责人全面负责本中心试验室技术工作,负责对各总承包部工地试验室的技术业务指导工作,组织对其试验检测工作质量进行监督,有权停止不符合要求的试验、检测活动,并负责本中心试验室质量体系运行的日常监督和检查,组织质量体系内部审核;试验检测师负责安排各项本中心试验室试验工作,调配试验人员,根据委托时间及紧要程度安排试验顺序,保证按时完成试验任务,并协助技术负责人完成本中心试验室其他检测工作;助理试验检测师负责承担本中心试验室各项检测任务,并对样品检测结果的准确性负直接责任并负责出具试验原始记录,登记试验台账;资料管理员负责保管本中心试验室试验原始记录和试验报告,分类登记归档,并负责试验统计报表及相关资料的上报工作。

图 5-2　监理细则

图 5-3　工程质量目标责任书

六、设计方管理体系

勘察设计质量实行分级负责制,项目负责人对勘察设计成果的总体性、协调性、正确性、设计方案完整性负责;总工办专业副总工程师对本专业勘察设计重大方案负技术责任;各专业组勘察、设计及校审人员为设计文件直接责任人。按照分级负责的原则,设计校审工作分为三级校审和两级审查。三级校审为复核、专业组审核、部门审核;两级审查为项目负责人审查、总工办审查;总工程师最终审定。校审中发现的问题,由上道工序修改完善,重新校审。校审须填写《设计校审记录单》,对校审结果确认。

第二节　建立岗位责任质量登记卡,推行质量责任终身制

各参建单位按照"谁建设、谁勘察、谁施工、谁监理、谁审核、谁采购、谁试验检测,谁负责"的原则追究责任;进一步完善和细化本单位的质量登记及责任追溯制度,制定责任追究具体实施办法,明确工程质量责任,建立管理档案,锁定施工者责任,实行工程质量终身责任追究。

第三节　质量风险预防管理

强化建设项目质量风险预控管理,加强质量风险分析与评估,完善质量风险控制措施和运行机制,健全施工组织设计编制、审查和执行落实体系,严格专项施工方案论证审查制度,强化技术方案分级分类审核责任,夯实工程质量管理基础。

一、规范专项方案编制及审查制度

为落实质量责任,加强两徽高速建设工程的安全技术管理,防止质量责任事故,两徽项目公司制定了专项方案编制及审查制度。专项施工方案分为一般危险性工程专项施工方案和重大危险性工程专项施工方案。一般危险性工程专项施工方案是由施工单位在施工前单独编制的安全专项施工方案,重大危险性工程专项施工方案是由施工单位组织专家进行论证、审查的安全专项施工方案。

针对两徽高速桥隧比例高、短路基多的特点,监理工程师对施工单位上报的施工技术方案严格把关,选择技术先进,工艺合理,布置紧凑,过度方便,节省占地,节约投资,环保到位的技术方案,同时提高项目集约化、机械化、信息化,提高工程的耐久性、实用性和经济性。

驻地办严格按照两徽项目公司设计变更审核管理办法,依据相关的合同条款和技术规范,对上报的变更工程进行认真、详细的审核和现场调查,确保变更资料齐全,方案合理、科学,满足工程使用的合理性、耐久性。

二、全面推行首件工程制

两徽项目全面推行首件工程制(图5-4),首件工程认可制的建立,立足于"预防为主、先导试点"的原则,抓住首件工程的各项质量指标进行综合评价,以指导后续批量生产,及时预防和纠正后续批量生产可能产生的质量问题。

图5-4 工程首件实施方案

驻地办严格审核首件工程施工方案,重点审查施工工艺、技术培训和质量保证措施等,并全程监督施工单位按照批准的首件工程施工方案实施。实施过程中详细记录施工流程和有关技术参数,对首件工程实行全程旁站。首件工程完成后,驻地办会同项目公司、中心试验室、总承包部对首件工程进行检测、验收,并进行综合评价,达到首件工程质量要求后督促施工单位根据检测结果及各方意见形成首件工程总结报告,经批准后组织实施。首件制执行程序如图5-5所示。

图5-5 首件程序

第四节　加强过程质量控制

加强现场监督检查,将工程质量弱项指标合格率作为工程品质提升的重要检验指标,加强关键结构、隐蔽工程和重要材料的质量检验和控制,切实提高工程耐久性。

一、严格执行"三检制度"

1. 自检

(1)施工班组人员在操作过程中,按相应的检验批质量验收记录表进行自检(图 5-6),经自检达到质量标准,并经组长验收后,方准继续进行施工。

图 5-6　施工人员检查验收

(2)班组长按相应的质量验收记录表中所列的检查内容,在施工过程中逐项地检查班组每个成员的操作质量。在完成后逐项地进行自检,并认真填写自检记录,经自检达标后方可请施工员组织质量验收。

(3)施工员除督促班组认真自检、填写自检记录,为班组创造自检条件外,还要对班组操作质量进行中间检查。在班组自检达标且有自检记录的基础上,逐项地进行检查,经检查达标后,方可请项目专业质量检查员进行质量核验。未经专检人员进行核验的检验批工程,或虽经核验未达标时不得安排进行下道工序。

2. 交接检

在上道工序完成后下道工序施工前,双方班组长进行交接检查。经双方认真检查并签字确认后,方准进行下道工序施工。未经交接检或虽经交接检但未达到要求的检验批工程,接方可拒绝进行施工。

3. 专检

(1)所有分项工程、隐检、预检项目,必须按程序,作为一道工序,邀请专检人员进行质量检验评定。未经专检人员核检评定的项目,或虽核验评定但未达到质量标准的项目不得进行下道工序,对违反此规定的责任者,专检人员有对其实行经济处罚的权力。

(2)专检人员进行分项工程质量核验之前要先查阅班组自检制度是否符合要求,在无自检记录或者不符合要求时,不予进行核验。对有自检记录的分项工程,在核验评定时会同有关班组长共同进行。

(3)专职质检员在核验评定分项工程质量等级时,必须按质量标准、质量控制目标认真检查、严格把关;在施工过程中,应认真检查原材料、成品、半成品的质量是否符合要求,并主动协助班组长搞好质量管理工作。

二、监理过程管理

1. 加强现场管控,注重事前、事中监理

监理工作强调事前控制,即通过巡视、旁站等发现质量、安全隐患时,立即以口头告知或书面指令等形式通知承包人进行整改,做好预控工作,将质量风险控制在最低水平。为此驻地办强化巡视、旁站力度,严格落实旁站监理、巡视监理制度以及24小时答复制,对发现的隐患、问题等第一时间通报给施工单位现场负责人,并要求"限时、定人"进行整改,整改完成后通知监理工程师进行现场核实验收(图5-7)。

图5-7 现场抽检

2. 加强巡视和材料抽检

为了保证工程质量,驻地办为每一个施工段落配备足够的专业监理工程师和监理员,监理工程师每天对施工现场进行巡视(图5-8),对进入施工现场交通产品查验出厂合格证、材质单以及检测报告,并做好验收记录。同时监理工程师及时通过微信、QQ等网络方式,通知试验监理工程师做好质量检验工作。驻地办对施工现场质量不合格的材料采取"零容忍"的态度,监督施工单位进行清场处理。

图5-8 现场巡视

在日常施工中,驻地监理执行试验检测旁站见证制度(图5-9),监督总包部工地试验室工作规范运行,确保试验检测数据的真实性、客观性。对用于工程实体的材料,试验监理工程师随时做好随机抽样,对进场的材料做好检验工作,符合标准后在过程中严格监控,保证原材料合格。

图 5-9　试验检测

3. 严格工序验收

工序验收过程中(图 5-10),严格按照图纸、规范及技术方案进行验收。每一道施工工序完成后,由总包部质检员向专业监理工程报验,专业监理工程师首先查验工序报验单,会同现场质检员进行抽检验收,确定是否达到质量标准,合格后,方可进入下道工序,确保工程质量。为使工序验收衔接紧密更具时效性、不因监理不到位而影响施工进度,驻地办要求现场监理要熟悉掌握施工动态,以"主动服务、跟随服务"的态度进行报检验收,同时做好验收记录,对存在问题验收不通过的书面记录原因及整改要求,并在后续工作中予以闭合。

图 5-10　工序验收

4. 规范监理指令

监理指令是监理工作事中控制的重要手段之一,为使监理指令发挥的作用最大化,驻地办制定了

"指令原则"：①适当和谨慎运用指令,不得超越监理合同的授权范围发布指令;②不得超越本人的岗位职责范围发布指令;③不轻易发布"建议性"指令;④不用指令来炫耀自己的权威;⑤指令讲求实效。通过"指令原则"进一步规范了监理指令的形式和内容,使指令真正起到约束、控制、整改的目的。在施工过程和验收时发现工序有较大问题或需要返工的,及时下发监理指令对相关问题进行整改,整改完成后驻地办安排专人进行复查,并要求对相关责任人进行处理、教育,杜绝类似问题再次发生。

5. 强化资料管理

在资料管理方面,驻地办成立资料管理领导小组全面负责内业资料归纳、整理,做到资料与工程进度同步;安排专人进行资料验收归档,随时与资料公司和试验室对接,统一资料表格,确保抽检资料真实、及时、齐全、有效。

三、中心试验室过程管理

1. 试验检测指导作用

试验检测是工程建设中进行质量、进度、费用三大控制的重要手段,通过试验检测,可以合理地选择原材料,优化原材料的组合,提高工程质量,降低建设成本,节约工程造价;通过试验检测,可以为新材料的使用提供质量技术支撑;通过试验检测可以不断改进施工工艺,优化施工流程,保障施工质量;通过试验检测,可以确定工程内在质量和外观质量,验证施工与设计的一致性,及时发现、消除工程质量隐患,为保证工程质量奠定基础。试验检测工作是推进技术进步的先导,是加强质量管理的先行,是严格质量把关的重要关口,也是质量优劣评定的重要依据。

2. 试验检测与各方配合

中心试验室建立工作联系和工作汇报制度,充分利用了微信平台功能,严格执行三检制度,各试验检测加强与施工现场质检部门的工作联系,及时将检测数据和结果提供给现场监管部门,同时定期对试验数据进行统计和分析,从检测角度分析工程质量控制情况,辅助监管部门共同控制好工程质量。

两徽项目土建工程监理不设试验室,按照监理招标文件和试验检测招标文件规定,监理单位未设立试验室或不具备试验检测条件的监理驻地办按照合同要求配备试验监理工程师,按照监理抽检频率或合同要求委托中心试验室完成试验检测,检测结果作为监理单位的评定依据,监理单位对结果进行确认。对重要工程部位检验,由施工单位先自检,监理单位全过程旁站见证试验结果,旁站监理应及时上报中心试验室进行验收试验,填写申请验收试验工作联系单或现场委托试验单,对不申请验收试验或未经过中心试验室抽检验收不得进行下一工序的施工。

中心试验室对试验检测中发现的问题,在检测结果出来后第一时间电话通知监理工程师和施工单位,并做好电话通知记录,若检测结果不合格,及时以不合格材料通知单(图5-11)的形式下发至驻地监理办,同时上报项目公司监管科,由驻地监理办负责督促整改落实回复闭合(图5-12)。中心试验室和驻地监理部一起配合施工单位查找原因,制定合理的施工计划和施工工艺。

3. 材料质量控制

原材料是构成工程实体的根本,其质量的优劣直接影响工程实体的品质,两徽项目各试验人员以"零"容忍态度对待原材料的质量问题,对检验结果不合格的材料坚决予以清场处理。

为加强两徽高速公路各材料质量管理,防止劣质产品危害工程质量,本项目使用的所有材料、交通产品,总承包均进行招标确定,中心试验室参与材料招标过程,核对相关技术要求。材料招标确定后,根据交通主管部门的要求,进行备案登记,非招标确定的交通产品不得用于本项目。各种材料质量要求如下:

图 5-11　不合格通知单　　　　　图 5-12　不合格通知单回复闭合

1）集料质量控制

在工程施工各项原材料中，集料的加工及其质量控制是质量管理中的薄弱环节，对此两徽项目管理各方高度重视集料的加工及进场检验，对加工宕口的选择——开采——生产——运输——现场堆放等各环节进行了明确要求，并严格控制。路面工程中为了保证集料的质量，现场安装了加工设备，对进场的材料进行精加工，有效控制集料质量。

（1）宕口控制

混凝土、基层、底基层、沥青路面选用集料宕口母岩要求其达到石质均匀、裂隙少、无分化、不夹杂软弱层等要求；同时，沥青路面加工前对表面风化层级土层进行剥离，对夹杂的其他岩性石料进行分拣丢弃处理。

（2）碎石加工控制

混凝土、路面基层所用的碎石采用二级破碎加工工艺，首破采用颚式破碎机、二破采用反击式破碎机，并配置了振动喂料器（格栅过滤尺寸为 10cm）、五层筛网的大面积振动筛、除尘设备；面层碎石加工严格执行三级及以上的破碎工艺，在上述设备的基础上三破采用冲击式整形破碎机，每条生产线配置了三级除尘装置（图 5-13）。

图 5-13　集料流程示意图

集料的加工过程中振动喂料器对进入破碎机的石料进行最后一次筛选，筛除石料中泥土等杂质，经过首破、二破后对针片状含量偏高的采用冲击式破碎机整形处理。为了严格控制石粉含量，在二破、三破、振动筛上均安装了除尘设备。生产过程中，中心试验室及监理不定期抽查筛网的破损情况、破碎机板锤与衬板的破损情况，发现形状不良、针片状含量接近上限情况时及时要求其更换筛网、板锤及衬板，发现石粉含量不稳定时，及时通知其清理布袋及除尘设备（图 5-14）。

图 5-14　除尘设备

（3）集料运输控制

中心试验室的驻场人员负责监督石料的来源、必要时进行检测，确保块石符合要求，对出厂的运输车辆进行逐一签字确认，并登记，与拌和站进场登记做到一一对应，运输过程中车辆用防水篷布进行全覆盖。

（4）集料进场检验及管理

材料进场由试验负责人验收并做各项指标的检验，合格后按不同规格分别堆放，为防止堆料过程中发生级配离析（图5-15）、串料等问题，各料仓设置了2.2m高的隔墙，搭设雨棚，不同规格、不同岩性的材料进行分层（图5-16）、分仓堆放，并设置了标识牌、样品箱，以便清晰的辨认。

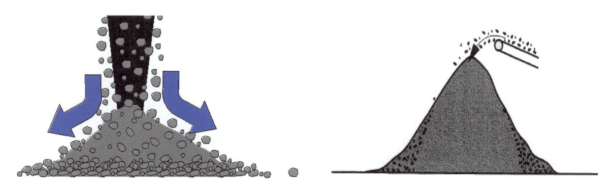

图 5-15　集料下落过程中产生的离析

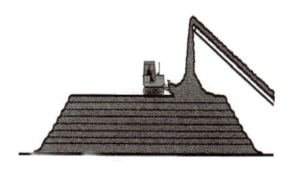

图 5-16　分层堆放示意图

中心试验室巡视、抽检过程（图5-17～图5-20）中发现不合格材料时，责令施工单位在24小时内清场处理。

图 5-17　粗集料抽检

图 5-18　细集料抽检

图 5-19　集料压碎值试验

图 5-20　集料针片状试验

2）沥青质量控制

（1）基质沥青质量管理

①基质沥青进场前相关要求

沥青入库前中心试验室对供应商提供的相关检测报告及信息资料进行检验，主要包括：原产地证明、到达时间、采购合同、沥青出厂检测报告、SGS 检测报告、中国口岸商检报告、铅封情况等。

②基质沥青供应商入库管理

沥青供应商沥青库贮存罐设立专罐，且贮存罐经确认无残留沥青；贮存罐确定后中心试验室、监理及施工单位对进、出口分别进行上锁并共同签字进行封存，在本项目沥青供应完毕之前，已封存的沥青贮存罐不能贮存本合同之外的其他沥青产品。

沥青入库前由中心试验室、监理、施工单位及供应商代表组成检验组（以下简称沥青检验组）确认相关资料齐全后共同见证进行取样并现场进行封存（至少取 10 个样品），并将其中 2 份样品（1 份样品供检测用，1 份样品供留样用）送往具有交通运输部公路工程综合甲级资质的检测机构进行规范规定的全部指标检测、光谱分析（图 5-21）和 PG 分级试验。其他 8 份样品分别留样及各指标的检验，合格后在共同见证下放入贮存罐，并上锁封存。

③基质沥青的出库、运输及施工现场检验

沥青出库由试验驻场人员确认贮存罐的链锁、封条是否完好，同时检查沥青出库单（加盖供应商公章）及磅单（加盖供应商公章）并归档。沥青到场后应核对车号、吨位、铅封、GPS 定位行驶轨迹等相关信息，确认无误后方可进行沥青取样检测。

沥青运输到拌和场后必须用红外光谱仪进行红外光谱检测分析，并和该沥青的样本光谱图比对无误后才允许其他指标的检测，避免在运输过程中被"调包""以次充好"等现象的发生。

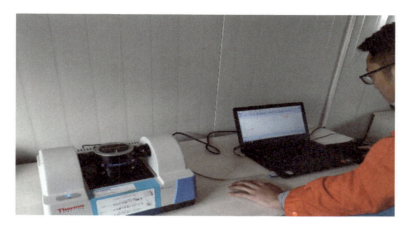

图 5-21　沥青光谱分析

（2）改性沥青质量管理

①原材料

用作改性沥青的道路石油沥青质量监管参照上述基质沥青监管实施；改性剂、稳定剂进厂时由沥青检测组现场检查确认，同时建立台账并登记品牌、数量等信息。

②改性沥青加工

改性沥青加工流程如图 5-22 所示。首次正式加工时，沥青检测组和改性沥青生产商须共同对该批进场的道路石油沥青进行见证取样和封样，并送往具有交通运输部公路工程综合甲级资质的检测机构做规范规定的沥青性能的全部指标试验及 PG 等级。

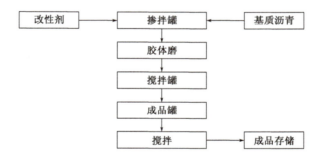

图 5-22　改性沥青加工流程图

改性沥青加工安装了远程监控系统，监控内容包括改性沥青的加工流程、外掺剂品种及掺量、相关参数及生产数量等。

③基质沥青的出库、运输及施工现场检验

沥青出库由试验驻场人员确认检验合格后，同时检查沥青出库单（加盖供应商公章）及磅单（加盖供应商公章）并归档；改性沥青运输车辆需安装 GPS 全球定位系统和数据传送器进行全程监控。

改性沥青进场时须对随车出厂检验单、发货运单、铅封等进行检查，确认签字无误、运单车牌号与罐车牌号相符、铅封完好等情况后，方可启封取样进行检验，并留样封存。用红外光谱仪进行沥青红外光谱检测分析，确定改性剂掺量后，检验各项指标，检验合格后方可卸货入罐，否则，予以清退。

3）水泥质量控制

水泥取样是水泥检测过程中首要的一个环节，水泥进场后，按其品种、强度等级以及出厂时间等情况分批进行检查验收，关键在于核查相应的材质单信息。在卸车前，主要检测水泥的安定性、初终凝时间、三天抗折抗压强度等指标，上述指标检测合格，才能进行入库验收。水泥标准稠度试验、水泥胶砂抗折抗压强度试验分别如图 5-23、图 5-24 所示。

图 5-23　水泥标准稠度试验

图 5-24　水泥胶砂抗折抗压强度试验

（1）水泥取样数量要符合要求

对于袋装水泥，同一水泥厂生产的同期出厂的同品种、同强度等级的水泥，以一次进场的同一出厂编号的水泥为一取样单位，取样应有代表性，每个编号内随机抽取不少于 20 袋水泥，采用袋装水泥取样器取样，将取样器沿对角线方向插入水泥包装袋中，小心抽取样品；对于散装水泥，随机从不少于 3 个罐车中取等量水泥。

（2）水泥存放与保管要符合要求

每一编号水泥样品通过 0.9mm 方孔筛后充分混匀，一次或多次将样品缩分到相关标准要求的定量，均分为试验样和封存样两份（图 5-25），样品取得后存放在洁净、干燥、防潮、密闭、不易破损、不与水泥发生反应的金属容器中，加贴封条和样品编号，封存样一般密封留样 3 个月，以备观察及再检测。

图 5-25　水泥留样

4）钢筋质量控制

钢筋原材料在进厂前，按不同钢种、等级、牌号、规格及生产厂家分批进行验收。首先核查材质单（图 5-26），核查信息无误后，进行现场初检（图 5-27），包括钢筋的外观质量，如裂缝、结疤、气泡、伤痕及锈蚀程度等。初检通过后，抽样做力学性能试验，包括拉伸（图 5-28）、弯曲、直径（图 5-29）、重量偏差试验。常规试验检测合格后，才能卸车入库。按不同钢种、等级、牌号、规格及生产厂家，分别堆放，且设立识别标牌。

钢筋原材取样数量要符合要求。每一验收批中取试样一组（5 根重量偏差试验、2 根拉伸试验、2 根冷弯试验）。试件从两根钢筋中截取，每一根钢筋截取一拉力试件、一冷弯试件。低碳钢热轧圆盘条冷弯试件应取自不同盘，试件在每根钢筋距端头不小于 50cm 处截取。

图 5-26 钢筋原材信息核对

图 5-27 钢筋原材抽检

图 5-28 钢筋拉伸试验

图 5-29 钢筋直径检测

5）交通产品质量控制

两徽高速公路隧道、桥梁、交安、机电及房建工程所用的产品、半成品及成品材料等各类交通产品，各中心试验室在参与招标过程中进行相关技术参数审核的同时，加大进场验收、检验及进场管理的力度，加强交通产品质量管理，严把质量关，防止劣质产品危害工程质量，具体措施如下：

（1）交通产品的进场

各总承包部提前至少一个月将交通产品的进场数量计划报至中心试验室，交通产品进场后，分类集中堆放，避免上一批次混合堆放（分2个库房分别堆放，分别为已检库房和待检库房），由中心试验室、驻地办、总承包部三方三锁封存，并在外委试验检测结果合格后，共同启封后使用。

（2）交通产品的初验

交通产品进场后，中心试验室接到总承包部通知后到场初验，通过检查交通产品是否为招标厂家产品，查看产品的合格证、质保单、型号及数量等，并对材料的外观、尺寸及重量偏差等指标进行检测。若上述有一项相关要求出现不符合现象，立即封存产品，并通知总承包部清场。清场时总承包部通知中心试验室、监理人员到场并留影像资料。防水板信息核对及厚度检测如图5-30和图5-31所示。

（3）交通产品的取样

交通产品初验合格后，由项目公司、中心试验室、驻地办、总承包部四方共同见证取样，止水带样品抽取如图5-32所示，并填写进场验收记录表（图5-33），样品数量为一式三份，一份送外委检测单位，一份留中心试验室，一份留总承包部。取样完毕后，对样品进行现场封样，封样采用中心试验室、驻地办、总承包部三方共同签字并加盖中心试验室公章，填写委托单，委托单一式四份，中心试验室、驻地办、总承包部、外委单位各一份，委托试验项目应符合规范要求的全部指标。

图 5-30　防水板信息核对

图 5-31　防水板厚度初检

图 5-32　止水带样品抽取

图 5-33　交通产品进场验收记录

（4）交通产品的送样

交通产品取样完毕后，暂放于中心试验室。各中心试验室根据样品的多少决定送样时间，存放时间不能超过 5 个工作日，送样人员为中心试验室人员。送样人员携带委托单、产品合格证及质保单。外委检测报告应填写代表数量、批号等重要信息。

（5）交通产品的送检频率

首批用于项目的各项交通产品全部外委检测，施工过程中对于工地试验室不具备检测资格的材料全部外委送检，送检频率满足相关规范要求。

（6）交通产品的处置

外委试验检测报告出来之前，各总承包部在中心试验室监督下使用已检库房中上一批次交通产品，若发现总承包部私自使用本批交通产品，中心试验室会以不合格产品进行清场处理；试验检测报告出来后，对不合格的材料试验报告，各中心试验室及时将不合格的交通产品上报项目公司，建立不合格交通产品台账，通知驻地办将本批交通产品全部封存，并核实具体数量，由项目公司进行最终处理，情节严重者对总承包部进行处罚。对合格的材料试验报告，总承包部给中心试验室和监理各一份，并将材料转入已检库房使用。

4. 不合格材料处理程序

各中心试验室对不合格品严格进行控制，防止出现不合格工程物资误用、不合格工序转入下道工序和不合格工程交验等现象，确保工程质量符合规范及合同要求。中心试验室注重检测工作的及时性，对检测不合格的原材料和工程实体，认真评定试验结果，分析试验数据的准确性，第一时间出具报告，同时电话通知监理相关人员,最后以不合格通知单形式书面报送项目公司及监理驻地办,所有不合格材料的处理均由试验检测人员和监理共同督促总承包部进行整改处理(图5-34),将整改完毕的各项资料报至中心试验室存档,由中心试验室对整改处理结果进行抽查验证。

图5-34 不合格材料清场

5. 对工地试验室的监管行为

中心试验室对各总承包部工地试验室在进场时进行检查,检查人员资质、设备状况、工作制度、检测计划等是否满足合同要求和施工需要。

中心试验室加强对工地试验室的业务指导工作。对所有工地试验检测人员,由中心试验室牵头进行试验基本技能和素质考核,择优选择上岗人员,并建立试验人员学习、工作档案,对人员进行量化考核。

中心试验室加大对工地试验室的工作检查,形成定期检查制度,每半月一次,从外业到内业、从原材料到半成品、成品进行专项检查;不定期地对各工地试验室进行巡查,对检查出的问题以文件形式上报项目公司,并要求其及时处理和整改。督促工地试验室完善自检体系,认真履行职责,加强原材料检验及施工过程控制,认真检验各种原材料质量,随时掌握试验工作动态,及时出具试验报告,使试验工作做到标准化管理。其中,对工地试验室的工作考核,纳入项目公司对各试验室年度信用评价考核中。

四、实体质量控制

为保证两徽高速公路"优质耐久"项目建设目标的实现,各中心试验室从进场材料严格检验、参与施工三级技术交底、配合比验证审批、全过程质量检测等方面,确保项目质量控制要求落到实处。

1. 路基工程

1)路基填筑

在路基填筑之前,中心试验室监督施工单位铺筑长度不小于200m(全幅路基)的试验路段,通过试验段确定路堤填筑施工工艺。中心试验室在填筑过程中按照频率及时进行最大干密度的复核,层层控制填筑厚度,在进行石灰稳定土填筑过程中,每层的灰剂含量随机进行检测,确保灰剂含量均匀稳定。不同性质的填料分别填筑,不得混填。较大粒径石块均匀地分布填筑层中,石块间的空隙用较小碎石、石屑等材料填充密实,并使层厚均匀、层面平整。

在完成一段路基填筑压实后,工地试验室进行压实度自检(图5-35),自检合格后报中心试验室和监理抽检,抽检合格后方可进行下一层的填筑。

2)三背回填

构造物三背回填质量通病是工程建设中最常见的难点问题,为防止三背回填不到位造成的桥头、涵尾跳车,挡土墙、台背沉陷,确保工程质量,中心试验室严格执行《两徽高速公路三背回填实施方案》细则。选用透水性较好、压缩值较小砂砾、碎石、矿渣或无机结合料作为三背回填材料。每层的压实厚度不超过15cm,压实度要求从基底至路床顶面均不小于96%,每层都留有影像照片。为了施工时控制层厚,在构造物上用油漆标记每层填土的高程线。在台背回填压实过程中,两侧对称回填压实,并保持结构物完好无损。对压路机无法到达的窄小工作面,用小型压路机(图5-36)或高性能的冲击夯(图5-37)进行夯实,并每填筑一米进行一次液压夯补强。对于挖石方基坑工作面窄小时采用片石混凝土或浆砌片石填筑。

图 5-35　路基压实度检测

图 5-36　小型压路机补压　　　　　　　　　图 5-37　液压夯实

2. 桥梁工程

各中心试验室结合工程施工进展情况,从施工准备阶段、施工阶段、实体质量检测三个阶段来控制桥梁施工质量,重点加强隐蔽工程、关键工序、重点部位的实体质量抽检频率。以"控制材质、科学配比、提高工艺、确保质量"为目标,以"日常巡检"为重点,对桥梁工程的施工质量进行监督和检查,具体措施如下:

1)施工准备阶段

各中心试验室制定详尽的检测计划,加强对桥梁用原材料和半成品构件的质量检查,按照规范及设计图纸要求对钢筋、水泥、砂石材料进行进场后的检测,严格遵循先检后用的原则。其中钢筋和水泥是两种主要的工程材料,也是难以从外检测的材料,通过规范的室内试验,加强对两者的质量监控。对水泥混凝土配合比进行试拌调整,对混凝土工作性能、强度进行验证,从而保证混凝土的耐久性和强度要求,达到经济合理的目的;并通过核查拌和站配合比数据的方式(图5-38),加强混凝土质量。按照规范要求频率对桥梁工程用成品、半成品以及对没有资质检测的样品进行信息核对,并见证取样送检外委单位,及时对外委报告进行确认,杜绝不合格产品、"黑名单"产品使用于实体工程,从源头上把好材料试验关。减水剂信息核对如图5-39所示。

图5-38 拌和站配合比数据核查

图5-39 减水剂信息核对

2)施工过程质量控制

桥梁工程施工阶段的质量控制,是整个桥梁质量控制的重点阶段,一座桥梁的施工由众多的工序组成,只有确保每一道工序的质量,才能保证桥梁整体的质量。在施工过程中,各中心试验室严格按规范及设计文件要求对地基的基底平面位置、基底处理和排水情况、基底地质情况和承载力等进行验收,确保达到设计要求后方可进行下一道工序。对混凝土拌合物工作性[如坍落度(图5-40)、含气量(图5-41)等]进行验收,并对混凝土抗压强度每个部位100%全覆盖进行验收。对钢筋的型号、钢筋抗拉强度、锚固长度、保护层厚度、搭接长度、焊接区的位置、弯起钢筋位置、焊接长度以及钢筋骨架尺寸等进行验收。对预应力混凝土中的预应力钢材编束、钢筋冷拉、施加预应力、孔道预留、孔道压浆等项目进行验收。

图5-40 混凝土坍落度检测

图5-41 混凝土含气量检测

3)实体质量检测

混凝土养生期结束后,中心试验室通过混凝土回弹强度检测(图5-42)、混凝土碳化深度检测、钢筋位置及混凝土钢筋保护层厚度检测方式,对实体工程质量进行最终检查,并对其他相关技术内容进行验收。

混凝土钢筋保护层厚度是一项重要的结构物耐久性指标(图5-43),也是影响结构物使用寿命的一个重要因素,从全线混凝土工程质量状况来看,结构物的强度等主要指标已基本得到保证,但是钢筋保护层厚度合格率相对不稳定,为保证钢筋保护层厚度检测的准确性,中心试验室会同各总承包部开展了结构物钢筋保护层厚度比对试验,以加强对钢筋保护层厚度的控制,更好的控制施工质量。

图 5-42　墩柱回弹强度检测　　　　　图 5-43　箱梁钢筋保护层厚度检测

3. 隧道工程

隧道工程具有断面大、附属设施多、运营环境要求高等特点,因此隧道检测组结合隧道工程施工进展情况,采取"开挖前预报、过程中控制、施工后检测"的方式,加强对地质变化、衬砌厚度、净空尺寸等关键项目的重点检测,确保隧道的结构性能、运营安全和使用寿命。

1) 超前地质预报

(1) 超前地质预报的目的及作用

本着"安全生产、高效施工、保证质量、节约成本"的指导思想,针对两徽项目隧道沿线地质条件的复杂性和多变性,隧道检测组切实做好超前地质预报,指导施工单位做好岩体稳定保护措施,确保施工安全。超前地质预报工作主要目的和作用为以下内容:

①进一步查明隧道开挖工作面前方的工程地质和水文地质条件,指导工程施工的顺利进行。

②为隧道涌水、突泥等可能形成的灾害性事故提供及时信息,降低地质灾害发生的概率和危害程度。

③为正确选择开挖方式,修正支护参数和优化工程设计提供地质依据。

④为编制竣工文件提供地质资料。

(2) 超前地质预报流程及测试方法

①超前地质预报流程

超前地质预报以地质分析法为基础,采用目前最先进的地震反射波法和电磁波法相结合的方法,对开挖工作面前方的地质情况进行预报,并以快报形式及时向监理单位和施工单位进行反馈,使施工单位提前做好施工准备,指导工程施工的顺利进行(图 5-44)。

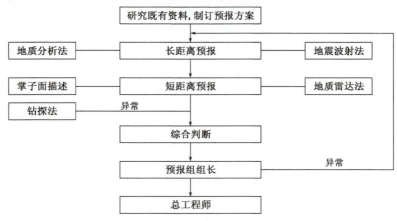

图 5-44　超前地质预报流程图

②超前地质预报测试方法

预报过程采取定性与定量相结合、预报距离长短相结合的综合预报手段。通过地质分析法预判开挖面前方地层岩性变化,不良地质发育情况,了解隧道所处地段的地质情况;采用地震波反射法(TSP203plus 增强型预报仪)预测开挖面前方 100~150m 范围地质变化情况,再根据所探异常段落分析结果;采用电磁波法(SIR-3000 型地质雷达探测仪)详细探测开挖面前方 20~30m 范围内地质变化情况,提高预报的准确性。测试区间如图 5-45 所示。

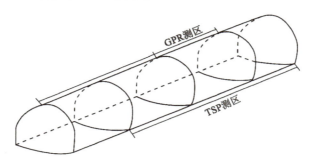

图 5-45　测试区间示意图

地质分析法:地质调查与推断是超前预报最基本的方法,可以随时进行且不干扰施工。通过收集和分析地质资料、地表调查、洞内地质编录、素描数码照相方法,了解隧道所处地段的地质条件。

地震反射波法(TSP 超前地质预报系统):地震反射波法是一种快速、有效、无损的反射地震探测技术,两徽高速隧道检测组现场测试时,使用 TSP203plus 增强型预报仪,在隧道的左边墙或右边墙同一水平面设 24 个炮点和 1 个接收点,用少量炸药激发地震波,地震波以球面波的形式在岩石中传播,当遇到岩石物性界面如断层与岩层的接触面、岩石破碎带与完整岩石接触面、不同岩性接触面等波阻抗差异界面时,部分地震信号将反射回来,部分折射进入前方介质,反射地震信号将被高灵敏度的检波器接收,通过专用软件处理数据,预测工程地质条件。方法原理与观测系统布设如图 5-46 所示。

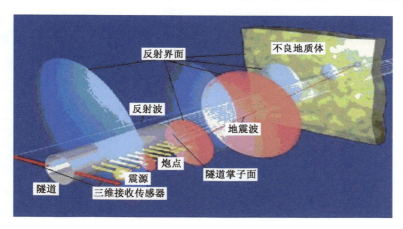

图 5-46　方法原理与观测系统布设图

电磁波法(GPR 地质雷达):GPR 方法是一种用于确定地下介质分布的电磁波法,类似反射地震勘探技术,是一种高分辨率探测方法。两徽隧道检测组现场探测时,在开挖面布设"井"字形测网,雷达天线向地层发射高频电磁波,电磁波在传播过程中遇到不同介质面时,部分能量会转换成反射波返回,部分能量透过界面继续传播,通过专用软件处理数据,预测工程地质条件。

2)隧道质量检测

(1)隧道检测的目的及作用

隧道检测是对隧道工程质量控制的一种有效手段,通过采用地质雷达、激光断面仪、混凝土取芯机等检测设备对隧道衬砌质量、仰拱质量进行检测,避免质量通病,确保隧道施工质量,努力打造品质工程。隧道检测工作的具体目的及作用如下:

①检测隧道初期支护混凝土的施工质量,确保初期支护混凝土的厚度满足设计及规范要求。

②检测隧道初期支护钢支撑的施工质量,确保钢支撑间距及数量满足设计及规范要求。

③检测隧道初期支护净空断面,确保二次衬砌施工预留量满足二次衬砌设计厚度。

④检测隧道初期支护背后空洞,确保初期支护结构的支护效果。

⑤检测隧道二次衬砌混凝土的施工质量,确保二次衬砌混凝土的厚度满足设计及规范要求。

⑥检测隧道二次衬砌背后空洞,确保二次衬砌结构受力的合理性。

⑦检测隧道仰拱厚度及回填混凝土的施工质量,确保仰拱施工满足设计及规范要求。

(2)隧道施工质量控制措施

①初期支护质量检测

钢支撑间距及数量:初期支护施工完毕由施工单位报检后,隧道检测组采用尺量法(图5-47)配合地质雷达(图5-48)在拱顶及两侧拱腰、边墙布设5条测线进行连续检测,对钢支撑安装是否满足设计及规范要求进行验收。

图5-47　尺量法现场检测图

图5-48　地质雷达法现场检测图

初期支护混凝土厚度、平整度及背后空洞:初期混凝土喷射完毕由施工单位报检后,隧道检测组采用凿孔法配合地质雷达在拱顶及两侧拱腰、边墙布设5条测线进行连续检测,测线布置如图5-49所示,对混凝土厚度、平整度、缺陷情况进行验收评定。初期支护雷达检测效果如图5-50所示。

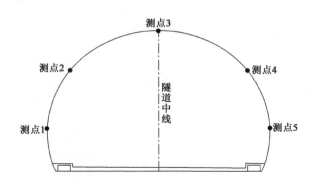

图5-49　测线布置图

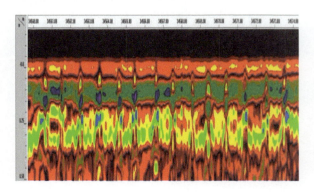

图5-50　初期支护雷达检测效果

初期支护断面净空尺寸:初期支护施工完毕后,采用激光断面仪设备(图5-51)对初支净空尺寸每10m检测1个断面,初期支护净空断面尺寸结果如图5-52所示,对出现超欠挖或临界于设计值时,及时通报预警并督促施工单位进行整改处理。

图 5-51　激光断面仪

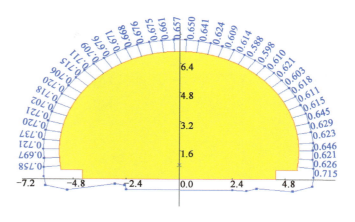

图 5-52　初期支护净空断面尺寸结果图

②二次衬砌质量检测

二衬混凝土厚度、背后空洞：二衬施工完毕且混凝土龄期达到 28d 以上的段落，由施工单位报检后，隧道检测组采用高频地质雷达（图 5-53）对衬砌拱顶、两侧拱腰及边墙五条线进行连续检测，对混凝土厚度、背后空洞情况进行验收评定。二次衬砌雷达检测效果如图 5-54 所示。

图 5-53　二次衬砌地质雷达法现场检测图

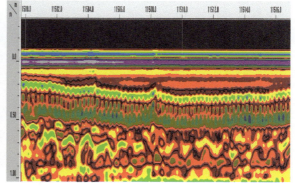

图 5-54　二次衬砌雷达检测效果图

仰拱厚度及回填层密实度：在已施工完成的隧道仰拱回填层表面，采用混凝土取芯机，每 50m 自表面往下钻芯取样 1 处，仰拱取芯剖面布置如图 5-55 所示，通过取芯结果对仰拱厚度及回填层密实度情况进行验收评定，现场钻性取样如图 5-56 所示。

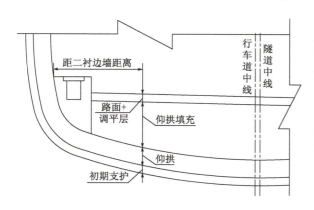

图 5-55　仰拱取芯剖面布置示意图

图 5-56　钻芯取样现场检测图

二次衬砌断面净空尺寸：二次衬砌施工完毕后，采用激光断面仪设备对二次衬砌净空尺寸每20m检测1处（图5-57），对净空尺寸是否满足设计要求进行验收评定。二次衬砌净空断面尺寸检测结果如图5-58所示。

图5-57　二次净空尺寸现场检测图　　　　图5-58　二次衬砌净空断面尺寸结果图

③过程中不合格项控制

隧道施工阶段的质量控制，是整个隧道质量控制的重点，只有确保每一道工序的质量，才能确保隧道整体质量。在施工过程中，隧道检测组严格按规范及设计文件要求对初期支护质量、二次衬砌质量等关键项目进行全覆盖检测验收，如存在不合格检测项目，及时出具不合格检测通知单上报至项目公司监管科和监理处，通知并督促施工单位进行整改，整改过程中要求施工单位通知隧道检测组在场拍摄记录原始影像资料，整改结束后施工单位向隧道检测组提交整改回复单并报检复测，复测结果达到满足规范设计要求后方可进行下一道工序。施工质量控制措施流程如图5-59所示。

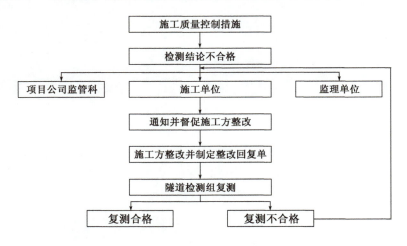

图5-59　施工质量控制措施流程图

4.路面工程

中心试验室在"强基、薄面、稳土基"新理念下，通过试验检测，严格控制拌和站进场原材料质量及施工过程质量，降低施工变异性，为施工过程中各种施工工艺提供及时、准确的数据支撑，提高路面工程整体结构的耐久性和延长使用寿命。路面试验检测主要从底基层、基层和沥青面层进行。

1）底基层、基层

（1）原材料控制

中心试验室对底基层、基层各规格原材料进行检测，单档粗集料颗粒级配可不满足《公路路面基层施工技术细则》（JTG/T F20—2015）中规定的级配要求，但掺配后各项性能指标必须符合要求。底基层、基层采用的级配是 C-B-1，试验室对级配进行掺配，原则上必须满足规范要求，但由于当地碎石加工场的限制，实际施工中允许 26.5mm 筛孔有不超过 3% 的超粒径含量，其余各筛孔必须满足要求；规范规定 0~3mm 石屑小于 0.075mm 颗粒含量不大于 15%，考虑到实际施工时按 15% 控制会导致合成级配 0.075mm 通过率（2%~5%）失控，中心试验室督促施工单位采取水洗、架设除尘设备等方式将小于 0.075mm 颗粒含量控制在 12% 以内，最终使合成级配能控制合格。粗集料压碎值试验和集料筛分试验如图 5-60 和图 5-61 所示。

图 5-60 粗集料压碎值试验

图 5-61 集料筛分试验

（2）配合比设计及验证

①目标配合比确定

中心试验室、监理全程参与目标配合比外委送样过程，防止施工单位因材料问题导致目标配合比与现场施工时不一致，监督施工单位取有代表性原材料委托具有甲级资质的检测机构进行配合比设计。

②目标配合比验证

在拌和站，中心试验室对各种规格集料分别进行多次筛分试验，每种规格不少于 3 次，求得每种规格集料每个筛孔的平均通过率。按照各种规格集料的平均通过率进行掺配，使合成级配各筛孔尤其是关键筛孔贴近于目标配合比报告中选定的目标曲线。按新的掺配比例及设计水泥剂量进行重型击实试验确定最大干密度和最佳含水率，并通过成型无侧限抗压强度试件来检测强度。通过各项指标对比，确认配合比所送原材料与拌和站进场原材料的一致性。

③生产配合比验证

中心试验室监督施工单位对水稳拌和站进行计量标定；在施工单位生产配合比设计完成后，中心试验室按生产配合比比例进行室内配料，验证混合料级配，并按生产配合比设计水泥剂量进行重型击实试验及无侧限抗压强度试验验证强度，通过 EDTA 滴定试验确定水泥剂量标准曲线；通过不同延迟时间下无侧限试件抗压强度的变化确定容许延迟时间；最后对施工单位的生产配合比进行批复并上报项目公司。

（3）铺筑试验段

①试验段铺筑之前，施工单位向中心试验室及监理提交完整的目标配合比报告和生产配合比报告，并经中心试验室及监理验证结束且满足要求后才允许施工。

②试验段施工期间，中心试验室对拌和站所用各项原材料全部技术指标进行检测；检测拌和站混合料的颗粒级配、含水率、水泥剂量；对不同压实工艺进行压实度检测；对当天的水稳混合料在施工现场取样击实，测定含水率，以此成型 7d 龄期无侧限抗压强度试件。

③养生 7d 后，检测标准养生试件的 7d 无侧限抗压强度（图 5-62）；钻芯法检测基层、底基层厚度，并评价芯样是否完整、密实；对基层完整芯样切割成标准试件进行强度测试（图 5-63）；7d~14d 内对底基层、基层顶面进行弯沉检测。

图 5-62　无侧限抗压强度试验　　　　　　　图 5-63　芯样留样

（4）施工过程检测

施工过程中，质量控制包括外形尺寸检查和内在质量检验。外形尺寸检查主要是施工现场的尺寸检查，其频度和质量标准均按高速公路标准执行。内在质量控制分为原材料质量控制、拌和质量控制、摊铺及碾压质量控制四部分。后场质量控制主要为原材料质量及混合料检测，前场质量控制为平整度（图 5-64）、压实度检测、7d 无侧限抗压强度试验、钻芯（图 5-65）及弯沉检测。

图 5-64　基层平整度检测　　　　　　　　　图 5-65　基层取芯

①压实度检测采用整层灌砂试验方法，灌砂深度与现场摊铺厚度一致。压实度检测在碾压结束后及时进行，以每天现场取样的击实结果确定的最大干密度为标准。每天击实试验 3 次，且相互之间的最大干密度差值不大于 $0.02g/cm^3$，否则，重新试验并取平均值作为当天的压实度标准；若该最大干密度与设计阶段的最大干密度差值大于 $0.02g/cm^3$，分析原因，及时处理。

②对设计强度大于 3MPa 的基层完整芯样切割成标准试件，检测强度。

2）沥青面层

（1）原材料及混合料质量控制

中心试验室对路面下面层 ATB-25、中面层 Sup-20、上面层 Sup-13 所用原材料进行检测，集料性能必须符合规范要求，基质沥青和改性沥青必须经过红外光谱仪检测合格；混合料合成级配的关键筛孔通过率必须控制在误差允许范围内，以保证混合料均匀，减少离析。

（2）配合比设计及验证

①目标配合比确定

中心试验室、监理全程参与目标配合比外委送样过程，防止施工单位因材料问题导致目标配合比与现场施工时不一致，监督施工单位选取具有代表性的原材料委托具有甲级资质的检测机构进行配合比设计。

②目标配合比验证

中心试验室在拌和站取样进行多次筛分试验,消除原材料不均匀性,计算各档集料各筛孔筛分平均值;按目标级配曲线进行掺配,使混合料级配尽量贴近目标级配;在最佳油石比下成型试件,进行马歇尔试验,同时对浸水马歇尔、冻融劈裂、车辙等性能进行验证,通过各项指标对比,确认配合比所送原材料与拌和站进场原材料的一致性。

③生产配合比验证

中心试验室监督施工单位对沥青拌和站进行计量标定;在施工单位生产配合比设计完成后,中心试验室按生产配合比比例进行室内配料,验证混合料级配,并对沥青混合料进行理论最大相对密度、浸水马歇尔(图5-66)、冻融劈裂、车辙(图5-67)等试验验证性能,督促施工单位将生产配合比送至甲级试验室进行验证。

图5-66 马歇尔稳定度试验

图5-67 车辙试验

(3)铺筑试验段

①试验段铺筑之前,施工单位向中心试验室及监理提交完整的目标配合比报告和生产配合比报告,并经中心试验室及监理验证结束且满足要求后才允许其施工。

②试验段施工期间,随时检测沥青混合料出厂、摊铺、碾压及碾压终了温度(图5-68、图5-69),确保沥青混合料的温度控制;随时观察沥青混合料外观,避免沥青混合料出现花白料等;对施工现场沥青混合料检测油石比及矿料级配,并进行马歇尔试验、理论最大相对密度试验以控制现场压实度;成型浸水马歇尔、冻融劈裂、车辙试件验证混合料的水稳定性及高温稳定性。

图5-68 出场温度检测

图5-69 摊铺温度检测

③路面完全冷却后进行取芯检测压实度、厚度,并检测渗水系数,评定其是否符合规范要求。

(4)施工过程质量控制

施工过程中对拌和站沥青混合料及前场施工质量均进行检测。

①拌和站主要检测沥青混合料的沥青用量、矿料级配,并随时检验混合料的水稳定性及高温稳定性,确保路用混合料满足使用要求。

②现场质量控制主要为压实度、厚度、渗水系数、构造深度及摩擦系数等。透层油、黏层油必须对乳化沥青检测合格后方可洒布,并要对洒布量进行检测(图 5-70);封层用改性沥青在检测合格后进行洒布,同时对沥青洒布量及碎石撒布量进行检测;桥面防水层施工完毕后用拉拔试验仪检测防水层黏结力(图 5-71),确保防水黏结层与桥面黏结良好。

图 5-70　沥青洒布量检测

图 5-71　桥面防水层黏结力检测

5. 交通安全设施

中心试验室参与交通材料招标工作,材料进场时严格执行四方验收制度,根据合同要求核查材料的外观质量、数量、生产厂家、出厂检验情况等,并按批次见证取样进行外委检验(委托检验过程控制详见交通产品质量控制部分),检验合格后方可使用。施工过程中中心试验室对交通标志的净空高度、反光膜逆反射系数、立柱竖直度等指标进行检测;对交通标线的厚度、纵向间距、逆反射系数等指标进行检测;对波形梁板、立柱、防阻块等基板的厚度、涂塑层厚度、横梁中心高度、竖直度、中距、埋置深度等指标进行检测;对防眩设施的外形,安装角度,支撑立柱、横梁、连接钢板的涂塑层厚度进行检测(图 5-72);对隔离栅、防落网立柱埋入深度、竖直度、中距、刺钢丝的中心垂度进行检测;对隧道涂层厚度、黏结力进行检测。

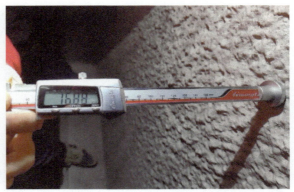

图 5-72　隧道涂层厚度检测

6. 机电工程

中心试验室参与各项材料、机电设备的招标工作,根据设计文件要求严格审核品牌、生产厂家、技术指标等,确保工程所用材料、设备技术指标满足设计要求。严格执行材料进场四方验收制度,核查材料的外观质量、数量、品牌、生产厂家、出厂检验情况等,并见证取样进行外委检验(委托检验过程控制详见交通产品质量控制部分);对机电设备的进场验收,除上述材料的检查项目外,重点核查设备硬件配置及相关技术参数是否与设计、招标要求匹配。施工过程中对工序的交接以及隐蔽工程严格执行四方验收制度,并留存影像资料。依据《公路工程质量检验评定标准 第二册 机电工程》(JTG F80/2—2004)相关要求,根据各系统工程的不同标准,通过巡视、抽检等方式,随时指出施工中出现的质量问题,及时监督整改,保证工程的整体质量。监控系统、通信系统、收费系统、低压配电设施、照明设施、隧道机电设施各系统施工完成后,对具有独立的功能实体进行质量检测,重点对各系统功能、性能运行的稳定性、安装质量等进行检测,保证其使用功能的完好,无外观缺陷,质量保证资料齐全。

7. 房建工程

中心试验室参与材料招标工作,材料进场时严格执行四方验收制度,核查材料的外观质量、数量、生产厂家、出厂检验情况等,并按批次见证取样进行外委检验(委托检验过程控制详见交通产品质量控制部分),检验合格后方可使用。施工过程中对混凝土性能进行检测,成型试块检测28d抗压强度,对梁、板、柱进行回弹强度(图5-73)及钢筋保护层厚度检测,检查回填房心土基层垃圾是否清除干净,回填土料击实试验结果经监理单位验证审批后,按照审批击实试验报告严格控制回填土压实度。

图5-73 主体结构回弹强度检测

8. 绿化工程

中心试验室对种子进行见证外委检验,对种植穴(槽)直径及深度进行检测,对苗木成活率进行检查。声屏障施工前检查地基承载力,检测基础混凝土强度、立柱竖直度、涂层厚度等指标。

五、施工过程影像资料管理

施工影像资料由项目经理部总工程师主管,各部门部长负责,各级管理人员现场摄制,资料员负责收集整理。工程影像资料的收集、整理始于工程开工,终于工程竣工,随工程进度同步真实记录施工全过程,并按规定移交。

第六章
安全实现新保障

两徽高速公路建设项目始终坚持"安全第一、预防为主、综合治理"的方针,牢固树立"科学发展、安全发展"理念,以风险分级管控和隐患排查治理为抓手,坚持红线意识和底线思维,强化重点时段、重点地区、重点领域、重点环节的安全监管,确保安全监管全覆盖,安全隐患零容忍,以加强施工现场安全防护"两项达标"为重点,深入开展"平安工地",不断强化安全生产责任制的落实,为工程项目建设健康发展提供强有力的安全生产保障。

第一节 安全管理难点与管理思路

一、安全生产管理难点

1. 地理环境决定施工安全风险管理难度大

两徽高速公路建设项目位于甘肃省东南部的徽县、两当县境内。地处徽成盆地与南秦岭山地,属于长江流域,区内沟壑纵横,地形复杂,天然沟道密度大,沿沟两侧沟坡陡峻,滑坡、欠稳定斜坡发育,沟岸常有崩塌堆积物。本区地震动峰值加速度在 $0.15g\sim0.2g$,相当于地震基本烈度Ⅶ~Ⅷ度地区,且绝大部分属于Ⅷ度地区。

复杂的地理环境决定了项目建设桥梁、隧道比例大,施工难度高,施工安全生产的风险管理难度大。

(1)两徽项目全线共9座隧道,其中特长隧道3座,长隧道3座,中长隧道2座,短隧道1座。果老隧道进口陡崖出露白垩系厚层砾岩,产状平缓,垂直层面节理发育,受节理裂隙切割,进口仰坡上方,发育多处危岩体,稳定性较差。因下部岩体差异风化,崩塌脱落,该临河岩体一侧呈半悬空状态,其稳定性主要受垂直层面的节理控制,目前根据节理位置及切割状况,稳定性较差,现处于极限平衡状态,在施工爆破震动影响下易沿节理面及层面脱落而形成崩塌,危及施工及行人安全。

(2)桥梁处于山谷内,地形复杂,地势高差大,桥梁形式多样,施工组织难度及施工风险大,增加了施工便道修筑和边坡防护的难度。

(3)两当互通式立交 ZDAK0+233.577、ZDDK0+350.95、ZDEK0+242.02 为分叉变宽桥,桥梁最大宽度39.9m,最大横坡5%,最大桥高27m,最小曲线半径50m,且存在一分三车道变化,各种不利因素的组合,造成该桥设计和施工难度较大。

2. 特种设备多,管理难度大

全线共有塔吊、龙门吊、架桥机等150余台特种设备,种类多、数量多,管理难度大。

二、多方考察,明确安全管理思路

1. 提高站位,明确管理思路

两徽高速公路项目组深入学习、领会《中共中央国务院关于推进安全生产领域改革发展的意见》,从《意见》的总体要求、健全落实安全生产责任制、大力推进依法治理、建立安全预防控体系、加强安全基础保障能力建设方面,理出两徽项目安全工作主要抓手。

总结实践经验,吸收先进管理经验和科技创新成果,推进两徽项目安全管理由传统格式化管理向现代化管理转变,以认真负责的态度和求真务实的工作作风,抓好两徽项目安全管理工作。

(1)坚持安全发展。贯彻以人民为中心的发展思想,始终把人的生命安全放在首位,正确处理安全与发展的关系,大力实施安全发展战略,为两徽项目建设提供强有力的安全保障。

(2)坚持改革创新。不断推进安全生产理论创新、制度创新、体制机制创新、科技创新和文化创新,提高各参建单位内生动力,激发创新活力,破解安全生产难题。

(3)坚持源头防范。构建风险分级管控和隐患排查治理双重预防工作机制,严防风险演变、隐患升级导致的生产安全事故发生。

(4)坚持系统治理。严密制定安全生产治理体系,严密层级治理,落实人防、技防、物防措施,提升项目安全生产治理能力。

秉承"安全第一,预防为主,综合治理"的管理方针,重点突出"安全生产的核心在技术,重心在班组"的管理理念,始终牢固树立"科学发展、安全发展"的安全思想,构建企业安全生产文化,推进项目安全管理常态化。以风险分级管控和隐患排查治理为抓手,以加强施工现场安全防护"两项达标"为重点,深入开展"平安工地""安全生产月""安全生产陇原行"等各项安全活动,扎实推进"安全生产责任年"活动,不断强化安全红线意识和底线思维,完善安全管理长效机制,确保两徽高速公路安全始终处于平稳状态。

2. 考察学习,吸收先进管理经验

在两徽项目建设过程中,项目公司先后派遣管理人员赴四川道安高速公路、浙江乐清湾大桥等建设项目进行安全管理考察学习,并多次参加甘肃省关于安全管理的培训活动,为安全管理工作创造有利条件。

第二节 安全管理体系建设

一、安全管理制度编制

1. 确保制度先行,构建项目安全生产制度体系

两徽项目公司以国家安全生产法律法规为指导,结合国家关于开展公路施工行业安全标准化管理相关要求,根据甘肃省"平安工地"考核评价标准,组织编制了《两徽项目安全生产管理办法》《两徽项目安全管理实施细则》《两徽项目安全生产标准化建设指南》《两徽项目安全操作规程》,确立了"项目公司主导、各总包部负责、监理单位监督"的工程建设安全生产保障和责任考核,明确了各方职责、工作标准和要求。

2. 强化制度执行

两徽项目安全生产制度以安全生产管理和安全生产技术保障两方面为切入点,从两徽项目公司的整体安全把控到施工现场具体安全操作入手,形成了整体管控和细节管理相结合的制度保障体系。建立健全了三项责任、一个机制、一项制度,即明确了两徽项目公司以党支部为核心的安全领导小组的管理责任、两徽项目公司各科室安全生产责任、各参建单位企业安全生产主体责任;建立健全了安全生产责任考核机制和责任追究制度。

3. 不断完善改进

在安全管理制度的制定和日常执行中,两徽项目公司始终坚持实用性原则,杜绝制度中的"空话、套话、可有可无的话",并通过安全管理体系运行的有效监控和严格考核,着力解决"重建制轻执行"和"写一套、做一套"的弊端,不断持续改进,补充制定并下发了《两徽项目公司安全生产标准化建设强制要求》《甘肃两徽高速公路项目管理有限公司安全生产"一岗双责"实施办法(试行)》,使制度真正执

行到位,贯彻到施工一线。

二、安全管理体系建设

完善的管理体系可以保证安全生产工作持续稳步推进,发现问题及时解决。

1. 以"一岗双责"为核心,建立健全安全生产责任体系

两徽项目公司在2016年7月份入场后,成立由项目管理公司董事长为组长,项目管理公司总经理、副总经理为副组长,总工、财务总监、各科室负责人、总承包单位负责人、试验段项目经理、驻地高监、中心试验室主任为成员的安全生产领导小组,负责该项目建设中安全生产监督管理工作。全面落实"管生产必须管安全,管业务必须管安全",在两徽项目全面实行以"一岗双责"为核心的全员安全生产责任制,以制度形式明确规定了各参建单位安全职责,形成了安全管理工作齐抓共管的良好局面。

2. 以技术保安全,构建项目安全技术保障体系

在项目安全生产体系的构建中,重点突出安全技术管理,做到"有制度,有细则,有落实"。坚持风险评估先行。充分发挥项目公司主导作用,严格落实施工阶段安全风险评估。根据风险评估结果,编制施工方案,优化施工工艺,落实风险防范措施,降低施工风险。并严格落实实施组及专项方案的编制与审核审批程序,确保安全技术方案的规范可靠。

第三节 双重预防机制建设

一、指导方针

两徽项目在项目建设过程中以项目安全管理制度体系为保障,以安全风险辨识和分级管控为基础,以双重预防机制为核心,以防范遏制重特大事故为重点,以信息技术应用为支撑,高度重视风险分级管控、隐患排查治理和应急管理体系建设工作。

二、风险辨识与安全风险评估

施工安全风险评估是公路工程设计风险评估在实施阶段的深化和落实,在施工阶段建立安全风险评估制度,通过定性或定量的施工安全风险估测,改进施工措施,规范预案预警预控管理,有效降低施工风险,严防重特大事故发生。两徽项目在建设工程中充分发挥项目公司主导作用,严格落实工程设计、施工阶段安全风险评估。根据风险评估结果编制施工方案,优化施工工艺,落实风险防范措施,降低施工风险。

两徽项目安全风险评估将静态评估和动态评估相结合,在编制施工组织设计方案的同时,根据工程地质环境条件、建设规模、结构特点等影响施工的环境与致险因子进行风险源辨识,列出施工过程中的危险有害因素,首先采用静态评估对工程整体风险进行评估,估测其安全风险等级。然后进行动态评估编制专项施工方案的,将施工作业活动(或施工区段)作为评估对象,根据其作业风险特点以及类似工程事故情况,进行风险源普查,并针对其中的重大风险源进行量化估测,提出相应的风险控制措施。

三、风险分级管控

1. 两徽项目公司安全风险综合监管

两徽项目公司对各参建单位风险分级管控情况和隐患排查治理情况实施全面监管。积极采用先进科学技术手段。应用数字化远程监控系统,通过互联网、数字远程视频监控技术等先进科技手段,在隧道施工、大型预制厂、钢筋加工厂、中心试验室安装视频监测系统,对工程的关键部位、关键环节进行智能远程监控。隧道内施工作业人员采用芯片定位跟踪系统,同时两徽项目还建立了QQ、微信安全管理

群。较好地解决了两徽项目安全生产监管点多面广、监管力量缺乏疲于应付的矛盾,取得了显著的成效。

2. 各施工单位风险分级管控措施

两徽项目公司组织监理和总承包单位根据风险评估报告对于施工过程中可能存在的风险因素按照作业条件危险性评价法(LEC评价法)进行细化分析,三个总承包部和试验段项目部根据分析结果对风险等级编制风险源分级管控清单(图6-1)、设立现场风险源告知牌(图6-2)。

图6-1 风险分级管控清单

图6-2 现场风险源告知牌

按照LEC评价法,风险分为四个等级,分别是Ⅰ级:低风险;Ⅱ级:中度风险,需要整改;Ⅲ级:高风险,及时整改;Ⅳ级:极高风险,立即整改。风险管控清单将四个风险等级划分为四个管控等级,分别是班组、施工处总承包部、公司,并分别用红、橙、黄、蓝进行标示。风险源分级管控责任划分如表6-1所示。

风险分级管控责任划分表　　　　表6-1

风险等级		风险源状态不可控时	责任单位(部门)
Ⅳ	极高风险 红	立即停产、撤人,做好应急,聘请专家制定方案进行整改	公司/集团
Ⅲ	高风险 橙	立即采取措施,做好应急,立即整改	总承包部/项目部
Ⅱ	中度风险 黄	确定整改计划和整改时间进行整改	施工处
Ⅰ	低风险 蓝	现场下达指令整改	班组

风险分级管控清单包含风险源共计684项,其中班组管控风险源有428项,施工处管控风险源有139项,总承包部管控17项。两徽项目分险分级管控以落实企业安全生产主体责任为目标,各总承包单位作为风险管分级管控的主体,全面落实隐患排查治理工作,监理单位负现场监管责任,项目公司进行整体监督检查。

3. 危险性较大工程专项施工方案制定、审查和执行

各总承包部按照《公路水运工程安全生产监督管理办法》《建设工程安全生产管理条例》《公路工程施工安全技术规范》,对危险性较大的分部、分项工程由项目技术负责人编制专项施工方案,并附安全验算结果,经本公司技术负责人以及监理工程师审查签字确认后实施,由专职安全员现场监督。

四、隐患排查治理

隐患排查治理是预防安全生产事故的最直接手段,项目公司根据施工实际,由安全科牵头,工程科协助,制定了12项安全生产专项检查表,检查表内容内外业检查并重,突出对安全生产的重点、难点、重大隐患及危险源的检查。突出了专业人员在隐患排查中发挥的作用,进一步优化了隐患排查的形式。

1. 隐患排查治理总体要求

两徽项目坚持以排查治理隐患作为预防事故的最直接手段,坚持"铁的面孔、铁的标准、铁的手腕",按照"排查要认真、整改要坚决、成果要巩固、杜绝新隐患"的总体要求,组织开展安全隐患排查治理工作,使隐患排查治理成为常态化,为两徽项目打造品质工程提供了强有力的保障。

2. 智慧工地手机 App 应用

智慧工地 App(图 6-3)是在互联网、大数据时代下,基于物联网、云计算、移动通信等技术研发的一款建筑施工现代化掌上工地系统。项目部管理人员在日常的工地检查中,利用智慧工地管理系统 App,实现了安全隐患的快捷发布、隐患治理的及时响应、履职管理的准确留痕。安全隐患治理闭环管理系统将片区负责人、现场技术员、专职安全员、劳务队负责人全部纳入,形成安全工作全方位、全过程、全员参与,全方面覆盖,有效提高安全防范水平和管理能力。

图 6-3　智慧工地管理系统

各参建单位按照项目公司"排查要认真、整改要坚决、成果要巩固、杜绝新隐患"的总体要求,结合具体施工情况制定了隐患排查治理实施方案,建立了隐患排查数据库,对危险性较大的分部、分项工程对施工人员进行安全隐患告知,并设置隐患公示牌。对排查出的安全隐患制定整改措施,明确责任人,积极进行治理整改。通过全面排查治理,补充完善了项目安全生产管理的相关基础资料,排查和治理了现场施工中存在的一些安全生产隐患,切实提高了各级管理人员和一线施工人员的安全生产意识,各项安全措施整改落实率达到 100%。

五、应急管理

两徽项目严格按照"六项工作原则"和"一案三制"工作内容认真开展应急管理工作,通过一系列工作的开展,项目应急预案逐步完善,应急管理体系基本建立,应急保障能力得到了明显的加强。一是强化分险管控,防风险于未然(风险分级管控及隐患排查治理);二是强化信息预警,完善应急救援体系建设建设。应急物资储备如图 6-4 所示。

为切实做好两徽项目应急救援体系构建工作,项目公司编制了两徽项目综合应急预案,并成立了两徽项目应急管理领导小组,各监理单位、总承包单位按照总体预案要求,具体细化,有针对性的编制各项专项应急预案和现场处置方案,并按要求足量储备施工现场应急物资,积极开展应急预案演练工作。

图 6-4　应急物资储备

应急演练是应急管理的重要环节，在应急管理工作中有着十分重要的作用。通过桌面推演、实战模拟演练等不同形式的预案演练，评估应急准备状态，发现应急预案、执行程序等相关工作的缺陷和不足；对预案进行修订和完善。评估突发公共事件应急能力，解决内部部门之间以及同地方政府有关部门的协同配合等问题，增强预案的科学性、可行性和针对性，提高快速反应能力、应急救援能力和协同作战能力，保证应急预案启动快捷，运转流畅。现场演练如图6-5～图6-8所示。

图 6-5　防汛应急演练

图 6-6　逃生应急演练　　　　　　　　图 6-7　消防演练

六、双重预防体系成效

通过加大力度全面推进安全生产双重预防机制建设，建立安全风险综合管控平台，系统辨识风险、从源头控制风险，不断创新完善安全管理工作机制，全面提高安全生产工作水平。

图 6-8　房建工程高处坠落应急预案演练

（1）建立了以人防、物防、技防一体化的安全风险分级管控和隐患排查治理双重预防机制,安全风险防控和事故隐患排查治理的责任、措施和机制更加准确和有效,安全准入制度得到严格落实。

（2）加强了过程管控,通过构建隐患排查治理体系和闭环管理制度,及时发现和消除事故隐患,及时、科学、有效地处理各类安全生产风险和事故隐患,在建设周期内未发生一起安全事故。

（3）应急处置能力明显提升,全员安全意识和安全技能普遍提高,重大安全生产风险管控能力显著增强,确保项目安全生产工作持续向好发展。

第四节　安全教育培训、交底与安全文化建设

一、安全生产教育培训

安全教育培训是提高全体从业人员的最根本手段之一,也是构建双重预防机制的前提和保障,只有全面提升从业人员安全意识水平和安全专业素养,才能有效杜绝"三违"现象的发生,杜绝引起安全生产事故"4M"因素中的"人的不安全因素"。

两徽高速安全生产教育培训以两徽项目公司《安全生产管理办法》的刚性要求为基础,严格按照安全教育培训制度,采用会议形式（安全知识讲座、座谈会、先进经验交流会、事故教训现场会）和现场观摩演示等方法,全面推进安全教育培训工作。一是扎实做好安全教育准入制度,确保新进场人员"三级"安全教育培训;二是特种作业人员安全生产教育培训、经常性安全教育全覆盖,做到劳务人员安全教育培训"一人一档"管理。

在常规安全教育的基础上,为进一步提高安全教育培训效果,提升从业人员安全生产意识和安全专业素养,两徽项目全体安全管理人员集思广益,开拓思路,进行了以下创新,取得了良好的教育效果。

1.多媒体安全培训工具箱的试应用和推广

两徽项目首先在甘肃路桥三公司总承包部采用了多媒体安全培训工具箱（图6-9）,进行了为期三个月的试应用,收效良好,两徽项目公司推广至两徽项目建设全线各参建单位,取得了良好的教育效果。经两徽项目公司安全科调查问卷显示,与传统安全教育培训模式相比,采用多媒体安全培训工具箱后,施工作业人员对安全教育培训的抵触人数下降了47%,教育培训效率提高了63%。

多媒体安全培训系统工具箱优点如下：

（1）多媒体教材内容涵盖入场培训、管理人员培训、阶段施工培训、高危作业培训及各工种培训等,课程有深度、系统性强,有效避免了培训内容不系统、不全面的情况。

（2）课件、题库全部采用动漫形式,轻松易学、寓教于乐,有效避免了常规安全培训形式单一、内容枯燥、工人学习积极性不高的情况。

(3)工具箱操作简单、耗时少,减轻了现场专职安全人员工作量,有效提高教育培训效率。

(4)自动建档、打卡考勤、培训考试,自动生成标准化档案,同时还可保存、打印人员证件,便于长期保存、可追溯性强。

(5)解决了部分劳务人员不识字、教育培训后无法考试的难题。

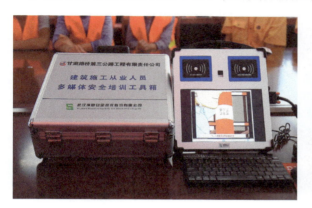

图6-9　多媒体安全培训工具箱及应用

2. KYT(风险预知活动)

KYT(风险预知活动),如图6-10所示,是针对生产特点和作业全过程、以危险因素为对象、以作业班组为团队开展的一项安全教育和训练活动,它是一种群众性的"自主管理"活动,目的是控制作业过程中的危险,预测和预防可能出现的事故。

图6-10　KYT活动开展现场

本着"生命至上"的原则,总承包部对进场作业班组进行风险预知活动,针对施工六大伤害对各班组进行有针对、有程序、有目的的风险预知,并通过观看建筑安全警示教育片,起到警示作用,而后根据伤害类型明确如何预防、避免,落实对策,做到"四不伤害",并在班组中讨论,由班组长确认执行,确保安全施工。

3. 体验式安全教育培训

两徽项目在甘肃五环总承包部建立了安全教育培训体验馆(图6-11),安全培训体验项目包括安全帽使用体验、安全鞋抗冲击体验、安全带使用体验、高空坠落体验、支架平台倾覆体验、消防器材使用体验、隧道施工逃生体验、用电安全使用体验、应急救护设施体验及边通车边施工路段行驶体验等内容。

通过实景模拟、现场工作人员配套演示、培训人员亲身互动的方式(图6-12)以及安全生产事故实例视频展示,培训人员身临其境般地感受了施工现场安全事故发生瞬间的惊险和事故发生后正确有效急救的重要性,让安全理念以更加感性的方式深入人心,加强培训人员对安全管理重要性的认识。

图 6-11　安全体验馆

图 6-12　体验式安全教育

4. 认真开展班前讲评

把控安全生产头道关,认真开展班前讲评,形成"班前安全教育大讲台"(图 6-13)管理特色。使施工人员清楚了当天该干什么、明确了安全质量技术规范,有利于加强施工队伍建设,同时在当天的班前讲台的过程中,也可以总结前一天施工过程中存在的问题,当天进行整改。

图 6-13　班前安全讲评台

设立"班前教育"讲台的目的是要保证施工作业人员"平安健康",防止和减少各种安全事故的发生。每天由项目部技术员结合当日施工内容,在班前讲台上为工人们讲解施工注意事项、安全操作要领、常见违章隐患、安全生产管理措施等。此项举措提高了一线施工人员对安全施工的认知度和自律意识,减少了"三违"现象的发生,达到了警示的目的和有效地防范了各类安全事故的发生。

5. 印制安全知识手册

针对劳务人员安全意识淡薄等情况,两徽项目公司组织编制了安全漫画手册,及时送教上门,普及安全基础知识,营造全员参与、齐抓共管的安全管理氛围。安全漫画手册(图6-14)全套共39本,其中基础管理知识手册一本,38个作业工种各一本,两徽项目共计印制安全漫画手册4500册,基本做到了在场工人人手一本。

图6-14 安全知识手册(全套)

新颖的培训模式与一站式建档模式使两徽项目形成培训内容规范化、方式多样化、管理信息化、方法现代化和监督日常化,形成了实施全覆盖、多手段、高质量的安全生产培训体系,为两徽项目深化"平安工地"建设保驾护航。

二、严格落实安全技术交底制度

两徽项目严格执行三级安全技术交底制度(图6-15),各总承包单位按批准的施工组织设计或专项安全技术措施方案,严格执行三级安全技术交底,三级安全技术交底主要包括两个方面的内容:一是在施工方案的基础上按照施工的要求,对施工方案进行细化和补充;二是要将施工作业人员的安全注意事项讲清楚,保证作业人员的人身安全。安全技术交底工作完毕后,所有参加交底的人员必须履行签字手续,被交底人、交底人、安全员三方各留执一份,并记录存档。

图6-15 三级技术交底

安全技术交底主要从三个方面实施管控：一是技术交底作为项目施工中的重要环节，不做交底坚决不开工。二是细化、优化施工方案，从施工技术方案选择上保证施工安全，让施工管理、技术人员从施工方案编制、审核上就将安全放到第一的位置；三是让一线作业人员了解和掌握该作业项目的安全技术操作规程和注意事项，降低因违章操作而导致事故的可能。

三、企业安全文化建设

安全文化建设是实现可持续发展目标的重要途径，又是企业内增凝聚力、外增影响力、全面提升竞争力的重要法宝。通过建设企业安全文化，提高企业全员安全素质，是企业安全发展的战略之举，是保障安全生产的治本之策，是防范安全事故的长效之计。因此，两徽项目始终将安全文化建设作为安全生产管理的重要组成部分。两徽项目安全文化创建主要开展的工作有：

1. 企业文化创建不做空中楼阁，紧贴项目建设实际，始终坚持以现场安全管理为基础，建立健全各项安全管理制度，做好安全基础管理工作。

2. 企业安全文化建设以"平安工地"建设为保障，做好安全标准化建设和安全生产专项活动。做好现场文明生产、文明施工、文明检修的标准化工作，保证作业环境整洁、安全。规范岗位作业标准化，预防"人"的不安全因素，使工人干标准活、放心活、完美活。在强化现场基础管理的同时，尽可能地加大安全投入，不断采用新技术、新产品、新装备，向科学技术要安全。

3. 企业文化建设首先提高全体参建人员整体素质，调动参建人员的积极性、主动性、创造性。提高员工安全文化素质的最根本途径是根据企业的特点，进行安全知识和技能教育、安全文化教育，避免过于粗暴的管理方式，采取柔性管理方式，以创造和建立保护参建人员特别是现场施工人员身心安全的安全文化氛围为首要条件。

4. 开展丰富多彩的安全文化活动，是增强员工凝聚力、培养安全意识的一种好形式。目前建设安全文化主要通过以下形式来实现：开展认同性活动，娱乐活动、激励性活动、教育活动；张贴安全标语、提出合理化建议；举办安全论文研讨，安全知识竞赛（图6-16）、安全演讲、事故安全展览；建立光荣台、违章人员曝光台；评选最佳班组（图6-17）、先进个人；开展安全竞赛活动，实行安全考核、一票否决制。通过各种活动方式向员工灌输和渗透企业安全观，取得广大员工的认同。

图6-16 安全知识竞赛

图6-17 优秀班组表彰

5. 采用二维码信息技术，将安全教育培训、安全技术交底信息制作为二维码，粘贴在二维码展示区，施工作业人员可以随时用手机扫一扫，查看信息，学习相关施工工艺流程及质量控制要点知识；查看安全交底信息，学习安全知识，了解施工作业危险源及安全注意事项，提高全员安全意识。

6. 利用一切宣传媒介和手段，有效地传播、教育和影响全体参建人员，建立大安全观，通过宣传教育途径，全面灌输都具有科学的安全观、职业伦理道德、安全行为规范，掌握自救、互救应急的防护技术。安全文化墙如图6-18所示。

第六章 / 安全实现新保障

图 6-18　安全文化墙

第五节　深化平安工地建设

在"平安工地"建设活动过程中,两徽项目根据"平安工地"考核评价表逐条逐项检查验收,大力加强项目公司、驻地办、施工单位三位一体的监管体系,层层落实安全生产责任,强化安全生产标准化建设,扎实开展各项安全生产专项活动,分阶段、分步骤对平安工地建设活动进行落实。

一、安全生产标准化建设

两徽项目安全生产标准化建设严格按照《公路工程施工安全技术规范》(JTG F90—2015)《两徽项目安全生产管理办法》《两徽项目安全生产标准化建设指南》《两徽项目公司安全生产标准化建设强制要求》开展。共分为三个部分,一是驻地标准化建设,二是场站标准化建设,三是施工现场安全防护标准化。项目公司驻地建设如图 6-19 所示。

图 6-19　两徽项目公司驻地建设

1. 驻地标准化建设

两徽项目各参建单位驻地标准化建设严格按照要求,从驻地安全、消防设计、功能区域划分等方面进行综合考虑。在满足工作、生活需求的同时,保证驻地选址位置安全,交通、通信便利;保证驻地建设材料选用符合消防标准;保证驻地功能区域划分科学合理,特色鲜明,环境优美整洁。在满足工作、生活条件标准的同时符合人性化设计。

2. 场站建设标准化

场站内施工具有机械设备种类多、多工种交叉作业等特点,是安全隐患的高发点和安全管理的难点之一,两徽项目因桥隧比例高、场站建设数量多,风险管控要求较高,管理难度较大。因此两徽项目对全线所有、钢筋加工厂、箱梁预制场、各类拌和站及小型构件预制场全部采用标准化建设管理模式,对场站内区域进行科学划分,并引进先进设备设施,实行6S管理模式,确保施工安全。

3. 安全防护标准化

(1)项目施工临时用电标准化。两徽项目施工临时用电采用永临结合的方式,确保项目用电分配合理,合理规划用电线路布局,满足施工期和运营期用电的同时减少电力浪费和线路浪费。项目施工现场临时用电严格按照《建设工程施工现场供用电安全规范》(GB 50194—2014)和《施工现场临时用电安全技术规范》(JGJ 46—2005)的规定要求,采用三级配电、三级漏保供电系统,供电线路严格按照"三项五线制"要求布设,确保项目施工用电安全。

(2)两徽项目施工现场安全防护全部按照《公路工程施工安全技术规范》(JTG F90—2015)及《两徽项目标准化建设管理指南》制度要求设置。基坑防护、安全爬梯设置、隧道施工安全防护、高空作业安全防护、场站安全防护等均按照规定设置(图6-20~图6-25),为项目施工安全生产打下了坚实的基础。

(3)门禁管理系统。两徽高速公路在项目驻地、预制厂、拌和站和隧道口均设置了门禁系统,作业人员和管理人员通过刷卡进入施工现场,保证施工现场无闲杂人员,有效提升了现场施工人员安全管控。隧道内人车分离立柱如图6-26所示。

图6-20 洞桥梁施工临边防护

图6-21 桥梁施工人行通道设置

图6-22 梁场专用安全爬梯

图6-23 养生台车安全防护

图 6-24　作业台架安全防护

图 6-25　墩柱施工安全爬梯

图 6-26　隧道内人车分离立柱

二、深入开展安全专项活动

两徽项目积极响应省厅、省交建集团关于各项安全生产活动的知识精神，按照"平安工地"考核要求；大力开展"企业主体责任落实年""安全生产月""安全生产陇原行""电器火灾综合治理专项行动"安全咨询日活动（图6-27）等一系列安全生产活动。两徽项目公司在活动开展过程中积极思考、不断总结提升，根据活动开展过程中取得的成绩和存在的不足，完善安全专项活动开展机制，最终形成了安全专项活动清单化、闭环化、可追溯管理模式。

图　6-27

图 6-27　安全生产月咨询日活动

对每项安全生产专项活动,项目公司召开专题会议,确立活动领导小组,制定出活动实施方案。各总承包部根据项目公司活动方案要求组织安排部署,监理单位负责对活动的日常开展进行监督,项目公司抽查落实,各参建单位在活动开展中必须有方案、有过程资料、有总结提升。项目公司严抓落实,坚决杜绝专项活动流于形式、空喊口号等现象,确保将各项安全生产专项活动落到实处。

第六节　职业健康管理

一、以人为本,高度重视职业危害预防和管理

职业危险因素预防控制工作的目的是预防、控制和消除职业危害,防治职业病,保护劳动者健康及相关权益,促进经济发展。项目始终贯彻"预防为主,防治结合"的方针,对全线工点进行职业卫生调查,判断职业危害对职业人群健康的影响,评价工作环境,实行分类管理,综合治理,不断提高项目职业病防治管理水平。

二、遵循"三级预防"原则,将前期预防工作落到实处

职业危害的控制主要是指针对作业场所存在的职业危害因素的类型、分布、浓强度等情况,采用多种措施加以控制,使之消除或者降到容许接受的范围之内,以保护作业人员的身体健康和生命安全。两徽项目综合评估各工点施工实际,在遵循"三级预防"原则的基础上,将第一级预防(病因预防)和第二级预防(发病预防)作为工作开展重点,当前两级预防未发挥实效,即作业人员患职业病后,认真开展第三级预防,对不适宜继续从事原工作的病人调离原岗位并妥善安置;保障职业病病人享受职业病待遇,安排定期检查、治疗和康复。

1. 定期组织体检

项目定期进行职业危害因素的监测,对接触者进行定期体格检查(图6-28),评价工作场所职业危害程度,控制职业危害,加强防毒防尘,防止物理性因素等有害因素的危害。对可能接触者进行职业健康监护,开展职业健康检查,早期发现职业性疾病损害,早期鉴别和诊断。

2. 控制作业场所中的粉尘

(1)在混凝土拌和站、水泥库等产尘严重的设施布置时,充分考虑本地区的季节风向,采取远离休息区并在搅拌站进料仓上安装除尘装置的措施,控制粉尘污染。

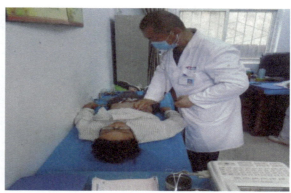

图 6-28　作业人员职业健康体检

（2）对粉尘较大的作业环境采用洒水车、雾炮机等进行洒水除尘，隧道初喷作业全部采用湿喷工艺，有效降低作业环境粉尘浓度。

（3）在隧道施工过程中，采取全面通风的方式控制洞内粉尘和不良气体浓度。

3．控制作业场所中存在的噪声

（1）合理规划机械设备，使高噪声设备保持一定距离，避免噪声叠加。噪声大的施工机械尽量避开休息时间使用，保证人员的生活和休息。

（2）对施工场站采取封闭的方式进行隔离降噪。

4．个体防护措施

为避免对劳动者造成健康损害，为劳动者配备有效的个体防护用品。本项目针对不同类型的职业危害因素，选用合适的防尘、防毒和防噪个体防护用品。

5．积极开展职业病防治宣传工作

结合每年四月份最后一周的"全国《职业病防治法》宣传周"的契机，积极组织开展职业健康专题教育、职业健康专题讲座、联系当地医疗卫生机构开展义诊等活动。通过活动的开展，项目职业病防治工作取得较大成效，全体参建人员的职业病防治意识明显提高，职业病防控能力和手段不断增强，项目劳动条件得到较大改善。

第七节　安全生产工作的成果

在项目建设过程中，两徽项目公司积极学习先进安全管理理念，创新安全管理模式，带领两徽各参建单位引进现代化安全管理设备、改革安全生产教育培训方式、引入信息化管理系统、进行现场设备设施安全微创新，取得了良好的安全管理效果，全面提升了项目安全管控水平。

（1）两徽项目自开工建设以来，未发生一起安全生产事故，未发生一起由于恶劣环境引发的灾害事件，无职业病发病情况。

（2）两徽项目自开工建设以来每年都被评为省级"平安工地"示范项目。

（3）2018年6月，两徽项目代表队在甘肃省高速公路在建项目安全知识竞赛中荣获二等奖。

（4）2018年7月，两徽高速安全管理经验在交通部组织的全国"平安交通"安全创新案例征集评选活动中被评选为"重点推荐"案例（图6-29），并收纳在人民交通出版社出版的《"平安交通"安全创新典型案例集（2018）》中，甘肃省交通厅对两徽项目公司提出了表扬。

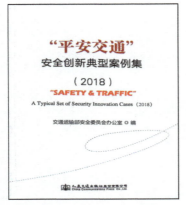
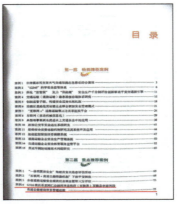

图 6-29 "平安交通"重点推荐案例

第七章
环保取得新成效

两徽高速公路贯彻"三同时"原则,做到"少破坏、多保护,少扰动、多防护,少污染、多防治",坚决落实"安全、环保、舒适、和谐"的建设理念,按照"预防为主,保护优先,防治结合,综合治理"的原则,坚持最大限度地保护、最低程度地影响、最强力度地恢复,实现公路建设与环保水保并重,公路项目与自然环境和谐。

第一节 注重生态环保

一、制定环保水保实施方案

两徽高速公路严格遵守《中华人民共和国水土保持法》《中华人民共和国水土保持法实施条例》及地方政府有关法律、条例,成立两徽高速公路环保、水保工作领导小组,制定两徽高速公路环保、水保实施方案,督促参建单位严格落实执行。

二、完善环境保护体系,建立健全环境保护制度

两徽高速公路项目管理公司与各参建单位均已建立完善的环境保护体系,水源地保护措施如图7-1所示,制定了完善的环境和水土保持措施和环境保护管理办法,明确各方职责和要求,建立监督、检查、整改等处罚机制。通过各参建单位内部环境保护管理体系、制度、流程、职责分工将环境保护管理责任层层分解至各级参建人员。通过建立严密的、运作有效的环境保护管理体系,充分调动、发挥参建各方的环境保护意识和积极性,全员参与环境保护管理,参建各方各司其职,通过参建各方工作质量的提高保证两徽项目环境保护工作的贯彻落实。

图 7-1 水源地保护区保护措施

三、加强生态环境监测

两徽项目途经甘肃省陇南市两当县、徽县,地处甘肃省南部,该地区降雨量高,森林植被相对较好,为江河水源区和生物多样性丰富区。两徽项目为全面做好项目区内的生态环境监测工作,积极引入专业的环、水保监理、监测单位负责项目区内环、水保监理、监测工作。监理、监测单位进场后,立即根据施工现场细化了以分部、分项工程为区域的监测范围,依据各分区的施工特点,从设计和施工角度对各分区制定并实施了相应的防止措施,取得了良好的效果。

四、设计阶段采取生态环保的措施

两徽项目所在区域由北暖温带向亚热带过渡,气候湿润,雨量充沛,山体植被茂密,自然生态环境较好。隧道洞口设计奉行"早进洞,晚出洞,零开挖"理念,尽可能降低洞口边、仰坡的开挖高度,维护洞口原有地貌,以保证山体的稳定,同时减小对洞口自然生态环境的破坏。隧道施工效果如图7-2所示。

图 7-2　隧道洞口施工效果

五、建设阶段采取的环保措施

1. 施工前期详细掌握区域水保、环保情况，做实调查记录

开工前，对现场的水保、环保进行详细的调查，两徽项目沿线地形起伏，冲沟发育。受季节性变化较大，夏秋季河水暴涨，冬春季局部断流。在进行施工时对施工地段可能存在滑坡、崩塌等不良地质和特殊地质，隧道施工时有可能引起植被的破坏以及水源、噪声污染的地段做详细的记录。组织施工时及时施作配套排水沟，完善排水系统，保护地方水利设施，确保地表径流和河道的畅通，防止因项目建设造成地表水排泄不畅引起水害的发生，施工完后对照记录对地表及河流进行恢复。

施工前校核所有取、弃土场的排水系统是否完善，施工时根据实际情况设置临时排水设施；在地势低洼地段于边沟外侧设置沿边沟的土埂，防止雨天汇水；在取土开挖前施工完成截水沟，及时维修和清理排水设施，使之不产生冲刷和淤塞；同时施作环形排水沟、弃土场挡墙等永久性设施，有效防止了水土流失、淤积河道等情况的出现。

2. 施工过程中采取的措施

（1）加强临时工程环境保护措施

施工便道采用混凝土路面，夏季施工时，因温度高雨水充足，道路泥泞，严重影响施工现场和材料运输，对当地群众的生活造成不良的影响。所以在施工过程中定期清扫维护，并勤洗施工机械车辆，减少车辆通行时对附近环境的污染。生活垃圾定点堆放，掩埋覆盖，严禁四处乱扔。生活污水处理设化粪池，不直接排放。杜绝焚烧有毒废料（废机油、废塑料等）。

临时占用山地的，在施工过程中注意保护现有的一草一木，施工结束后应进行恢复造林。临时占用农田的，在施工过程中避免施工废料对临时用地的污染，完工后及时按照当地群众的要求复耕造田。桥下及隧道洞口及时绿化如图 7-3 所示。

临时工程施工中按当地的实际环境施工，尽量减少植被破坏，做好挡护和绿化。工程竣工后，对弃土场、取土场、生活、生产用地及施工便道等，按照当地环保主管部门的要求进行复耕或绿化，同时修建好排水系统，防止水土流失。临时用地及时绿化恢复如图 7-4 所示。

（2）隧道爆破震动及噪声预防措施

①爆破振动的预防措施

爆破振动主要会损坏爆区周围建筑物以及造成爆破后掌子面的失稳，预防其危害，首先在爆破设计时严格控制，确定合理的爆破参数，选择最小抵抗线方向，合理布置临空面，采用毫秒延期爆破，限制一次爆破的最大药量，尽量减小爆破振动的峰值，并减小峰值的叠加；其次加强爆破振动的监测，进行振动核算、调整爆破参数。

图 7-3　桥下及隧道洞口及时绿化

图 7-4　临时用地及时绿化恢复

②爆破空气冲击波和爆破噪声的预防措施

爆破空气冲击波和爆破噪声能对附近建筑物产生巨大的破坏,它的产生主要是由于炮孔填塞长度不足、填塞质量不好,使爆破产生的高压气体从炮孔中冲出。或者爆破设计不合理,局部最小抵抗线偏低,毫秒延期爆破时起爆顺序不合理,使后爆区的抵抗线变小,在地质破碎带高压气体从裂隙冲出产生空气冲击波。主要应对措施一是采用毫秒延期起爆网络,削弱空气冲击波的强度严格按照设计方案施工,防止空位偏差,控制孔斜,防止由此带来的最小抵抗线的改变,保证填塞质量和填塞长度。二是在隧洞口设置隔音卷帘(图7-5),能够很好地降低噪声甚至阻隔噪声,其原理是通过密度很高的隔音材料来

图 7-5　隧道洞口隔音卷帘

对声音进行阻隔,也可以通过组合将吸音材料与隔音材料合理叠放,合成隔音效果更好的材料。

(3)试验验过程中产生的废气、废液、废渣处理后排放

废气处理:试验过程使用或生产有毒有害物质的功能室如化学室、沥青室、沥青混合料室等,应根据试验项目、污染程度、范围、工作量的大小,采用合理有效的通风措施,如采风通风罩、强排气扇等机械通风措施。

废液处理:试验室配备储存废渣、废液的容器,实验所产生的对环境有污染的废渣和废液分类倒入指定容器储存。酸性、碱性废液按其化学性质,分别进行中和后处理。

废渣处理:能够自然降解的有毒废物,集中深理处理。碎玻璃和其他有棱角的锐利废料,收集于特殊废品箱内处理,并填写废弃处理记录。对在试验过程中产生的混凝土抗压试块,废弃的土样、集料,设置专门的存放地点,不随意乱抛乱扔,堆放整齐,在不危害环保的情况下,集中采取在隧道弃渣场挖坑掩埋。

(4)施工中做好防汛排洪工作,防止洪水淹没、毁坏农田及建筑物,排水系统及早建立完善。

(5)施工期间做好既有道路养护工作,不随意占用道路施工、堆放物料、搭设建筑物。对临时便道经常洒水(图7-6)并栽树种草进行绿化,防止尘土飞扬,污染空气。

图7-6 施工便道洒水降尘

(6)施工期间的废水、泥浆严禁随意排放,在洞口出水口处设置沉淀池,污水须经三级沉淀,且经一定时间静止、沉淀处理,达到国家、地方环保要求,方可排放,并将泥浆等弃至指定弃渣位置。

(7)隧道进出口洞外设置污水处理池,对施工中产生的废液进行固体物质沉淀,去污处理达标后,方可排放。

(8)在取、弃土场施工前,先将取、弃土场表层30cm腐殖土剥离堆放在界沟外侧,整形码方,用于施工结束后的绿化、复垦。弃渣场坚持先挡后弃的原则,按照设计及时进行绿化。弃渣坡脚设混凝土挡墙,弃渣场坡面上方设截水沟,以防止弃渣流失,污染环境。

(9)路面加热方式油改气

沥青拌和站加热方式改为天然气加热(图7-7),与传统燃煤、重渣油燃料相比,天然气具有热值含量高、燃烧充分、单位成本低、节能高效、绿色环保、降低废气排放、减少燃烧装置损坏等优点,同时不会对除尘布袋产生污染,不存在燃烧残留物影响混合料性能等。

(10)水泥罐仓仓顶除尘

所有水泥存储罐统一安装仓顶除尘器(图7-8),除尘效率高,解决了传统水泥仓在水泥打压加装时从通气口喷出、造成粉尘污染、材料浪费的问题。

图 7-7　沥青拌和站加热油改气

图 7-8　仓顶除尘器

（11）加强项目区内的统筹规划,最大限度地保护原有自然资源不被破坏,对可移植的植物选择合理位置进行移栽（图 7-9）。

图 7-9　移栽项目区内绿植

（12）引进泥浆净化机（图 7-10）、隧道低噪变频风机（图 7-11）、降尘机（图 7-12）、雾炮机（图 7-13）等先进设备,有效解决两徽项目施工过程中的废水、弃渣、扬尘、噪声等环境污染突出的问题。

图 7-10　泥浆净化剂

图 7-11　隧道低噪变频风机

图 7-12　拌和站料仓降尘

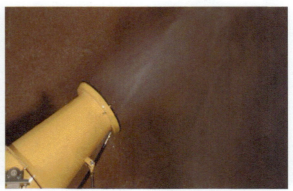
图 7-13　隧道内雾炮降尘

第二节　注重资源节约

两徽高速公路积极响应"建设资源节约型、环境友好型社会"号召，注重资源节约，合理利用隧道弃渣，减少耕地征用，推进废旧材料再生循环利用。

一、合理利用隧道弃渣

两徽项目主线共设置隧道 9 座，隧道长度占路线总长的 43.1%，隧道开挖洞渣数量大，环境保护压力大。专门设计了若干段利用隧道弃渣填石路基，以减少路外取土和隧道弃渣。

二、科学规划，减少占用临时用地

将箱梁预制梁厂设置在路基主线上(图 7-14)，避免了大面积占用耕地，减少了施工临时用地。

三、施工用水循环利用

所有的拌和站设置三级沉淀池(图 7-15)，将沉淀后的水作为路基施工过程中的降尘用水，在有效控制了施工扬尘的同时，实现了水资源节约。

图7-14 预制厂设置于主线路基

图7-15 养生水沉淀池

第三节　注重节能减排

在保证质量、安全等基本要求的前提下，通过科学管理，实现"节能、节地、节水、节材和环境保护"。

一、设计方面采取的措施

1. 给排水节能

（1）建筑物给水龙头均采用陶瓷芯片密封节水龙头。

（2）建筑物坐便器均采用小于6L节水型分段式坐便器。

（3）给水系统采用竖向分区方式控制最不利处水器具处的静水压不超过0.35MPa，利于节水。

（4）二次加压供水采用变频供水设备，变频给水设备配有气压罐，储存一定压力，延长主泵休眠时间，避免频繁启动，利于节能。

2. 暖通设施节能

结合工程所在地气候特征，全线采用多联机空调系统，冬夏两用，既节省能源又提高了建筑热舒适性。

两徽项目处于夏热冬冷地区，全线风景优美，在充分保障不对自然环境造成污染的前提下，结合暖通节能技术，采用多联机空调系统。多联机系统的中央空调采用的是一拖多的形式，即一台外机连接多台室内机,室外侧采用风冷换热形式、室内侧采用直接蒸发换热形式的一次制冷剂空调系统多联机系统的中央空调,解决了传统中央空调的"一开俱开"的局面,可以更智能化地控制室内机开启,在便利人们生活的同时也大大节约了能耗。

3. 电气节能

(1)变电所深入负荷中心,减少电压损失

设计中各站点均设置变配电所,含高压及低压配电系统,总图布置时,考虑室外场地功能分区,变配电室尽量设置于综合楼附近,靠近负荷中心,以缩短供电距离,减少电压损失,减小电缆截面。

(2)电气设备采用低损耗、低噪声的产品,合理选用导线截面

设计中贯彻环境保护及节能减排的设计理念,各电气设备选择低损耗、高效率的设备,变压器选择新型节能变压器(图7-16),降低功率损耗。同时为减少电压损失,减少能耗,供配电电缆选择铜芯电缆,选择合理的供电电缆截面,在保证供电质量的前提下,尽量减少电力传输过程中的损耗。

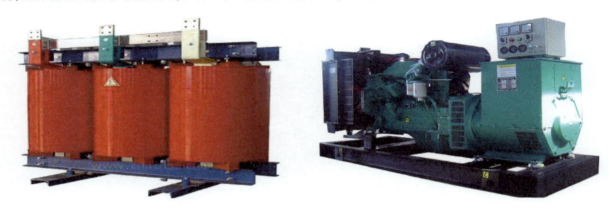

图 7-16 低损耗、低噪声电器设备

(3)照明光源优先采用节能光源

两徽项目设计中优先采用 T5 及 T8 稀土节能型三基色荧光灯(图7-17)或紧凑型节能荧光灯,荧光灯均采用合格的高效能因子电子镇流器,室外照明选用 LED 节能光源(图7-18),减少能耗。室内照明灯光控制尽量实现与窗平齐,实现按需照明。室外照明采用自动控制与人工控制相结合的控制模式,根据室外亮度及时间变化,实现自动控制。各功能房间照明功率密度执行《建筑照明设计标准》中的相关规定。

图 7-17 节能荧光灯

图 7-18 LED 节能灯

(4)中央空调控制系统采用智能化控制模式,实现按需调节风量,减少损耗。本次设计采暖采用中央空调系统,室外设置室外机,室内根据要求设置室内机及通风器,电气控制设计中选用智能化触摸式管理器,采用总线控制系统,各房间设置有限遥控器,根据室内需风量,自动调节室外机及各新风机风

量,实现按需调节风量,减少电能损耗。

4. 隧道照明无级调光控制系统

由于两徽高速公路隧道数量多,照明用电负荷大,考虑项目工程绿色环保水平,机电工程设计中采用隧道照明无级调控方式,以降低后期隧道运营过程的费用。

LED智能无级控制系统,通过检测隧道洞外亮度,对洞内LED的加强照明灯具亮度进行实时无级调光;早晨控制器自动开启加强照明灯具,其后入口各段照明强度随着洞外亮度的增加而渐渐加强,午后又会随着太阳的偏西而渐渐减弱,直至关闭。对于洞内的基本照明,白天可使其接近满功率工作,下半夜可根据规范要求将功率同步减半。系统中应急照明通过EPS电源供电,切换时间小于0.25s。

5. 隧道太阳能供电技术

由于两徽高速公路隧道数量多,照明用电负荷大,考虑项目工程绿色环保水平,机电工程设计中以徽州4#隧道为试点,将太阳能供电技术(图7-19)引入隧道供电系统。由于负荷不大,太阳能光伏发电系统采用自发自用形式低压侧并网。设计太阳能光伏系统装机容量40.8kW,占地面积约800平方米。

图7-19 隧道太阳能供电技术

二、施工过程中的节能措施

1. 机械节能减排措施

(1)对目前使用的机械整体评估,使用节能环保的新型先进设备,淘汰或限制进场状况差,能耗高、排放超标的机械设备。

(2)配备有责任心的技术熟练操作人员和队伍,做好机械日常养护,使设备保持良好的技术状态,杜绝机械带病运营,减少排放。

(3)落实机械节能减排措施,对进场施工的重点能耗设备进行监督管理措施。

(4)组织机械操作手实行节能竞赛,评比单位工程量的耗油量,并提出最省油的机械操作方式以便于推广和学习。

2. 材料节能减排措施

(1)项目所有施工所用的水泥为散装水泥,从一定程度上避免了施工废料污染环境;施工过程中采用新型钢筋连接套筒,无污染,符合环保要求,无明火操作施工,安全可靠。

(2)材料按计划采购,合理堆储,避免超购、剩余材料导致因保管不善造成浪费。

(3)做好材料防潮工作,避免材料受潮变质造成浪费。

3. 优化施工工艺,选用能耗低、工效高、工艺先进的施工机械设备

(1)拱架连接采用二氧化碳保护焊焊接,焊接速度快、焊接变形小、辅助工时少、焊缝质量高、焊缝美观、热量集中应力较小、实芯焊丝不用清焊缝、可以持续焊接、焊接方式对比简单、焊机自身比较省电，小规模使用较为经济。二衬钢筋连接采用直螺纹套筒连接技术，节材、节能，不受钢筋成分及种类的限制；可工厂化加工，不占用工期，全天候施工，全方位连接；操纵便利、快捷，施工速度快，可大大缩短工期；钢筋直螺纹连接套筒技螺纹牙形好、精度高、连接质量可靠。

（2）隧道爆破采用水压爆破技术，爆破后炮眼残存率高、粉尘小，缩短了排烟时间，既经济又环保。

（3）隧道初支喷射混凝土采用湿喷工艺，施工混凝土强度得到保证，喷射均质性好，生产率高，施工时基本无粉尘、回弹率低。湿喷作业时，操作人员位于成型初衬区域内，将湿喷台车前臂伸展至作业范围，避免作业人员长期紧挨掌子面、临空面，真正做到了本质安全。湿喷台车具有电柴双动力系统，灵活方便，喷射混凝土粉尘小，绿色环保，有效改善了洞内施工作业环境。

（4）钢筋加工厂引用智能钢筋弯曲中心，采用智能控制，只需要一人操作，其效率相当于十台普通弯曲机同时作业，生产效率高，节约大量人工和电力成本。

（5）拱架连接钢板采用数控火焰等离子切割机加工，精度高，速度快；钢筋网片焊接采用全自动钢筋网片排焊机焊接，一次加压，多次焊接，焊点牢固、均匀稳定。隧道初衬网片加工引进全自动焊网机，减少人力，降低产品生产成本；便于管理，有效提升产品品质；通过使用自动化设备可有效提高产品一致性，提升产能，降低电力总体消耗。

（6）照明工程大量采用LED节能灯具（图7-20），LED节能灯具节能环保、使用寿命长、高亮度、低热量，已经被国家大力推行使用。

图7-20　隧道LED灯照明

第八章
团队练就新素养

打造品质工程,树立科学的人才观,遵循人才发展规律,充分发挥各类专业技术人员的潜能和优势。坚持以品德、知识、能力和业绩作为衡量人才的主要标准,不唯学历、资历和身份论,不拘一格选拔和使用优秀人才。在各个专业、各个岗位鼓励人人做贡献,个个都成才。

第一节 围绕项目抓党建 抓好党建促项目

经省交建集团党委批准,成立了两徽项目公司党支部。党支部紧紧围绕打造品质工程主题,充分发挥党支部的战斗堡垒作用和党员先锋模范作用,带动两徽项目创先争优,打造品质工程。

两徽党支部以习近平新时代中国特色社会主义思想为指导,认真学习贯彻党的十九大会议精神,以推进"两学一做"学习教育制度化常态化为抓手,在省交建集团党委的正确领导下,严格按照上级党委的工作总体部署和要求,结合项目实际积极贯彻落实党建工作任务,认真开展"转变作风改善发展环境建设年"活动,切实推动两徽参建者进一步树牢"四个意识"、强化责任担当、切实转变作风、改善发展环境、推动工作落实。同时,两徽党支部严格按照《甘肃省国有企业党支部建设标准化手册》《两徽项目公司党支部建设标准化工作推进方案》,明确工作任务,细化工作措施,确定工作时限,靠实工作责任,扎实有效推进两徽项目党支部建设标准化工作。

一、加强组织领导,落实党建工作责任

两徽党支部共有党员8人,其中支部委员4人。党支部书记始终履行党建工作第一责任人政治职责,严格按照"党政同责"和"一岗双责"的原则,牢固树立不管党治党就是严重失职的观念,增强对党负责、对两徽项目政治生态负责、对职工健康成长负责的责任感和使命感,切实把全面从严治党主体责任扛在肩上,把党建工作和业务工作一起谋划、部署、检查,全面推进基层党建工作。

二、主抓党员教育,提升党员队伍素质

两徽党支部坚持落实党员干部学习制度,通过党员大会、支委会、党风廉政建设专题会议、集中学习时间及个人自学等形式,认真学习习近平新时代中国特色社会主义思想和党的十九大精神(图8-1)、深入学习贯彻党的理论及习总书记系列讲话、传达学习上级党组织会议精神及文件精神,切实增强党员干部的政治思想素质和综合素质。支部党员领导干部每季度讲党课1次,每月至少开展集中学习1次(图8-2)。每个党员每年度撰写学习笔记1本。

三、规范党内生活,严格落实"三会一课"制度

两徽党支部结合两徽项目实际制定年度支部工作计划,始终严格执行党内组织生活制度,认真落实《关于新形势下党内政治生活的若干准则》,严密组织生活会等党内制度;会前倾听意见、征求建议,会上查摆问题、开展批评与自我批评;会后制定措施,落实整改,以转变工作作风、激发党建活力。同时,根据党费收缴管理标准,严格按规定标准收缴党费。

图 8-1　十九大精神专题学习会　　　　　　图 8-2　支部委员集中学习

四、借助"智慧党建"平台，助力党建品牌创建

两徽党支部积极发展"党建＋互联网"，借助集"碎片化学习、系统性认知、社交化管理、精细化服务"为核心的 App 应用——"智慧党建"（图 8-3），实现了两徽党支部加强自身建设与党建品牌创建同部署，同推动，同实现。两徽党支部"智慧党建"集管理、服务、监督和学习为一体，实现了党支部统一管理，并结合党建信息和党员风采等功能，帮助党支部更好地完成了党建管理信息化工作。

图 8-3　智慧党建

"智慧党建"平台的微党课板块，补充线下集中开班学习的不足，必修课、选修课相结合，内容新颖、图文并茂，激发了党员线下学习的热情，提高了党员自主学习的能力。

"智慧党建"平台的专题教育板块，包含了党章党规、系列讲话、十九大报告等专题内容，结合在线考试，随时随地检查党员自学效果，切实将推进"两学一做"学习教育落到实处。

"智慧党建"平台的其余众多板块，例如"三会一课"、党建要闻、党建相册、党员档案、思想汇报等都为基层党建工作信息化锦上添花。两徽党支部也正在一步步完善相关信息，合理利用"智慧党建"平台众多模板助推两徽党建，同创建品质工程齐头并进。

五、主题活动形式多样，基层党建焕发活力

两徽项目公司党支部引导党员充分发挥先锋模范作用，开展先锋引领活动，以两徽项目公司党支部为基础成立"党员先锋队"，成员包含各参建单位项目主要负责人，并下发了"党员先锋队"活动实施方案。同时，要求三个总承包部组建成立了包含驻地监理办、中心试验室、第三方检测人员在内的"青年突击队"，举行了青年突击队授旗仪式（图 8-4）。

图 8-4　青年突击队授旗仪式

以党建活动为载体,充分发挥党员先锋队和青年突击队在项目建设急、难、险、重的关键时刻冲锋在前的作用,激发和引导全体参建人员立足本职岗位,勤恳工作,相互协作,敢于担当,勇创佳绩。

两徽项目公司党支部在"七·一"建党节前,在爱国主义教育基地两当兵变纪念馆开展"弘扬红色革命精神——助推'两学一做'学习教育"主题党日活动(图8-5)。全体党员通过集体观看《两当兵变》纪录片,提前温习"两当兵变"的功课。在两当兵变纪念馆前,全体党员面对党旗宣誓,重温入党誓词。在两当兵变纪念馆瞻仰革命烈士遗物,追忆革命先辈的足迹,触摸两当兵变的历史脉搏。通过接受红色教育熏陶,每一位党员的心灵接受了革命洗礼,加强了党员党性修养,提升了党员教育效果。

图 8-5　两徽党支部"七·一"主题党日活动

两徽党支部在2018年7月1日开展了"庆建党97周年——过集体政治生日·唤党员入党初心"主题党日活动(图8-6),取得了较好的效果。"政治生日"唤醒了党员入党初心,强化了党员身份,使党员精神思想接受了洗礼升华;分享交流加强了党员间的互动,使党员凝聚力进一步增强。

图 8-6　"七·一"主题党日活动

两徽党支部在2018年9月组织开展了"庆中秋·迎国庆"运动会(图8-7),进一步增强了两徽项目党员和群众的凝聚力、向心力,活跃了基层党建文化生活,增强了队伍团队协作意识,营造了健康和谐、积极向上的工作氛围。

图8-7 筑路架桥"庆中秋·迎国庆"职运会

两徽党支部通过"《中国共产党纪律处分条例》知识测试"(图8-8)、党员应知应会知识测试等形式来巩固理论知识,激发党员政治理论学习的热情。两徽党支部通过组织开展"学习传统文化,提升四个自信"的相关活动(图8-9),以激发项目公司党员干部对中华优秀文化传统的历史自豪感,着力提升党员及职工"四个自信",增强文化底蕴,助力品质工程。

图8-8 知识测试　　　　　　　　　　图8-9 学习传统文化

六、创建党员活动室,归属感提升责任感

两徽党支部以《甘肃省国有企业党支部建设标准化手册》为标准,全面推进两徽党支部标准化建设,积极创建党员活动室(图8-10)。通过设置党建工作墙,廉政建设墙,党务公开栏,党员活动风采,悬挂国旗、党旗,摆放党建系列书籍来营造鲜明的政治氛围。同时,也为党员活动、交流、提升提供了平台和归属。

七、加强党风廉政建设,筑牢拒腐防变大堤

两徽项目公司严格按照集团党委"一严二抓五强化"的工作要求,在全面贯彻落实党风廉政建设工作要求基础上,强化党建工作,加强廉政建设,不断推动了项目党风廉政建设工作向科学化、规范化、标准化发展。为了加强两徽高速公路建设项目廉政建设工作,两徽项目公司制定《廉政建设管理办法(试行)》,成立党风廉政建设领导小组,根据《党风廉政建设工作计划》定期召开党风廉政建设工作专题会议,层层落实廉政主体责任,确保干部廉洁,工程优质。

图 8-10　党员活动室

（1）两徽项目公司始终坚持把纪律和规矩挺在前面，针对各个岗位工作性质和职责，对各科室人员进行廉政交底，签订《廉政承诺书》；与各参建单位签订《廉政建设目标责任书》，并将廉政制度上墙，实现廉政防控全覆盖，使业务工作与廉洁自律同部署、同责任。

（2）根据上级党组织关于深入开展"转变作风改善发展环境建设年"活动安排部署，两徽项目公司积极响应，立即召开活动动员部署会，同时结合项目实际制定切实可行的《两徽项目深入开展"转变作风改善发展环境建设年"活动实施方案》，成立活动领导小组，确保活动顺利开展。领导小组下设办公室，对各参建单位开展作风建设年活动情况和整改落实情况及时跟进督查，同时建立《两徽项目"转变作风改善发展环境建设年"活动问题清单、整改措施、整改进度表》，根据实际查摆问题，及时推动问题整改。同时，开展以"认真学习《中国共产党纪律处分条例》，持续加强作风建设"为主题的组织生活会（图 8-11），并以此为契机，结合甘肃省政府出台的转变工作作风"十不准"规定，引导党员干部切实转变工作作风，做到尽职尽责尽心尽力，努力提高自身服务水平。

图 8-11　组织生活会

（3）举行了"两联系、两促进"检企共建活动启动仪式（图 8-12）。陇南市人民检察院与两徽项目公司签订了《共同开展"两联系、两促进"专项工作协议》。"检企共建"是新形势下加强反腐倡廉建设，提升企业依法治企水平的重要举措，两徽项目以此为契机，进一步深化项目廉政建设工作，确保"干部优秀、工程优质"。

（4）加强项目公司内部廉政管理。两徽项目公司健全廉政工作机制，对项目公司管理人员严格要求，严禁"吃、拿、卡、要"现象的发生。主动加强关键岗位、关键环节的监督，规范工作流程，财务支出严格按财务要求实行联签，确保资金安全使用，项目规范运行。以厉行节约为原则，始终坚持勤俭办企。

两徽项目公司所有接待工作在食堂进行,不该花的钱不花,坚决反对讲排场、摆阔气、铺张浪费、贪图享受、奢侈浪费。

图 8-12　检企共建活动启动仪式

(5)畅通举报渠道,限时督办群众信访事项。两徽项目公司设置廉政举报箱,公布廉政举报电话,确保廉政举报渠道更加畅通,充分发挥职工群众的监督作用,认真对待群众来信、来访。积极加强对信访举报线索核查力度,做到件件有落实,事事有交代;坚持"分级负责,归口管理,谁主管,谁负责"的原则,以思想教育为主,做好疏导工作,减少越级上访,控制集体上访,在基层即解决好问题。

第二节　加强管理人员素质建设

一、加强培训教育,提升管理人员素质

为了提升项目管理人员的业务素质,项目公司组织举行了各参建单位技术人员专业知识考试,激发了大家学习专业知识、钻研业务的积极性,进一步提升个人业务素质和现场管控能力。

二、多方面进行交流学习

"他山之石,可以攻玉",2017 年 4 月中旬,组织人员赴全国公路水运品质工程示范项目——浙江乐清湾项目进行考察学习,就如何打造"品质工程"的经验和做法进行了座谈和深入交流。在两徽项目上与业界同行深入开展交流学习活动,先后有河北路桥、天水交通局、庆阳市交通投资建设集团、渭武、武九、双达、敦当、彭大高速公路等单位来两徽项目探讨交流创建品质工程的经验和措施(图 8-13),互相促进品质工程创建活动深入开展。

图 8-13　现场交流学习

按照甘肃省交通运输厅和甘肃省交通质监局的安排部署,两徽项目在2017年9月19日至21日成功举办了甘肃省公路水运"品质工程"示范创建现场推进会(图8-14);在9月26日,成功举办了甘肃省质量安全监督工作现场观摩交流会(图8-15)。

图8-14　甘肃省品质工程示范创建现场推进会　　　　图8-15　甘肃省质监人员观摩交流会

三、提升一线工人队伍素质

落实培训主体责任制,通过开展技术交底、劳动竞赛、激励机制,全面提高一线作业人员素质。以班组为重点,开展学习型组织活动。把创造学习型组织作为推进实施项目建设人才资源开发战略、落实素质工程的重要举措,鼓励参建人员树立学习和竞争的观念,变"要我学"为"我要学",形成人人学知识、个个钻技术、争先向上的良好氛围。通过组织开展参建人员广泛参与的技能竞赛、岗位练兵、轮岗锻炼、读书自学、拜师学技、导师带徒、技术攻关、观摩研讨等活动,促进人人成才,在项目公司内发现和培育技艺高超、有绝活的拔尖人才。

第三节　强化农民工工资管理　确保农民工合法权益

两徽项目公司全面推行农民工实名制管理、工资专户管理、银行代发及农民工工资保证金四项制度,督促各施工企业依法按月足额支付农民工工资,为农民工建立坚实的保障机制,构建确保农民工拿到"辛苦钱"的长效机制,全面消除建设领域拖欠农民工工资情况。

一、农民工工资支付管理制度建设

依据《交通运输部关于进一步做好交通运输工程建设领域农民工工资支付与管理有关工作的意见》(甘交公路发〔2012〕740号)、《甘肃省人民政府办公厅关于全面治理拖欠农民工工资问题的实施意见》(甘政办发〔2016〕46号)及《关于印发〈甘肃省交通运输工程建设领域农民工工资保障监督管理办法〉的通知》(甘交公路发〔2018〕81号)等文件要求,两徽项目公司先后制定并下发了《关于成立农民工工资发放管理领导小组的通知》《甘肃两徽高速公路项目管理有限公司农民工工资支付管理制度》以及《甘肃两徽高速公路项目管理有限公司农民工工资保障监督管理实施细则》的通知。

1. 成立农民工工资支付管理领导小组

为严格执行农民工工资管理制度,两徽项目公司成立了由项目公司董事长为组长的农民工工资支付管理领导小组。同时督促各承包部成立以项目经理为组长和第一责任人的农民工工资支付管理领导小组,设立农民工工资管理常设部门,配备农民工工资专管员,专人专职负责日常农民工工资支付管理的具体事宜。

2. 规范农民工进场制度

各承包部严格按照《中华人民共和国劳动法》《工资支付暂行规定》等有关法律法规与各工种班组或建筑劳务公司签订《班组施工作业协议书》《劳务施工作业协议书》；并监督各工种班组或建筑劳务公司与各劳务人员签订甘肃省人力资源和社会保障厅制的《劳动合同书》，合同中明确用工期限、工作岗位、工作任务、工资报酬、支付周期、支付方式等内容。各承包部必须坚持与农民工先签订劳动合同后进场施工，建立农民工合同台账并向同级人社部门办理劳动用工备案。

3. 规范农民工工资支付管理程序

各承包部依照合同约定监督各工种班组或建筑劳务公司按月及时足额发放农民工工资，如实记录用工工种、出勤天数、日工资、发放时间、发放对象、支付数额、银行打款记录等工资支付情况，各承包部原件留存，复印件报送至项目公司备案。

4. 门镜考勤系统

为了加强对农民工的考勤管理，各承包部在施工现场、隧道洞口、箱梁集中预制厂门口采用门镜系统，实行考勤动态信息化管理。

5. 落实农民工工资管理四项制度

（1）按月足额支付制度

根据甘肃省交通运输厅《甘肃省交通运输厅关于切实落实农民工工资管理四项制度的通知》（甘交公路〔2018〕168号）文件要求，两徽项目公司严格执行按月、按时报送《农民工工资支付月报》制度，要求各承包部按月整理《农民工工资表》《农民工考勤表》《农民工花名册》以及农民工工资银行发放回单，并于次月5日前上报项目公司审核，实时动态监督农民工工资按月足额发放到卡。

（2）银行代发制度

两徽项目严格执行"一人一卡"银行代发制度。各承包部开户银行开立了农民工工资发放三方监管专用账户，所有劳务结算费用均通过三方监管专户支付，优先支付农民工工资。将经农民工本人签字确认的工资表交由银行代发至农民工个人工资卡，做到笔笔通过银行打卡发放，并留存银行发放回单备查，切实监督农民工工资发放到卡。

（3）工资保证金制度

为保障农民工的合法权益不受损害，根据《甘肃省建设领域农民工工资保证金管理办法》的规定，两徽项目在每月计量支付时扣留3%的计量款作为农民工工资发放保证金，并设立专户管理。

根据设立农民工专用账户的要求，为了确保农民工工资专款专用，在工程计量《财务中期计量支付申请表》中增加"支付农民工工资金额"一项，要求各承包部对农民工工资金额进行单列。

根据设计施工总承包合同条款的约定，项目实施期间，项目公司将在每年初对上一年承包人支付农民工工资的情况公示15天，如无投诉和举报，经各承包部提出申请，退还上一年农民工工资保证金。

（4）农民工工资专用账户制度

按照甘肃省交通运输厅《关于进一步做好交通建设工程领域农民工工资支付工作的通知》（甘交公路〔2017〕26号）分账核算的要求，项目公司督促各承包部在施工所在地原开户银行开立农民工工资专用账户，实行人工费用与其他工程款分账管理、专户核算，将工程款中的农民工工资单独拨付到承包部开设的农民工工资专用账户，账户资金专项用于支付农民工工资，做到专款专用。项目公司、银行、承包部三方签订《农民工工资银行专用账户资金监督协议》。

二、加强农民工工资督查工作

1. 畅通监督渠道

项目公司要求各承包部在施工现场及项目驻地等人员密集、醒目位置设立了农民工权益告知牌

（图8-16）、农民工工资举报信箱及农民工工资发放告示栏，公布当地劳动部门、项目公司及承包部农民工工资维权电话，做到公开透明充分监督。

图8-16　建筑领域农民工权益告知牌

2. 动态监督农民工工资发放情况

项目公司要求各承包部按月上报农民工工资支付月报，实时动态监督各承包部农民工工资支付情况。项目公司组织人员定期、不定期进行农民工工资发放专项检查，通过查阅资料，现场询问、明察暗访等形式将检查结果予以通报，组织整改"回头看"检查，督促各承包部及时整改进行闭合，避免检查工作流于形式。

3. 将农民工工资支付管理纳入项目综合考评

项目公司执行《农民工工资支付工作检查表》，量化考核各承包部农民工工资管理支付情况，并将考核结果纳入项目综合评比。

三、制定农民工工资支付管理应急预案

项目公司要求各承包部编制并上报农民工工资支付管理应急预案，对发生的农民工工资纠纷事件及时进行处理，加大检查力度做到零上访、零投诉，严禁农民工群体性上访等恶性事件发生。

四、做好农民工体检和保险购买工作

为保障全体参建人员的身体健康，排除用工隐患，各承包部每年为农民工提供免费职业健康体检（图8-17），普及职业病危害的常规知识。同时，在农民工进场时各承包部积极为其购买工伤保险，关注农民工的人身安全问题。

五、开展慰问活动

各承包部定期为农民工发放防尘口罩，并在农民工休息期间为其宣讲权益保障的相关维权知识。在节假日期间各承包部组织人员对劳务人员进行慰问（图8-18）；夏季，组织开展"送清凉、送健康、送安全"活动，把大批藿香正气水、风油精、绿茶、矿泉水等防暑降温用品，送到了一线作业人员手中；中秋节为了感谢在节日期间兢兢业业坚守在各自工作岗位的全体参建劳务人员，让远离家人的他们在辛勤工作之余也能感受到"大家庭"的温暖，承包部为劳务人员送去了猪肉等慰问品，并深入劳务人员驻地，询问其生产、生活情况，叮嘱劳务人员把安全生产放在第一位，注意自身安全健康，并要求各劳务公司保证农民工住宿条件和饮食质量。

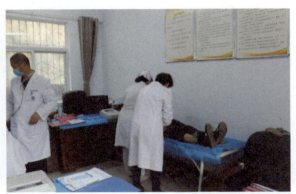

图 8-17　农民工免费职业健康体检

图 8-18　开展慰问活动

六、培育品质工程文化

1. 多形式进行宣贯解析

为了能够全面、深入地领会品质工程内涵，两徽项目公司邀请国内、省内专家在两徽项目开展了品质工程宣贯会（图 8-19）和座谈会，专家们结合实例对《指导意见》《实施方案》进行了透彻解析，为打造两徽项目品质工程提供了宝贵建议。

2. 多渠道进行宣传报道

两徽高速在中国交通报报道 4 次、在《中国公路》杂志报道 1 次，在甘肃卫视进行品质工程专题报道 4 次，在甘肃日报、甘肃经济日报、省交通运输厅微信公众号、省交建集团网站进行宣传报道。同时，组织人员拍摄了两徽项目创建品质工程宣传片,开通了"品质两徽"公众号,逐渐形成"人人关心品质,人人创建品质,人人分享品质"的浓郁氛围。

图 8-19　品质工程宣贯会

3. 逐步形成两徽项目品质工程特色文化

两徽项目以提质量、保安全为核心,以人为本、精益建造、全身心投入的品质工程文化为导向,不断提炼总结,逐步形成了两徽项目品质工程特色文化:

管理理念:履职尽责、热情服务,宁做恶人、不做罪人。

质量管理:崇尚质量、闭环管控,精益求精、匠心铸造。

安全管理:以人为本、依法管控,全员参与、持续改进。

科技创新:机械化引领新变革,新技术攻克老难题。

绿色环保:因地制宜、尊重自然,绿色低碳、节能环保。

参 考 文 献

[1] 中华人民共和国行业标准. 公路路基施工技术规范：JTG F10—2006[S]. 北京：人民交通出版社，2006.
[2] 中华人民共和国行业标准. 公路沥青路面设计规范：JTG D50—2017[S]. 北京：人民交通出版社股份有限公司，2017.
[3] 中华人民共和国行业标准. 公路沥青路面施工技术规范：JTG F40—2004[S]. 北京：人民交通出版社，2004.
[4] 中华人民共和国行业标准. 公路桥涵施工技术规范：JTG/T F50—2011[S]. 北京：人民交通出版社，2011.
[5] 中华人民共和国行业标准. 公路隧道施工技术规范：JTG F60—2009[S]. 北京：人民交通出版社，2009.
[6] 中华人民共和国行业标准. 公路隧道施工技术细则：JTG/T F60—2009[S]. 北京：人民交通出版社，2009.
[7] 中华人民共和国行业标准. 公路交通安全设施施工技术规范：JTG F71—2006[S]. 北京：人民交通出版社，2006.
[8] 中华人民共和国行业标准. 公路工程施工安全技术规范：JTG F90—2015[S]. 北京：人民交通出版社股份有限公司，2015.
[9] 中华人民共和国行业标准. 公路排水设计规范：JTG/T D33—2012[S]. 北京：人民交通出版社，2012.
[10] 中华人民共和国行业标准. 公路路面基层施工技术细则：JTG/T F20—2015[S]. 北京：人民交通出版社股份有限公司，2015.
[11] 中华人民共和国国家标准. 预应力筋用锚具、夹具和连接器：GB/T 14370—2015[S]. 北京：中国标准出版社，2015.
[12] 中华人民共和国行业标准. 公路交通安全设施设计细则：JTG/T D81—2017[S]. 北京：人民交通出版社股份有限公司，2017.